高职高专"十三五"规划教材

乡村旅游开发与设计

郑莹 何艳琳 主 编
秦志红 王恒 林月 副主编

XIANGCUN
LÜYOU
KAIFA
YU SHEJI

化学工业出版社
·北京·

本书采用项目教学法编写,将乡村旅游开发与设计的主要内容分成认识乡村旅游、乡村旅游开发与设计前的调查研究、乡村旅游住宿开发与设计、乡村旅游餐饮开发与设计、乡村旅游娱乐项目开发与设计、乡村旅游设施开发与设计、乡村旅游商品开发与设计、乡村旅游市场营销及案例解读九个项目。在编写过程中遵循"实用、够用、管用"的原则,彰显职业教育与培训的特色。具体项目中包含课程导入、知识拓展、对点案例、技能训练、项目情景等内容,凸显本书的实用性。

本书可作为高职高专旅游管理、休闲农业、观光农业等专业的教材,也可作为新型职业农民培训教材。

图书在版编目(CIP)数据

乡村旅游开发与设计/郑莹,何艳琳主编. —北京:化学工业出版社,2018.8(2023.3重印)
ISBN 978-7-122-32417-7

Ⅰ.①乡⋯ Ⅱ.①郑⋯ ②何⋯ Ⅲ.①乡村-旅游资源开发 Ⅳ.①F590.1

中国版本图书馆CIP数据核字(2018)第130382号

责任编辑:蔡洪伟　　　　　　　　　文字编辑:谢蓉蓉
责任校对:边　涛　　　　　　　　　装帧设计:王晓宇

出版发行:化学工业出版社(北京市东城区青年湖南街13号　邮政编码100011)
印　　装:中煤(北京)印务有限公司
787mm×1092mm　1/16　印张13¼　字数344千字　2023年3月北京第1版第5次印刷

购书咨询:010-64518888　　　　　　售后服务:010-64518899
网　　址:http://www.cip.com.cn
凡购买本书,如有缺损质量问题,本社销售中心负责调换。

定　价:39.00元　　　　　　　　　　　　　　　　　　版权所有　违者必究

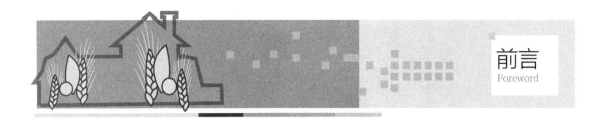

前言 Foreword

乡村旅游，是以由乡村地域及农事相关的乡村风情为吸引物，吸引旅游者前往休憩、观光、体验及学习等的旅游活动。换句话说，是以乡村风土人情为核心内容，满足人们体验乡村生活的旅游活动。我国乡村旅游的兴起与发展是时代发展的需求和社会经济发展的产物，乡村旅游有助于减少农村人口流失、促进乡村经济多元化、保护传统手工艺和改善乡村基础设施，对提高农民收入、增加就业、调整农村经济结构、改造乡村环境等有积极的作用。

20世纪80年代后期，我国的乡村旅游悄然兴起；新世纪以来，乡村旅游进入全面快速发展时期，在一些重点地区甚至可以用井喷式发展来形容。国内的乡村旅游实际上经历了四个时代，每个时代都有它不同的特点。从主要以农家乐采摘为主的萌芽时期，到除吃农家饭、住农家屋之外，还有相应的配套旅游服务和旅游项目的乡村休闲时代，再到把一个村子当作一个景区、度假村、精品酒店来建设的乡村度假时代，而如今在中国经济比较发达，或者说旅游产业比较发达的地区，大量的乡村创客融入乡村、住在乡村，建设乡村，他们在乡村不只是短暂的停留，而是成为目的地，进入了乡村生活时代。

本书的编写旨在为乡村旅游从业人员的培训及高职院校旅游管理（民俗旅游）、休闲农业、观光农业的专业教学提供一本实用性强的教材，在编写过程中遵循"实用、够用、管用"的原则，彰显职业教育与培训的特色。本教材包括乡村旅游基本知识、乡村旅游开发与设计前的调查研究，以及乡村旅游住宿、餐饮、娱乐活动、商品、设施的开发与设计，乡村旅游市场营销和乡村旅游案例解读等内容。项目一、七由林月老师编写；项目二、六、九由郑莹老师编写；项目三、四由秦志红老师编写；项目五、八由王恒老师编写；本书由郑莹、何艳琳老师统稿。北京华汉旅旅游规划公司和北京创行合一旅游规划公司给予了案例提供和专业指导，在此表示感谢。

在本书编写过程中，我们参考了大量的国内外有关著作、论文，在此向有关专家、学者、单位和个人致以衷心的感谢。

限于编者的水平，疏漏之处在所难免，衷心希望本书的使用者予以匡正，在此谨致以最真诚的谢意。

编　者
2018年4月

目录

项目一　认识乡村旅游　/　001
【项目目标】／001
　　任务一　乡村旅游的概念及特点　／　002
　　任务二　国内外乡村旅游发展历程及现状　／　005
　　任务三　乡村旅游开发典型模式　／　008
　　任务四　乡村旅游的转型与升级　／　013

项目二　乡村旅游开发与设计前的调查研究　/　018
【项目目标】／018
　　任务一　乡村旅游项目的选址　／　019
　　任务二　乡村旅游项目资源调查及评价　／　022
　　任务三　乡村旅游项目市场调查与分析　／　031
　　任务四　乡村旅游开发主题定位　／　042

项目三　乡村旅游住宿开发与设计　/　049
【项目目标】／049
　　任务一　走进乡村旅舍　／　050
　　任务二　乡村旅舍住宿设计及创意开发　／　054
　　任务三　乡村旅舍客房接待服务　／　061

项目四　乡村旅游餐饮开发与设计　/　068
【项目目标】／068
　　任务一　乡村餐厅的建设　／　069
　　任务二　乡村菜肴开发　／　075
　　任务三　乡村餐厅接待服务　／　083

项目五　乡村旅游娱乐项目开发与设计　/　088
【项目目标】／088
　　任务一　乡村旅游娱乐项目设计思路　／　089
　　任务二　乡村旅游娱乐项目内容　／　094

项目六　乡村旅游设施开发与设计　/　105
【项目目标】／105
　　任务一　乡村旅游设施体系及开发与设计原则　／　106
　　任务二　乡村旅游交通设施开发与设计　／　111

  任务三 乡村环境景观设施的开发与设计 / 118
  任务四 乡村旅游标识系统的开发与设计 / 126

项目七 乡村旅游商品开发与设计 / 134

  【项目目标】 / 134
  任务一 乡村旅游商品开发与设计的原则 / 135
  任务二 乡村旅游商品的特征及类型 / 137
  任务三 乡村旅游商品开发创意 / 144
  任务四 乡村旅游商品的包装 / 146

项目八 乡村旅游市场营销 / 153

  【项目目标】 / 153
  任务一 乡村旅游客源结构分析 / 154
  任务二 乡村旅游形象设计 / 158
  任务三 乡村旅游营销策略 / 170

项目九 乡村旅游案例解读 / 179

  案例一 河南郑州·新郑童乡亲子农场总体规划——亲子业态引领的休闲农业升级 / 179
  案例二 甘肃陇西县桦林村乡村旅游总体规划——农旅产业综合发展的生态文明小康示范村 / 185
  案例三 永修县建滔农业生态园总体规划——西海橘乐园·天下吉祥地 / 191
  案例四 江苏树山村乡村旅游项目——乡村旅游"4.0时代"的树山+ / 197

参考文献 / 204

项目一
认识乡村旅游

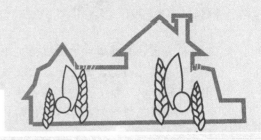

项目目标

技能点：通过本项目的学习，学生能够认识到乡村旅游开发的意义，并掌握乡村旅游开发应遵循的基本原则。

知识点：了解乡村旅游的产生与发展以及乡村旅游开发的目的与意义；学习乡村旅游开发的典型模式；分析乡村旅游开发的背景以及转型升级。

验收点：要求学生能够结合乡村旅游特点，分析实际乡村旅游案例中所采用的开发模式以及存在的问题。

课程导入

乡村旅游　改变小村生活

随着十九大的胜利闭幕，"精准扶贫"与"乡村旅游"颇受关注，乡村旅游成为实现"精准扶贫"的重要方式之一。在通过发展乡村旅游来脱贫减贫方面，作为"精准扶贫"理念诞生地的十八洞村可谓一个典型的乡村旅游案例。而2017年10月13日反映中国精准扶贫攻坚战的电影《十八洞村》在全国首映，也让这座隐匿在湘西大山中的小山村，从默默无闻的贫困苗寨华丽转身为人气飙升的乡村旅游胜地。

十八洞村位于湖南省花垣县双龙镇，拥有许多可供开发的旅游资源。它是一个保存完整的苗寨，处于蚩尤部落群的核心区域，其溶洞群也颇有特色，附近还有莲台山、黄马岩，与沈从文笔下的边城茶峒可以连成精品旅游线路。

在过去的两年间，来也股份全面参与了十八洞村的旅游扶贫规划。来也股份创始人杨振之向"新旅界"表示，十八洞村乡村旅游发展模式的最大亮点就是"精准"，这个精准不仅体现在道路交通、景区景点、餐饮住宿等规划上，更体现在村民参与乡村旅游的不同方式上。比如，十八洞村居民可通过参与旅游经营、旅游接待服务、出售自家农副土特产品及土地流转等几种方式分别在经营、工资、农产品和租金方面获得收入，并全面参与到乡村旅游的接待服务中。

针对十八洞村的旅游开发现状，来也股份表示，无论是市场还是资源，旅游吸引潜力都很大，但现有发展空间不足、停留时间短。因此，"拔穷根"还需扶贫旅游规划的再实施。比如作为十八洞村的形象展示区，入口大门和周边梯田将进一步得到梳理、改造，并增加苗鼓、苗文、牛角等苗文化元素，丰富大门的视觉效果，打造入口标志性景观，强化景观性和引导性。"高桌子"地块则以红色学习和农民培训为主要功能，配套餐饮、住宿等业态，以此来加强精准扶贫宣传、解决农民就地就业。培训中心入口建筑以传统苗族建筑风格为主，局部增加苗文化景观小品，提高苗家古村体验旅游目的地的品牌形象。

可以预见的是，随着十八洞峡谷公园、云杉漫步森林公园、培训中心、乡村客栈等项目的实施，以及接下来"扶贫合作社＋农户""扶贫公司＋农户"和"景区带村"扶贫等多种扶贫模式的增加，十八洞村彻底摆脱贫困将成为大概率事件。

（资料来源：中国乡村旅游网）

任务一 乡村旅游的概念及特点

（一）乡村旅游的概念

对于乡村旅游，国外学者多从乡村旅游（rural tourism）、农业旅游（agricultural tourism）、农场旅游（farm tourism）、村落旅游（village tourism）等不同角度进行界定，这些概念在国外研究文献中具有通用性。世界旅游组织在《地方旅游规划指南》中将乡村旅游定义为"旅游者在乡村（通常是偏远地区的传统乡村）及其附近逗留、学习、体验乡村生活模式的活动。该村庄也可以作为旅游者探索附近地区的基地"。这一定义具有指导意义，但将乡村的旅游的发生地点设定为"偏远地区的传统乡村"明显具有时代局限性。Lane认为乡村旅游应至少具备"地处乡村，旅游活动具有乡村性，小规模化，社会文化的传统性，类型多样性"5个特性，这一论述对乡村旅游特质的描述较为精确。Nilsson认为农场旅游与乡村旅游相比范围较小，农场旅游只是乡村旅游的一个组成部分，必须依赖农场和农民开展旅游活动。Inskeep认为农业旅游、农庄旅游、乡村旅游三种旅游形态并无实质区别，而村落旅游特指游客到偏远乡村体验传统文化和民俗文化的旅游活动。实际上，学者们提出的乡村旅游概念一般包含三个关键要素：乡村环境、传统文化和旅游功能。这是对乡村旅游概念解析的基本理论要素，也是乡村旅游从根本上区别于其他旅游形式的标志。

我国乡村旅游兴起于20世纪80年代，经过30多年的发展，国内对乡村旅游的研究已经有一定的基础。但目前国内有关乡村旅游的认识差异较大，主要有"休闲农业""观光农业""农村旅游""田园旅游""旅游农业""农家乐""旅游生态农业"等十多种称谓。典型的乡村旅游定义主要有：杨旭（1992）认为乡村旅游就是以农业生物资源、农业经济资源、乡村社会资源所构成的立体景观为对象的旅游活动。杜江、向萍（1999）认为乡村旅游就是以乡野农村风光和活动为吸引物，以城市居民为目标市场，以满足旅游者娱乐、求知和回归自然等方面的需求为目的的一种旅游方式。肖佑兴等（2001）认为乡村旅游是指以乡村空间环境为依托，以乡村独特的生产形态、民俗风情、生活形式、乡村风光、乡村居所和乡村文化为对象，利用城乡差异来规划设计和组合产品，集观光、游览、娱乐、休闲、度假和购物于一体的一种旅游形式。刘建平（2008）从城乡关系出发，认为乡村旅游是以城乡互动、城乡经济统筹发展思想为指导，以乡村独特的生态形态、民俗风情、生活方式、乡村风光、乡村居所和乡村文化等为吸引物，以都市居民为主要目标市场，以观光、游览、娱乐、休闲、度假、学习、参与、购物等为旅游功能，以城乡间的文化交流、人群迁徙为表现形式，兼具乡土性、知识性、参与性、低风险性的特色旅游活动。

可以看出，学者们分别从不同的侧面分析了乡村旅游的含义，有的着重于以旅游主体界定乡村旅游，有的强调乡村旅游的功能和目的，有的从农业角度来定义乡村旅游，还有的则从城乡关系来阐述乡村旅游。

总的来说，乡村旅游的概念包含了两个方面的内容：一是乡村旅游以乡村为旅游活动的发生地；二是乡村旅游以乡村所有物以及农村活动为旅游吸引物。二者缺一不可，即乡村旅游特指在乡村地区开展的，以自然生态环境、现代农业文明、浓郁民俗风情、淳朴乡土文化为载体，以利用农村的环境资源、农民生活劳动为特色，集餐饮、住宿、游览、娱乐、购物于一身的综合旅游活动。

（二）乡村旅游的特点

乡村旅游目前已经成为人们回归自然，放松身心，感受自然野趣，体验乡村生活，进行休闲娱乐的主要方式之一。近年来，乡村旅游在发展过程中根据各地的实际情况，创新发展思路，积极探索实践，采取有效的对策和措施，形成了各自不同的发展特点。乡村旅游作为旅游业的分支，既具有一般旅游活动的特点，还具有自身所独有的特点。

1. 自然性

乡村地域具有独特的自然生态风光，人口相对稀少，受工业化影响程度低，生态环境、生活方式和文化模式还相对保持着自然原始状态，水光山色、耕作习俗、民族风情等无不体现了人与自然的和谐统一。

我国乡村地域宽广辽阔，种类多样，加上受工业化影响较小，多数地区仍保持着自然风貌，风格各异的风土人情、乡风民俗，古朴的村庄作坊，原始的劳作形态，真实的民风民俗，土生的农副产品使乡村旅游活动对象具有独特性。这种在特定地域所形成的"古、始、真、土"，具有城镇无可比拟的贴近自然的优势，从而为游客回归自然、返璞归真提供了优越条件。

2. 生产性

文化本身不仅仅是一种象征符号或人类创造的精神和物质成果，更是一种推动进步的力量，甚至可以说是一种生产力。乡村文化旅游资源的开发，既可以拓宽旅游资源的广度，增加旅游活动的多样性，满足游客不同层次的旅游需求；又可以改变农村的生产方式，增加农产品的商品量和农业的附加值，提高农村的经济效益。此外，还可以带动农产品加工、手工艺品加工等加工工业的发展，促进农村多元化产业结构的形成，为农村经济的发展注入新的活力。

3. 文化性

乡村旅游之所以能对旅游者产生巨大的吸引力，是因为乡村具备特殊的、异于城市的环境、文化和精神等层面的元素。例如，乡村田园风光、乡村聚落、乡村建筑、乡村农耕文化、乡村民俗文化、乡村制度文化和乡村精神文化等。乡村节庆、农作方式、生活习惯和趣闻传说等乡村历史的沉淀，有着深厚的文化底蕴。只有将这种文化内涵挖掘出来，并突出它在乡村旅游产品中的地位，乡村旅游才不致局限于旅游资源的表面现象，而更注重于观念和感情的沟通与体验，从而更注重于表象下文化底蕴的体验，从而获得对传统文化的深刻了解，领略到神秘精深、奥妙无穷的民间文化的独特魅力。

乡村旅游最具吸引力的是农耕文化和民俗文化。农耕文化不仅包括各地分异的农业形态，还有与之相匹配的对自然环境或某种树木、花草、动物、山体和江河等的神秘崇拜及各种宗教传统仪式等。中国几千年的自然文化遗存，从村落建筑到农田果园，从生产方式到生活习俗，从传统意识到行为准则，共同构成了具有浓郁地方色彩的旅游资源。这种资源本身的文化含量较高，转化为旅游产品必然具有其突出的、鲜明的文化特性。民俗是民间文化中带有集体性、传承性和模式性的现象，形成于过去，影响着现实生活，其丰富性和鲜活性是乡村旅游产品推陈出新的源泉，大众性和传统性是乡村旅游产品市场竞争的动力。

4. 体验性

乡村旅游是现代旅游业向农业和农村延伸的成功尝试。它将旅游业项目由陈列观赏式提升到参与体验式的层面,既使游客能够充分欣赏到优美的田园风光,又为他们提供了众多实践与参与的机会,使他们可以在大汗淋漓的农耕忙碌中体会劳作所带来的全新快乐的生活体验,最后还能如愿购得自己的劳动成果,从而增进对农村生活和农业生产的认识。

《促进乡村旅游发展提质升级行动方案(2017年)》

2017年7月11日,国家发展改革委等14部门联合印发《促进乡村旅游发展提质升级行动方案(2017年)》(以下简称《行动方案》)。

《行动方案》指出,要以供给侧结构性改革为主线,持续深化"放管服"改革,坚持区域化引导、多元化推动、特色化建设、规范化管理,2017年集中采取一批有力有效的政策措施,加大扶持力度,创新发展机制,改善基础设施条件,提高公共服务水平,健全市场监管环境,强化乡村生态环境和乡村风貌保护,全面提升乡村旅游发展质量和服务水平,推动乡村旅游成为促进农村经济发展、农业结构调整、农民增收致富的重要力量,成为建设美丽乡村的重要载体。《行动方案》具体从3方面提出了13条针对性、可操作性强的政策措施。

一是在改善乡村旅游基础设施和配套服务方面,《行动方案》强调要鼓励和引导民间投资通过PPP、公建民营等方式参与厕所及污水处理、停车场、游客咨询服务中心等乡村基础设施建设和运营;对自身欠缺营利性的建设项目,可采用周边餐饮住宿项目等优质资源捆绑方式吸引民间投资;探索通过购买服务等方式由第三方提供垃圾处理、环境整治等公共服务;推动民间投资新建自驾车旅居车营地100个左右,着力打造一批乡村旅游精品自驾路线,完善配套指示标识、应急救援等设施和服务。

二是在优化乡村旅游扶持政策和长效机制方面,《行动方案》提出要促进"旅游+农业+互联网"融合发展,推动1000个乡村旅游重点村与旅游电商、现代物流等企业建立合作关系;推动东部地区与中西部和东北适宜发展乡村旅游的地区结对定点帮扶;鼓励各地采用政府购买服务等方式,组织本地从业人员就近就地参加乡村旅游食宿服务、管理运营、市场营销等技能培训,重点培养1000名以上乡村旅游带头人;鼓励依托重要文化和自然遗产地等公共资源建设的景区,在符合景区承载力的前提下,在淡季探索实行免费开放日(周),带动周边乡村发展民宿、餐饮、购物等业态;推动普惠金融发展,加大对乡村旅游经营主体特别是中小企业和个体经营户的金融支持力度;为乡村旅游经营主体建立信用记录,并纳入全国信用信息共享平台。

三是在推动乡村旅游区域差异化发展方面,《行动方案》提出在东部地区重点鼓励和引导中小资本参与乡村旅游开发,宣传推广一批乡村旅游品牌;在中西部地区选取条件适宜的乡村规划发展乡村旅游,着力改善基础设施和配套服务设施,结合危房改造、易地扶贫搬迁、新农村建设等工作,调动多方资源增强乡村旅游脱贫富民功能;在东北地区利用气候环境优势,打造一批融滑雪、登山、徒步、露营等为一体的冰雪旅游度假区,统筹周边乡村旅游推出冬季复合型冰雪旅游基地和夏季避暑休闲度假胜地,强化"景区带村"辐射作用。

(资料来源:发展改革委网站)

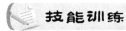

内容:以小组为单位,搜集某一乡村旅游点的基本信息,以文字和图片的形式介绍该乡村旅游点。

步骤：（1）5人为一小组。
（2）分工搜集和整理材料，包括文字和图片。
（3）制作PPT并汇报。

任务二　国内外乡村旅游发展历程及现状

（一）国外乡村旅游发展历程

乡村旅游于20世纪60年代开始广泛流行，已经历了一个世纪的发展。在欧洲，乡村旅游起源于英格兰乡间农场小屋的接待旅游者活动，然后逐渐向整个欧洲扩散。它最开始扎根山间，特别是欧洲阿尔卑斯山区，这源于登山旅行和牛车旅游的日益兴起。到1960年，提供住宿成为一部分农户增加收入的基本形式。西班牙的Canoves等学者认为，从乡村旅游服务接待和活动情况来看，可以将欧洲乡村旅游的发展分为3个阶段。

1. 起步阶段

早期的乡村旅游几乎都毫无例外地依靠于住宿接待：出租房产多为自己家中的房屋、独立的住宿设施，或者乡间的露营地。尽管它们可能被贴上了不同的标识，如BB（Bed＋Breakfast，即床位加早餐，由一个家庭空出几间房屋出租经营）。这些活动的目的是补充农业收入，并没有对主要的农业活动造成威胁，因此可以归纳为"绿色旅游"。

2. 发展阶段

多样化是第二个阶段的主要特征。此时，为了抓住需求更多样、要求更高的游客并鼓励回客，乡村旅游已经从简单的接待升级到提供更专业化的产品。许多乡村旅游经营者提供与自然相关的活动及乡土活动，如骑马、垂钓、竹筏漂流、采摘水果等，另外一些更高级的当地产品如美食、乡土特产的销售也都有了明确的商业目标。当然，经营者也兼顾了游客们希望与农户家庭接触的要求。于是各种不同的活动形式在欧洲不可胜数，每个国家或地区都会强调一种或多种特色。在这个阶段，经营者普遍放弃了农业活动，因为农业盈利少，并且同时开展两项业务也比较困难。

3. 成熟阶段

专业化是第三个阶段的主要特征，这一趋势在英国和荷兰已经比较成熟。在这个阶段，经营者明确提出"职业化"的发展要求，因为职业化在游客眼中正是品质的象征。

Canoves等学者还指出，不同国家甚至同一国家的不同地区有可能处在不同发展阶段，一个乡村目的地受欢迎程度与当地乡村旅游发展阶段直接相关，游客越多，经营时间越长，即集约经营的乡村旅游目的地发展程度往往越高。

目前乡村旅游在德国、奥地利、英国、法国、西班牙、美国、日本等发达国家已具有相当的规模，并步入了规范化发展的轨道。乡村旅游对经济出现不景气的农村地区的发展起到了非常重要的推动作用，对当地经济的贡献和意义也得到了充分证明。在许多国家，乡村旅游被认为是一种阻止农业衰退和增加农村收入的有效手段。乡村旅游的开发在世界各地发展非常迅速，在美国就有30个州制造了明确针对农村区域的旅游政策，其中14个州在它们的旅游总体发展规划中包含了乡村旅游。在以色列，乡村旅游开发被作为对农村收入低下的一种有效补充，因而乡村旅游企业数量逐年增多。包括加拿大、澳大利亚、新西兰、东欧和太平洋地区在内的许多国家，都认为乡村旅游业是农村地区经济发展和经济多样化的动力。

（二）我国乡村旅游发展历程及现状

1. 我国乡村旅游发展历程

我国乡村旅游始于 20 世纪 70~80 年代，从欧美、日本等地传播而来。经过 20 世纪 90 年代和 21 世纪头 10 年的逐步发展，大致经历了 4 个历程，现已进入快速发展阶段。

（1）萌芽期（1980—1990 年）

这个阶段处于改革开放初期，靠近城市和景区的极少数农民零星自发举办荔枝节、西瓜节等节庆活动，吸引城市游客前来购买品尝、观光旅游。

（2）起步期（1990—2000 年）

这个阶段我国城市化步伐加快、居民经济收入提高、消费结构开始改变，城市居民在解决温饱之后，有了观光、休闲、旅游的需求。靠近大、中城市的一些农村和农户利用当地特有的农业资源环境和特色农产品，开办以观光为主的观光休闲农业园或民俗接待户，吸引了大批城市居民利用节假日到农村采摘、钓鱼、种菜、野餐。

（3）成长期（2000—2010 年）

这个阶段人民生活水平逐步由温饱转向小康，对休闲旅游的需求开始变得强烈。其突出特点是休闲农业和乡村旅游发展速度快、规模大、数量多，涌现出北京锦秀大地农业科技观光园、河北北戴河集发生态农业观光园、江苏苏州西山现代农业示范园、福建武夷山观光茶园等一大批观光休闲农业园区。

（4）加速期（2010 年以后）

农业部印发《全国休闲农业发展"十二五"规划》，并与国家旅游局签署休闲农业与乡村旅游合作框架协议，标志着政府主管部门开始介入，积极推动休闲农业标准制定和制度建设，强化政府服务，优化政策环境，引导产业健康发展。这个阶段全国休闲农业和乡村旅游发展风生水起、异彩纷呈，整个产业呈现出快速发展的良好态势。

2. 我国乡村旅游发展现状

2016 年 10 月 31 日，中国社科院舆情实验室发布了 2016 年《中国乡村旅游发展指数报告》（以下简称《报告》）。《报告》称，2016 年是中国"大乡村旅游时代"的元年，乡村旅游发展规模大、投资大、影响大，已成为人们新的生活方式。据大数据推演预测，未来中国乡村旅游热还将持续 10 年以上，2025 年达到近 30 亿人次。

《报告》显示，2016 年是中国乡村旅游发展非常具有里程碑意义的一年，中国乡村旅游从过去的小旅游、中旅游进入了大旅游时代。这个"大"，主要体现在以下三个方面。

第一，规模大。表现为乡村旅游人次达 13.6 亿，全国平均每人一次，是增长速度最快的领域，收入达 4000 亿元以上。

第二，投资大。表现为乡村旅游投资达 3000 亿元，乡村旅游事业体超过 200 万家。乡村旅游不再是简单的"农村旅游"和"农业旅游"，而是与城市相对应的一个空间概念，逐渐形成一个新的大产业，有望发展成为万亿级企业。

第三，影响大。表现为中央、地方、企业和消费者广泛关注，乡村旅游成为旅游业、新型城镇化建设及扶贫事业的主题，也成为人们新的生活方式。

《报告》指出，未来 10 年乡村旅游将保持较高增长速度。而推动中国乡村旅游的发展主要有以下五个推手：政策引导、城镇化拉动、汽车普及、投资驱动、新消费革命。

政策引导。在过去 10 年间，中央及有关部委发布的与乡村旅游相关的文件达 20 多个，成为乡村旅游快速发展的重要推手。

城镇化拉动。中国现在城市人口的一半是过去 30 年从农村而来的，乡村旅游不仅是城里人释放压力、休养生息、亲近自然的形式，也是人们寻根及消解乡愁的途径。

汽车普及。2010—2015年的6年间，汽车拥有总量增加了1亿台，而且以每年2000万台的速度增加。自驾游游客占游客总数的一半以上，其中有三分之一以上是做乡村旅游。

投资驱动。过去两年，我国旅游投资额实现翻番，2015年达1万亿元以上，其中近三分之一与乡村旅游相关。

新消费革命。从1985年到现在的30年间，我们共经历了3次大的消费革命。第一次是1985—1999年，以满足人们衣食用的需要为主题，彩电、冰箱、洗衣机是消费热点；第二次是2000—2014年，主要是满足住行的需要；第三次是2015年后，我们进入新的消费革命时期，是对消费的全新升级，主要满足的是人们的精神和品质需要，如旅游、健康、智能是消费热点。未来，随着生活水平的逐渐提高，人们身心健康、环境生态的诉求只会有增无减，新消费革命将成为最重要的推手。

3. 乡村旅游发展指数

《报告》分别从国际、国内各省、旅游城市这三个区域维度对乡村旅游发展指数进行了比较，比较指标主要是游客规模、游客评价以及乡村旅游发展成熟度。

从国际乡村旅游发展指数看，瑞士、法国和西班牙居前三；亚洲则属日本发展水平最高。中国与世界发达国家有显著差距，但逐年缩小。

各省份比较，对31个省自治区进行全面评价，前十名依次是浙江、陕西、四川、云南、江苏、河南、山东、福建、安徽。浙江得分高源于它的发展成熟度，特别是3.0版本的度假产品比较优于其他地区。陕西乡村旅游之所以后来居上，是因为它的游客人次较多以及口碑较好。

旅游城市比较，排名前三的依次是杭州、咸阳、丽江。

我国乡村旅游充满机遇，是新经济新常态下少有的朝阳产业；但也同样充满挑战和陷阱，既是金矿也可能是大坑。《报告》指出，我国乡村旅游投资目前存在过热现象，二八定律开始显现。在大量一哄而上的项目中，80%最终难以持续或实现盈利。

4. 我国乡村旅游存在的问题

（1）产品同质化严重

当前乡村旅游产品、项目、业态普遍表现为同质化较严重。举个例子，乡村有特色农业，就会有采摘园、博览园等，有水塘，就会有水上游乐中心、垂钓中心等；有山地，就会有拓展中心、户外运动等。之所以会出现这个现象，一是缺乏系统规划，看人家整得好就跟着模仿，但是内容可模仿，成功不可复制。二是就算有规划，规划水平一般也不高，大家看一下乡村旅游的规划，会发现基本如此：文化挖掘缺失、项目粘贴复制、产品一个模子。三是乡村旅游开发一般缺乏市场导向和资本运作，缺乏市场导向主要表现在产品无创意、服务不标准，难以吸引和满足城市游客的需求，缺乏资本运作会导致很多创意概念、项目不能落地建设，更没有后续的专业团队、人才跟进管理和经营。

（2）文化内涵缺乏

文化内涵缺乏和产品同质化有直接的逻辑关系。一个地方的文化没有挖掘出来，那么这个地方的乡村旅游就会失去灵魂。自然而然，这个地方的乡村旅游产品、项目、业态就会失去特色，与其他地方并无差别。乡村文化包括乡村的民风民俗、乡村的名人轶事、乡村的遗产博物等，要通过物化和活化将文化挖掘出来、展示出来，让游客不仅能看还能听，不仅能吃还能亲自做，不仅能触摸还能置身于情景之中。

（3）旅游品牌缺失

品牌的内涵就是文化，品牌的外延就是形象。所以品牌化首先是文化的品牌化，即还是要先挖掘文化。其次是形象的品牌化，比如我们说到景区——"峨眉天下秀，青城天下幽，三峡天下雄，剑门天下险"，这就是品牌的外延——形象。乡村旅游由于资源基础不高，再加上无创意，缺乏文化挖掘、市场思维和资本运作理念，要想做出响当当的品牌实在是难。

工匠之乡——日本水上町

走观光型农业之路的日本乡村水上町的"工匠之乡"包括"人偶之家""面具之家""竹编之家""陶艺之家"等30余家传统手工艺作坊，其旅游概念的提出吸引了日本各地成千上万的手工艺者举家搬迁而来。1998年至2005年，每年来"工匠之乡"参观游览、参与体验的游客达45万人次，24间"工匠之家"的总销售额达3116亿日元（约合271万美元）。

核心旅游项目：胡桃雕刻彩绘、草编、木织（用树皮织布等）、陶艺等传统手工艺作坊，形式多样，异彩纷呈。水上町群山环绕，当地人以务农为生，种稻、养蚕和栽培苹果、香菇等经济作物，把区域整体定位成公园，探索农业和观光业相互促进，振兴地方经济之路。目前水上町已经建成了农村环境改善中心、农林渔业体验实习馆、农产品加工所、畜产业综合设施、两个村营温泉中心、一个讲述民间传说和展示传统戏剧的演出设施。

水上町主要的旅游产品为田园风光观光游、乡村生活体验游、温泉养生度假游、传统工艺体验游。业态设置包括特色餐馆、传统手工艺体验活动、水果采摘及品尝体验活动、温泉中心等。

评析：水上町的"一村一品"特色旅游产业发展模式，极大地提高了农民的生产生活水平，促进了地方经济的活跃和产业化发展。它们承载着当地人振兴家乡的"农村公园"构想，为建设现代化新农村、发展地方经济做出了贡献，其成功经验值得思考和借鉴。游客不仅可以现场观摩手工艺品的制作过程，还可以在坊主的指导下亲自动手体验。"工匠之乡"以传统特色手工艺为卖点，进行产业化发展和整体营销，提供产品生产的现场教学和制作体验，大力发展特色体验旅游，获得了极大的成功，带动了区域经济发展，为地方经济添活力。农业与观光相结合的模式促进了地方经济的活跃，使居民们获得了实惠，观念也发生了大转变。当地土生土长的匠人不仅感受到家乡面貌的变迁，还感概于人们观念和意识的转变。

技能训练

内容：以小组为单位，介绍国内外著名的乡村旅游案例，并总结经验。

步骤：

（1）5人为一小组展开讨论，并汇总讨论结果；

（2）每组选出一名代表发言，交流分享学习成果；

（3）教师点评。

任务三 乡村旅游开发典型模式

（一）乡村旅游主要发展模式

随着乡村旅游发展的不断成熟，其模式也越来越多元化。目前，我国乡村旅游发展模式主要以下几种。

1. 乡村度假休闲型

乡村度假休闲型是指地处城镇周边的乡村，利用离城近、交通便利的条件，以乡村生态景观、乡村文化和农民的生产生活为基础，以家庭为具体接待单位，开展旅游活动的发展模式。这种发展模式的特点是：投资少，风险小，经营活，见效快。发展这种模式必须注意：一是做好规划，防止产品简单重复；二是挖掘文化内涵，提升产品的品位；三是推行行业质量标准，规范服务；四是加强对农民的培训，提升从业人员的素质。

这种发展模式的典型有：四川省成都市锦江区三圣花乡、云南省昆明市西山区团结镇。

2. 依托景区发展型

依托景区发展型是指把附近旅游景区的部分服务功能分离出来，吸引周边农民参与旅游接待和服务，为游客提供旅游商品和农副产品，从而促进农民增收致富和周边农村发展的模式。这种发展模式必须具备的条件：一是临近重点景区；二是游客量较大；三是周围农民具备旅游意识和服务意识。发展这种模式应注意：加强配套基础设施建设，形成一定的服务功能；培养农民的旅游意识和服务意识，加强对从业农民的组织和引导。

这种发展模式的典型有：湖北省秭归县周坪乡、北京房山十渡镇。

3. 原生态文化村寨型

原生态文化村寨型是指利用当地原生态的村寨文化资源，包括当地居住环境建筑、歌舞等的独特性，以保护为主，因势利导开发旅游，促进乡村发展的模式。这种发展模式必须是当地村寨原汁原味的，具有独特的文化内涵。发展这种模式要注意：一是做好整个村寨旅游发展规划；二是引入市场开发机制，促进旅游开发；三是处理好保护与开发的关系，着重强调对当地原生态环境的保护。

这种发展模式的典型有：贵州省凯里市三棵树镇南花村、广东省封开县杨池村。

4. 民族风情依托型

民族风情依托型是指少数民族农村地区，以独特的民族风情为基础，大力改善基础设施和旅游接待设施，引导少数民族农民参与旅游开发，促进乡村旅游发展的模式。这种发展模式必须具备的条件：一是少数民族具备一定规模；二是民族风情具有独特性和吸引力。

发展这种模式应注意：一是切实挖掘当地少数民族的风情，提升文化品位和旅游吸引力；二是引导当地少数民族农民参与旅游接待活动；三是改善当地村容村貌和基础设施条件。

这种发展模式的典型有：黑龙江省齐齐哈尔市梅里斯达斡尔族区哈拉新村、青海省互助县土族民俗旅游村。

5. 旅游城镇建设型

旅游城镇建设型是指在旅游资源丰富的乡镇，把旅游开发与城镇建设有机地结合起来，建设旅游小城镇，带动乡村旅游发展的模式。这种模式必须具备的条件：一是居住条件、基础设施具有一定的基础；二是具有独特的旅游资源，旅游吸引力大。发展这种模式应注意：对小城镇进行科学规划，确保规划实施不走样；立足于可持续发展，正确处理资源保护与旅游开发之间的关系；多渠道增加收入，完善小城镇基础设施；从当地实际出发，充分发挥农民参与小城镇建设的积极性，让农民得到实实在在的好处。

这种发展模式的典型有：云南省腾冲县和顺镇、江西省婺源江湾镇。

6. 特色产业带动型

特色产业带动型是指在村镇的范围内，依托所在地区独特的优势，围绕一个特色产品或产业链，实行专业化生产经营，以一村一业的发展壮大来带动乡村旅游发展的模式。这种模式必须具备三个基本条件：生产某种特色产品的历史传统和自然条件；相应的产业带动，且市场需求旺；需要一定的"组织形式"通过产业集群形成规模。发展这种模式必须注意：定位准确，大而全就是没特色；政府不能越位、缺位和错位，要树立服务意识，避免过分干预市场；重视示范带头作用，分步实施；大力提高农业和旅游产业一体化组织程度；重视市场推广和自主创新，以特色促品牌。

这种发展模式的典型有：山西省阳城县皇城村、北京市大兴区庞各庄镇。

7. 现代农村展示型

现代农村展示型是指在部分经济发达的农村地区，因势利导，接待游客参观展示新农村形象的发展模式。这种模式必须是在经济发达、交通便利、知名度较大的农村。发展这种模式必须注意：一是处理好发展旅游与发展其他产业的关系；二是积极引导农民参与旅游接待活动。

这种发展模式的典型有：江苏省江阴市华西村、黑龙江省甘南县兴十四村等。

8. 农业观光开发型

农业观光开发型是指利用农业生产过程中的知识性、趣味性、可参与性，开发规划出观光、休闲、度假等旅游产品，满足游客需求，促进乡村旅游发展的模式。这种发展模式必须具备的条件：一是临近城镇，客源市场潜力大；二是交通便利，可进入性较好；三是农业生产知识性、娱乐性、参与性强。发展这种模式必须注意：有良好的项目创意和规划；认真对客源市场进行调研，分析客源市场的需求；制订可行性研究报告；加大对于项目的宣传促销力度。

这种发展模式的典型有：河北省秦皇岛市北戴河集发观光园、上海市奉贤区申隆生态园、辽宁省葫芦岛市宏业现代农业园区。

9. 生态环境示范型

生态环境示范型是指具备良好的生态环境的农村，以生态环境作为旅游吸引力，开发观光、休闲、度假旅游产品，促进乡村旅游的发展模式。这种发展模式要具备便利的交通和良好的基础设施条件。发展这种模式应注意：加强对生态环境的保护，防止旅游开发引起环境的破坏和退化；培养旅游开发经营者和游客的环境保护意识。

这种发展模式的典型有：江苏省常熟市蒋港村、北京市密云县石塘路村。

10. 红色旅游结合型

红色旅游结合型是指在具备"红色旅游"资源的乡村，结合"红色旅游"的发展，组织接待旅游者开展参观游览活动，带动乡村旅游发展的模式。这种发展模式必须是在知名度较大、革命遗迹和遗存较为丰富、旅游接待具备一定规模的乡村开展的。发展这种模式要注意：突出"红色"主线，体现"红色"特征；发挥"红色旅游"的革命传统教育功能；做到因地制宜、量力而行、循序渐进。

这种发展模式的典型有：河北省平山县西柏坡村、四川省广安市广安区牌坊村。

（二）乡村旅游开发典型经营模式

在当前的乡村旅游发展过程中，参与乡村旅游发展的主体主要有当地政府、旅游企业、村委会及当地农户等。根据他们参与乡村旅游发展的程度和作用，可以归纳总结出不同的开发模式。目前，国内乡村旅游发展比较成功的经营管理模式主要有以下几种。

1."农户＋农户"开发模式

这是乡村旅游初期阶段的经营模式。在远离市场的乡村，农民对企业介入乡村旅游开发普遍有一定的顾虑，甚至还有抵触情绪。多数农户都不愿把有限的资金或土地交给公司来经营,而更相信那些"示范户"。在这些山村里,通常是"开拓户"首先开发乡村旅游获得了成功,然后在他们的示范带动下,农户们纷纷加入旅游接待的行列,并从中学习经验和技术,最后在短暂的磨合下形成"农户+农户"的乡村旅游开发模式。

这种模式通常投入较少,接待量有限,但将乡村文化保留得最真实,使游客不仅花费少还能体验到最真的本地习俗和文化。受管理水平和资金投入的影响,通常旅游的带动效应有限。在当前乡村旅游竞争加剧的情况下,这种模式具有短平快的优势。这部分农民善于学习别人经验,汲取别人教训,因其势单力薄、规模有限,往往注重揣摩、迎合游客心理,因而能提供极具个性化的服务。

2. "公司+农户"开发模式

这一模式通过吸纳当地农民参与乡村旅游的经营与管理,在开发极具潜力的乡村旅游资源时,充分利用农户闲置的资产、富余的劳动力、多样的农事活动,来丰富旅游活动。同时,通过引进旅游公司的管理,对农户的接待服务进行规范,避免因不良竞争而损害游客的利益。

这一模式中有些需要注意的问题。首先,公司或投资商与农户的合作是建立在一定的经济基础上的,受投资商实力的影响较大;其次,农户的知识层次、个人素质、服务意识等还有待于进一步提高;最后,在内部经营管理中,如何进行游客的分流与分配,是能否顺利实施的关键之一。

3. "公司+社区+农户"开发模式

这一模式应是"公司+农户"模式的延伸。社区(如村委会)搭建桥梁,公司先与当地社区进行合作,再通过社区组织农户参与乡村旅游。公司一般不与农户直接合作,所接触的是社区,但农户接待服务、参与旅游开发则要经过公司的专业培训,并制定相关的规定,以规范农户的行为,保证接待服务水平,保障公司、农户和游客的利益。此种模式通过社区链接,便于公司与农户协调、沟通,利于克服公司与农户因利益分配而产生的矛盾。同时,社区还可对公司起到一定的监督作用,保证乡村旅游正规、有序地发展。

4. 公司制开发模式

这一模式的特点是发展进入快、起点层次高、开发有规模,如果思路对头、经营科学,容易使乡村旅游开发迅速走上有序化发展的道路。

公司制开发模式比较适合乡村旅游初期阶段,随着农民的关注与参与,这种利益主体是公司的模式将难以适应未来乡村旅游发展的趋势。农民作为乡村旅游的参与主体,其积极性是不容忽视的。而采用公司制开发模式,农民就很难从旅游收入中获得应有的利益,仅是靠提升农产品附加值获得收益。

乡村旅游生财之源是公共资源,即农民共同的资源。但在使用这种公共资源中最大的受益者是旅游公司,当地农民很难得到相应利益,并且还要承担旅游开发所带来的各种负面影响。这种资源与利益的严重失衡,极易引起农民的不满。

5. 股份制开发模式

这一模式主要是通过采取合作的形式合理开发旅游资源,按照各自的股份获得相应的收益。根据旅游资源的产权,可以界定为国家产权、乡村集体产权、村民小组产权和农户个人产权四种产权主体,在开发上可采取国家、集体和农户个体合作的方式进行,这样把旅游资源、特殊技术、劳动量转化成股本,收效一般是将股份分红与按劳分红相结合来评判。对于乡村旅游生态环境的保护与恢复、旅游设施的建设与维护以及乡村旅游扩大再生产等公益机制的运行,企业可通过公益金的形式投入完成。

这种模式有利于乡村旅游上规模、上档次。特别是通过股份形式,能够提高乡村集体和农民的经营份额，有利于实现农民参与的深层次转变，从而引导农民自觉参与到他们赖以生存的生态资源的保护中去。

6. "政府＋公司＋农村旅游协会＋旅行社"开发模式

这一模式的特点是充分发挥旅游产业链中各环节的优势，通过合理分享利益，避免了过度商业化，保护了本土文化，增强了当地居民的自豪感，从而为旅游事业持续发展奠定基础。此种模式各级职责分明，有利于激发各自潜能，形成"一盘棋"思想。具体来讲，政府负责乡村旅游的规划和基础设施建设，优化发展环境；乡村旅游公司负责经营管理和商业运作；农民旅游协会负责组织村民参与地方戏的表演、导游、工艺品的制作、提供住宿餐饮等，并负责维护和修缮各自的传统民俗，协调公司与农民的利益；旅行社负责开拓市场，组织客源。

7. "政府＋公司＋农户"开发模式

从目前一些地区乡村旅游发展现状来看，这一模式的实质是政府引导下的"企业＋农户"：就是在乡村旅游开发中，由县、乡各级政府和旅游主管部门按市场需求和全县旅游总体规划，确定开发地点、内容和时间，发动当地村民动手实施开发，在开发过程中政府和旅游部门进行必要的指导和引导。由当地村民或村民与外来投资者一起承建乡村旅游开发有限责任公司，旅游经营管理按企业运作，利润由村民（乡村旅游资源所有者）和外来投资者按一定比例分成。除此之外，村民们还可以通过为游客提供住宿、餐饮等服务而获取收益。这种模式一是减少了政府对旅游开发的投入，二是使当地居民真正获得了实惠，三是降低了旅游管理部门的管理难度，因而是一种切实可行的乡村旅游经营模式。

8. 个体农庄开发模式

个体农庄开发模式是以有规模的农业个体户发展起来的，以"旅游个体户"的形式出现，通过对自己经营的农牧果场进行改造和旅游项目建设，使之成为一个完整意义的旅游景区，能完成旅游接待和服务工作。通过个体农庄的发展，吸纳附近闲散劳动力，以手工艺、表演、服务、生产等形式加入服务业中，形成以点带面的发展模式。

袁家村：缺山少水，但越做越大

礼泉县烟霞镇袁家村地处关中平原，全村共有62户286人，土地面积660亩。这里缺山少水，自然和人文条件均不突出，也不是政府重点扶持的"典型村"。但这个村的村干部带领村民们想办法、出点子，齐心协力硬是以独具特色的关中"农家乐"旅游打开了一片发展的新天地。

袁家村持续发展的精髓是不断创新产业形态。在村干部的带动下，袁家村先是建起农民个体经营的"农家乐"，后来又建起特色小吃街，引来特色餐饮、旅游商品等资源，提升了乡村旅游层次。随后又打造"月光下的袁家村"，发展酒店住宿、酒吧等夜间经济，还采用成立股份公司、群众入股的方式，实现了"全民参与、共同富裕"。良好的前景吸引着外出打工的袁家村人纷纷回村。2007年，很多村民的收入是打工时的10倍。据村干部介绍，现在每户村民能保证年入20万元，在外打工的20多名年轻人也几乎全部回村发展。袁家村还带动了周边10个村的发展，吸纳了超过2000名外村民众来此就业。

评析：建立共享的经济发展模式是袁家村的制胜法宝。发展乡村旅游奔小康的袁家村村民，没有忘记周边乡亲的发展大计，因此联合了周边近千户群众，共同经营袁家村店铺，让他们也参与到社区服务中，共享旅游发展的红利。也正因此，袁家村靠着独特的发展思路，全面实施"一点促全域，一村带十村"战略，名气越来越大，成为乡村旅游中的楷模。

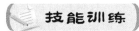

内容：以小组为单位，介绍国内外著名的乡村旅游案例，并分析其成功的开发模式。
步骤：
（1）5人为一小组展开讨论，并汇总讨论结果；
（2）每组选出一名代表发言，交流分享学习成果；
（3）教师点评。

任务四 乡村旅游的转型与升级

（一）乡村旅游转型升级的必要性分析

1. 旅游市场需求发生改变

随着国内经济的发展和人们生活水平的提高，旅游者的旅游经验和旅游经历都在逐步丰富，旅游要求也在不断提高，所以在出游的选择上也就发生了一些变化。从近些年国内的旅游情况来看，整体呈现出三大变化：一是游客群体的转变。从数据当中可以看到，整个的游客群体构成以80后、90后为主；二是出行方式的转变。从以前的跟团游，逐渐转变为自助游和自驾游；三是出行目的的转变。旅游者的出行目的从过去的以观光为主，逐渐过渡到以休闲体验为主。这三大转变，形成了年轻化、散客化和休闲化的市场整体特征。这些新的特征对乡村旅游的发展也提出了新的要求，即乡村旅游产品能够适应这种旅游市场的新变化和需求的改变。随着这三大旅游市场特征发生转变，旅游市场整体呈现出来越依托周边客群的新态势。周边游成为旅游经济新的增长点，而乡村旅游在周边游中占据主导地位。同时，周边游的延伸范围也在逐渐变大。随着高铁和高速等交通基础设施的迅猛发展，游客可承受的周边游半径越来越大，这就给乡村休闲旅游带来了更大的发展机会和发展价值。乡村休闲旅游也将以更加多元的姿态，迎接必将到来的产业化时代。

2. 实现旅游精准扶贫的主要手段

2014年8月，国务院发布的《关于促进旅游业改革发展的若干意见》（国发〔2014〕31号）中指出"加强乡村旅游精准扶贫，扎实推进乡村旅游富民工程，带动贫困地区脱贫致富"。2014年11月，国家发展改革委员会、国家旅游局等7部门共同启动乡村旅游富民工程。2016年8月，国家旅游局联合国家发展改革委等多部门下发的《关于印发乡村旅游扶贫工程行动方案的通知》（旅发〔2016〕121号）明确提出，"十三五"期间，"力争通过发展乡村旅游带动全国25个省（区、市）2.26万个建档立卡贫困村、230万贫困户、747万贫困人口实现脱贫"，"通过实施乡村旅游扶贫工程，使全国1万个乡村旅游扶贫重点村年旅游经营收入达到100万元，贫困人口年人均旅游收入达到1万元以上"。可见，旅游业作为方兴未艾的综合性产业，涉及行业广泛，有较强的带动力。尤其是在全域旅游的背景下，可以充分发挥"旅游＋乡村""旅游＋农业"的优势，带动和实现乡村的产业发展和农民的脱贫致富。这既符合大的社会背景和发展趋势，同时也可以在城乡一体化的格局下，顺应农村产权制度改革的需要，促进农村集体用地发挥更大价值。

3. 城市建设倒逼乡村旅游的发展

当旅游消费进入新的快速发展阶段时，旅游空间往往以城市为依托。然而长期以来，我国的城市建设都是围绕着工业化城市大的生产与居住进行的：考虑的是定居者的需求，而不是旅游者的需要；考虑的是生产与工作的需要，而不是生活与休闲的需要。这使得城市在旅游方面的建设存在着缺陷。再如，城市进程中出现雾霾、房价抬高、交通拥堵等负面影响因素，逃离大城市到乡村、小城镇度假，短期居留，长期居住、养老已经成为当前新的潮流。这对乡村旅游发展由单纯的农家乐转向全域化的发展起到了助推的作用。

（二）乡村旅游转型升级的路径分析

1. 加强支持与监管，促进乡村旅游良性发展

由于乡村旅游目的地资源分散，社区自我发展能力较弱，内部结构和利益关系复杂，因此需要政府主导，整合资源，统筹安排。首先，政府需要制定统一的乡村旅游规划，和其他规划进行协调和衔接，并监督规划的落实情况。其次，政府要加大对乡村旅游政策的扶持力度，建立乡村旅游发展专项基金，为农户提供信贷支持和担保支持，盘活乡村土地、宅基地、技术等资源；同时，还要在土地、税收、环保、科技、营销等多个方面提供全方位的支持和服务。再次，政府要改善当地交通、环境、能源等硬件设施，为目的地创造良好的发展空间；同时在媒体上加大对乡村旅游的宣传力度，激发供给和消费热情，创造良好的舆论氛围。最后也是最重要的，政府需要在乡村旅游发展过程中进行协调和监管，其中一个重要的任务就是协调各利益相关者之间的关系。尤其是利益分配环节，需要建立具有代表性的利益协商组织和机制，公平合理地在利益相关者之间对乡村旅游发展利益特别是经济利益进行分配，减少彼此间的冲突，并注重当地普通居民的利益。另外，政府还要对市场进行监管，制定和完善相关的法规政策，避免企业间恶性竞争以及经营过程中欺诈游客的行为发生，促进各类企业公平竞争，使乡村旅游发展有一个良好的市场环境。为了对游客负责，减少游客的消费顾虑，乡村旅游需要推行一系列标准，保证软硬件设施的完善程度以及产品和服务的质量。当然，还要对乡村旅游产品和设施进行评价分级，便于游客作出正确的消费选择。

2. 旅游产品与服务的转型升级

旅游产品的转型升级是乡村旅游转型升级的关键。我国乡村旅游产品种类单一，形式简单，内容贫乏，特色不足，游客停留时间很短，消费水平很低。目前在欧美国家，乡村旅游已成为较高层次的旅游行为。借鉴国外的经验，我国的乡村旅游必须走生态旅游、文化旅游相结合的道路，营造良好的生态环境，挖掘民族文化中丰富的资源。各地区在目前已有的农家乐、观赏、采摘等初级产品的基础上，结合客源市场需要开发休闲度假和生态旅游、体育旅游等其他高端产品，如第二住宅、租赁农园、教育农园、农事活动、乡村美食和游戏、垂钓、滑雪、露营、民俗活动、节庆活动、自行车赛、高尔夫等多种活动，形成乡村旅游产品谱系，在不同的季节有不同的旅游吸引物，并且注重参与性，提高游客的重游率，增加他们的停留时间。除主要旅游吸引物外，餐饮、住宿、交通、娱乐产品也要生态化、多样化和独具乡村特色。

提升服务档次，保持服务特色。乡村地区整体环境的脏、乱、差以及餐饮、住宿设施的安全卫生状况一直是游客最不满意之处，严重制约着乡村旅游转型和升级。服务升级是乡村地区吸引高端游客的先决条件，需要社区、政府和相关科研机构共同解决。在新农村建设的形势下，政府应该拿出部分财政资金整治和改善乡村环境，建设给排水、供电、通信等基础设施和垃圾回收、公共厕所等服务设施；同时应该出台相应的农家旅馆接待标准，在消毒、食品安全、游客舒适方便等层面给予保证。另外，还可以将餐饮接待设施分为不同的档次，有经济能力的业户可以接待高端游客，并请专家根据实际情况进行设计，保持健康、自然的传统特色，如自然通风、采光、遮阳以及窑洞、竹楼、火炕等，在达到相应接待标准的同时降低经营成本，将游客废弃物纳入当地物质循环利用系统，减少对环境的影响。在提升硬件

设施的同时，也要提升经营人员的服务素质，培养接待业户正确的服务意识和理念，重点提高从业者在经营服务、食品卫生安全、接待礼仪、餐饮和客房服务、乡土文化讲解等方面的素质和技能，加强对当地干部和业主乡村旅游项目开发、管理、促销等专业知识的培训。除此之外，还要加强服务技巧的培训，如互联网、外语以及突发事件处理等，完善投诉监管机制，对业户服务态度和行为进行严格监管。

乡村旅游转型发展坚持"五原"是关键

随着整个经济社会的发展和旅游消费的升级，现在乡村旅游发展已进入一个转型升级的新阶段，需要以科学的理念和更高的标准来指导和推动乡村旅游的可持续发展。乡村旅游发展的地域在乡村，乡村的环境、建筑、民风民俗、美食等都是旅游吸引物。一旦缺乏这些乡村性的内容，乡村旅游发展就失去了支撑，从而难以持续。一诺规划认为，要保持乡村性、推动乡村旅游转型发展，坚持"五原"是关键。

一是坚持"原住房"。千百年来，农村的房子就是乡村文化的重要体现，当前有不少旅游投资者把目光投向乡村，把一些环境好的村子里老百姓空置的老房子买下来或租下来，改造成特色客栈或民宿，外部保持古朴的风格，内部做现代化和舒适度的提升，有的已经成为当地乡村住宿的典范。发展乡村旅游，要做好原住房的保护工作，要把保护与改造、提升结合起来，而不要只是一拆了之。

二是坚持"原住民"。当地老百姓是乡村旅游的活力和源泉，也是乡村文化的传承人和展示者，没有原住民参与的乡村旅游是没有生命力的。在乡村旅游的发展中，要处理好政府、投资者和原住民的利益关系，切实保障原住民应得的利益。如果利益分配不到位，必然会影响当地乡村旅游的发展。现在这方面的例子各地也有不少，有的是老百姓阻止旅游者进入，有的是老百姓阻碍经营者正常经营。在这种情况下，当地的乡村旅游也就无法可持续发展了。

三是坚持"原生活"。老百姓朴实的生活状态往往也是旅游者感兴趣的。原生活往往能唤醒人的记忆，给人留下难忘的印象。比如纳鞋底、磨豆腐、百家宴等古老的生活场景，都可以成为乡村旅游的特色产品。当然，对于那些原生活中不讲究卫生的一些习惯、习俗等，就需要根据时代发展做相应的调整和改变。

四是坚持"原生产"。乡村的原生产状态就是农业，这也是农耕文化的动态展示。农业与旅游的有机融合，是乡村旅游的魅力所在。没有农业生产，一些地方乡村旅游的吸引力就会大大降低，甚至会逐渐失去吸引力。比如，现在国内一些著名的梯田景观，如果没有真实的农业生产，让梯田成了荒地，肯定就会失去魅力。只有不断生产，梯田景观才会有动态的变化，在不同的季节各具魅力，进而吸引游人。农业旅游示范点、农业遗址公园、国家农业公园等的建设都是乡村坚持"原生产"的有效方式。

五是坚持"原生态"。原生态是乡村旅游的独特卖点，不能以现代、时尚来破坏乡村的原生态。记得有一次笔者到西部地区一个古村落考察，村里当时正在对村前一条漂亮的小溪进行改造，只见他们把水底的淤泥和岸堤边的杂草全部清理掉，然后用水泥做了硬化。不久之后再去，原来清清的溪水变成了污水，还夹带着臭味。还有一个村子，对村里的古祠堂进行维护，由于里面古老的壁画已经泛黄，他们就找人专门进行描新，还把一些旧的木构件卸下来，找木匠刨新了再装上去。另外，有的给原本很好的石子路铺上了水泥。像这样名为维护实为破坏原生态的做法，在许多村子都存在。试想，经过这样维护改造的乡村，其旅游能可持续发展吗？

（资料来源：中国乡村旅游网）

技能训练

内容:实地考察周边区域的某一乡村旅游点,找出该乡村旅游点在开发过程中存在的问题并提出合理化建议。

步骤:

(1)将全班分成3个组(A、B、C),根据考察内容,明确各组的任务分工,并阐明考察的各项事宜。

(2)以小组为单位,参观考察某乡村旅游点,并收集整理该乡村旅游点的基本情况,找出乡村旅游在开发过程中的优势与不足。

(3)各小组对资料进行归纳、总结。

(4)撰写参观报告。要求:格式规范;分析有理有据;语言表达准确、清晰;以小组形式提交报告。

我国台湾地区农庄的"心"式魅力

有这么一句话:全亚洲的城里人都想到台湾去"上山下乡"。那么,在我们大陆休闲农业蓬勃发展的今天,海峡对岸的田间地头到底有什么不一样的魅力?

据了解,台湾休闲农业可分两大类,即民宿和休闲农场。民宿就是我们所称的农家乐,规模不大,一般只有五个客房。休闲农场的规模相对较大,客房从几十个到上百个不等,更有甚者有上千个餐位。无论是民宿还是休闲农场,台湾的农庄总是能极致地体现出农庄主的意志,而这或许正是吸引各地休闲游客的魅力所在。

调和技艺,亲力亲为

我国台湾地区农场主除了走出去,亲自热情接待游客外,还往往有着很高的技艺。农庄主把自己的技艺融入到招待游客的热情中,将自己独到的创造和知识、体验传授给游客,在这个过程中达成新的创意体验和设计,这是游客难以抵挡的诱惑。在台湾内山休闲茶园,老板娘会带领大家现炸茶叶酥吃。戴上农家斗笠,腰里围上小竹篓,拣着不老不嫩的茶叶,摘个15片,漂洗掉小虫与浮尘,在老板娘的指导下,一堆人站在油锅前,茶叶蘸粉、下锅,美美地炸个金黄两碟,再撒上话梅粉,不油不腻,酥脆可口,再端进屋,摆点咸甜小品,泡一壶柚子花茶,围坐起来开个茶话会,放松休闲的感觉油然而生。

品格出众,自我规范

我国台湾地区休闲农庄主有一个共同的特点,就是特别热爱乡村田园生活。他们建设休闲农庄,有的甚至是为了圆儿时的一个梦想。因此他们整体素质较高,往往并不追求短时间的暴利,而是基于本身对精致休闲生活的向往,从一开始就非常注意生态环境的保护和休闲体验的质量,并且会给自己的事业树立道德规范,让农庄持续健康发展。

这种农庄经营模式,与内地很多急功近利的投资者心态形成鲜明对比,因而常常不被外人所理解。但从长远看,这种生态农庄极具生命力,休闲农业本身体现的便是人们对自然的亲近和健康生活的追求。比如生态和谐的某农庄,鹦鹉会"啪"地落在前来的游客肩头、头顶以供摆拍。虽然建园的初衷是"悦己",而不是赚钱,但经过多年的经营,有不少最终成了"悦人"的场所,也获得了丰厚的回报。

从心出发,创意由心

我国台湾地区农庄主心灵与休闲农业相融,也因此更能充分调动大脑的思维与想象力,激发创意与创新,设置各种各样形式活泼的活动,并且从深度上进行发掘和发展,常创常新,甚至游客参观多次后仍然会有耳目一新的感觉。

如台湾新竹关西的金勇DIY休闲农场,坚持每年都从国外引进十余种最新的番茄、彩色甜椒、水果玉米等特色蔬菜。在这里游客可以购买到"联合国番茄礼盒",一次性观赏、品尝到来自世界各地的番茄。又如东风休闲农场还以"树木"为主题,搜罗桧木边角料,让客人自制筷子。切割好,用砂纸耐心打磨,雕琢纹路,让筷子带上自己的个性。再如最受小朋友欢迎的星源茶园融运动和娱乐为一体的手工冰激凌活动,两手持罐,顺着劲爆音乐,用吃奶的力气去摇出真正的冰激凌,一屋子晃冰碴的声音,运动的酣畅,成品的清香,吸引着许多游客。强调参与,寓教于乐。台湾农庄主从心出发,能够最深层次地满足游客的消费期望,或许这正是台湾休闲农业成功的一方原因所在。

(资料来源:现代休闲农业研究院)

阅读案例,回答以下问题。

莫干山民宿如何做到年营收3.5亿元?

位于浙江省德清县的莫干山镇,距上海大约两个小时车程,翠竹山坞间,民宿产业星罗棋布。

来自官方的数据显示,2015年,莫干山镇的精品民宿有近百家,实现直接营业收入3.5亿元。当地民宿动辄千元一晚的价格俨然成了标配,有些甚至达到三四千元一晚,旺季的时候还需要提前一个月预订。

与如今的火热相比,十多年前的莫干山镇却是另一副模样。虽然莫干山风景名胜区在其境内,但当地却没有享受到多少旅游经济带来的好处。作为水源保护地,莫干山地区所有产生污染的产业都被清退,除了小农耕作和零星的农家乐之外,几乎没有其他收入来源。

2004年,南非商人高天成(Grant Horsfield)在游玩时发现,莫干山乡间的宁静非常适合都市人休闲度假,但档次偏低的农家乐无法满足这样的需求。高天成觉得这是一个商机,便在一个村里租下六间破败不堪的老房子,经过精心设计改造成"洋家乐"。

高天成认为莫干山的农舍与当地自然、人文环境浑然一体,通过旧物利用和空间设计,就能满足中高端人群的休闲度假需求。之后,他又相继租用老屋,打造了"裸心乡"等一干既有设计美感,又保留了乡土元素的精品民宿,吸引了很多游客入住。

高天成的试验,为莫干山开启了一个新的产业。于是许多投资者纷纷效仿,在此打造精品民宿,使得曾经被空置或遗弃的破败老宅重新焕发了生机。而近年来在中高端消费群体中兴起的"逆城市化"生活方式,则让越来越多的人涌进莫干山。

在民宿产业的带动下,莫干山农房的租金以每年翻一倍的速度上涨。而当地村民除了房租收入,有的还在民宿做起了服务员。此外,村民栽种的蔬菜和水果,每年都会以略微高出市场的价格供应给民宿。

在整个民宿产业的发展中,当地政府也一直扮演着积极的角色。

德清县政府认定精品民宿是乡村休闲旅游的发展方向之一,在旧屋改造上给予了相对宽松的政策。2015年5月,德清县发布全国首部县级乡村民宿地方标准规范,有规划地引导民宿差异化发展,并通过成立莫干山民宿学院,为从业者提供专业化的民宿课程培训。

投资者、村民、当地政府,多方要素的有效组合,使莫干山民宿成为乡村创新发展的出色范本。2016年10月,莫干山镇入选首批中国特色小镇名单。

问题:(1)你认为莫干山民宿是如何做到年营收3.5亿元的?

(2)莫干山民宿有哪些成功经验值得借鉴?

项目二
乡村旅游开发与设计前的调查研究

项目目标

技能点：通过本项目的学习，学生能够对乡村旅游项目的资源、市场进行分析和评价，能够进行实地野外调查及运用互联网收集工作所需资料。

知识点：了解乡村旅游项目开发与设计前的调查研究的主要内容，熟悉乡村旅游项目选址类型，掌握乡村旅游项目资源调查与评价方法及市场调查与分析，掌握乡村旅游项目主题定位内容。

验收点：通过本项目的学习，学生能够认识乡村旅游项目开发前调查研究的必要性，能够通过调查研究过程撰写乡村旅游项目开发基础条件调查报告，并根据分析对乡村旅游项目进行定位。

课程导入

江西莲花溪旅游景区开发前项目考察

应江西莲花溪生态旅游发展有限公司的邀请，创行合一规划设计院专家组一行5人于9月2日至9月5日赴江西省进行《婺源县莲花溪旅游景区开发概念性规划》项目的详细考察。

项目地位于婺源县江湾镇，专家组先后详细地考察了项目地的大溪、山保庙、里庄、栗木坦、高源、低源等六个自然村落，并对项目地附近的篁岭、洪村、思溪、彩虹桥、卧龙谷等相关旅游景区作了相应的考察。一方面考察项目地所在县镇的旅游资源和当前旅游经济发展现状，了解项目所在地的宏观旅游发展环境；另一方面通过考察获取详细的现场调研资料，并结合婺源县当前旅游发展现状编制《婺源县莲花溪旅游景区开发概念性规划》。

在乡村旅游区（点）考察，听到最多的往往是当地干部和农民兄弟用非常自豪的语气赞美自己的旅游资源。但是在乡村旅游开发过程中埋下了这样或那样的隐患，致使这些乡村旅游项目在后期经营中总会存在许多不尽如人意的地方。换句话说，就是好种子没能长出好苗，最终也没能结出好果。好的资源往往得不到很好的利用，问题恐怕还是出在乡村旅游项目开发过程中缺乏对资源的正确认识和科学性。

前期调查研究是做好乡村旅游项目开发与设计的基础工作，该工作做得充分与否，直接关系到开发设计质量完善与否。因此，做好前期调查研究工作，对于提高乡村旅游项目开发与设计的科学性、效率性具有重要作用。

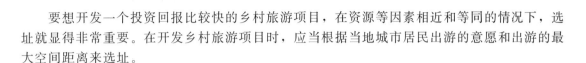

任务一 乡村旅游项目的选址

要想开发一个投资回报比较快的乡村旅游项目,在资源等因素相近和等同的情况下,选址就显得非常重要。在开发乡村旅游项目时,应当根据当地城市居民出游的意愿和出游的最大空间距离来选址。

(一)乡村旅游项目选址影响因子

1. 乡村旅游资源

旅游资源是乡村发展的根本。乡村旅游资源的各种特性决定了未来旅游项目的吸引力,如丰富性、等级品质、与城市距离、可进入性、鲜明特色等。乡村自然环境、有形人文资源、无形人文资源共同构成了乡村旅游资源,这些要素都有相对固定的地域性,在乡村的某个"固点"具有不可移动性,但不同地方的乡村旅游资源又具有相似性。要想在众多的旅游资源中选择旅游开发项目,即优选乡村旅游地,就应选择环境优美、田园"氛围"浓、乡土气息"土"、交通便利、参与体验性强的资源地作为项目选址,在这类旅游项目形成"气候"和集聚效应以后,再逐步开发其他项目。

2. 空间距离

距离是乡村旅游项目选址主要的影响因子。乡村旅游是高频率的旅游产品,市场准入门槛较低,消费水平中等偏低。乡村旅游区主要集中在城市周边郊区,以城市居民为主要客源市场。随着旅游目的地与客源地距离的增加,目的地对游客的吸引力逐渐减弱。乡村旅游产品之间的替代性极强,消费者消费不同乡村旅游产品的感受差异小,因此以增强目的地吸引力来延伸旅游交通距离的方法不完全适用乡村旅游地。由于吸引力有限,乡村旅游地难以吸引到太多的远程游客。短时段休闲游客是乡村旅游客源市场的主体。如果旅游空间距离过长,旅游交通要花费大量的时间,将会大大降低游客的满意程度。空间距离在15~50千米,车程在1小时范围内是最佳旅游空间距离。

3. 地方经济发展水平

乡村旅游项目的开发必须以一定的经济实力为基础,而开发过程中的基础设施建设、服务设施建设、宣传促销、从业人员培训等都需要一定数额的投资,缺乏资金积累的乡村很难发展乡村旅游。地方经济发展水平与乡村旅游发展之间将形成互利共赢局面。一方面,地方经济注入基础设施的投入建设,能改变乡村的旅游环境,大大提升乡村的整体形象;同时,建设一批环境好且服务水平高的乡村旅游项目,能为乡村节日的举办提供基础保障。另一方面,乡村旅游的发展又会反哺乡村地方经济,助推三农经济,统筹城乡发展。

4. 乡村特色

乡村具有城市所不具备的田园风光、自然景观、民俗风情、宁静的生活环境,对于长期生活在钢筋水泥丛林中的人们来说有很强的吸引力。乡村优美的自然风光满足了人们回归自然的需要,淳朴的农家风情和传统习俗符合城市人追求乡土气息的愿望。乡村旅游结合农事活动,开展与耕作、护理、收获相结合的乡村旅游活动,既传播了农业知识,又帮助城市人增加了农事体验,可谓"农味"十足。

5. 交通区位

旅游交通是旅游产品的一部分,交通运输的时间和空间距离会影响旅游者的行为决策。由于距离较近,路况相对较好,乡村旅游成为自驾车旅游者的首选目的地。这里的交通是指旅游者从常住地到乡村旅游目的地的交通，不含乡村旅游地内部的交通情况，属于"大交通"的概念。交通区位的主要衡量指标是通达性和便捷性，具体通过时间距离和空间距离来进行量化。如乡村旅游区和依托城市之间是否有道路相连，以及道路的等级条件等。另外，在旅游区位上，乡村旅游位于风景名胜区范围内或处于某一旅游热线上则是优势区位。

（二）乡村旅游项目选址建议

1. 在城市附近开发

乡村旅游项目的选址应当在城市居民消费的空间范围之内。国内已有学者开始注意研究不同类型城市居民乡村旅游消费出行的空间范围，比较成熟的研究结论尽管还不统一，但初步认定有两个消费圈。

一是以农家餐饮为主打产品的乡村旅游项目消费圈（见表2-1）。

表2-1　农家餐饮乡村旅游项目消费圈

城市类型 范围	人口范围 /万人	出行距离范围 /千米	车程范围 /小时
大型城市	100以上	50	1
中型城市	50以上	25	1/2
小型城市	10~30	10~15	1/4

二是以休闲游憩为主打产品的乡村旅游项目消费圈（见表2-2）。

表2-2　休闲游憩乡村旅游项目消费圈

城市类型 范围	人口范围 /万人	出行距离范围 /千米	车程范围 /小时
大型城市	100以上	250	3
中型城市	50以上	150	2
小型城市	10~30	50	1

（表2-1和表2-2来源：《农村经济与科技》2012年第23卷第06期）

乡村旅游项目只要不是利用非常特殊的资源，都应当选择在离城市相对较近的地方建设，这是乡村旅游开发选址中不容忽视的问题。

2. 在旅游区（点）附近开发

乡村旅游项目需要较旺的人气来支撑，尤其是喜爱旅游的人群形成的人气和集结。有一定影响力、人流量大的风景名胜区、文物保护区、自然保护区和遗产地等就是乡村旅游开发和选址的立项依托区域，即"点"型布局。但是，在这些具有较高旅游资源价值的区域开发乡村旅游项目会受到很多限制，如土地与资源的归属权、景区的管辖范围等。不过，在这些旅游景区的外围周边以及游客必经的干线公路附近，经营土地流转、旅游运营相对来讲就容易得多。一般来讲，这些地方的土地大多是农民承包的，管辖权力主要在乡村，只要坚持一个前提——在乡村旅游开发中合理照顾当地农民的利益即可。结合社会主义新农村建设，发展乡村服务行业，吸纳农民参与乡村旅游的管理与服务，同时改善旅游景区的外部环境，与知名度高的旅游景区争抢客源市场，并注意开发互补型、错位型和以面向本地游客为主的项目。

3. 沿环城带状开发

在乡村旅游开发中，有一定消费能力的大中型城市，时间长了自然而然就会形成环城郊区休闲游憩带。这种环城带状的发展结构，有利于形成城市近郊社会主义新农村建设与以大中型城市休闲度假项目为龙头的乡村服务业齐头并进的势头，从而促进城乡相互融合、共同繁荣，在当前城乡多元发展格局中极具商业增值价值。

4. 沿公路带状开发

依托一条高速公路或比较通畅的公路开发乡村旅游项目，相对来说比较容易启动客源市场。因此在乡村旅游项目的选址中，应该将公路交通放在重要的位置来考虑。乡村旅游的发展，在很大程度上依赖于城乡公路交通的便捷与城市居民自驾游的不断增多，是由城市居民活动空间的逐渐扩大推动的。不少乡村旅游经营者也认为，一条贯通城乡的公路，往往可以成为城市近郊的景观带、休闲带。对旅游项目的开发来讲，利用独具价值的沿途风光进行规划与推广，是企业非常有效的发展战略。

5. 沿水体带状开发

水是灵气的自然集聚，一座城市的兴起往往离不开江河湖海。许多城市的"母亲河"，不仅哺育了城市的世代居民，也形成了城市景观的"血脉"。许多地方，无论是滨水公路还是滨水乡村，都有自己独特的景观，因而是发展乡村旅游的最佳区域。尤其是北方，有水的地方几乎都有旅游开发的价值。因此，沿江河湖海开发乡村旅游项目，可以有很多种选择，包括沿水观景、沿水游线和亲水休闲等，从而形成成熟的项目与快速发展的格局。

另外，一些城市是沿着谷地或坝子来发展的，山环水绕往往能形成很好的景观。在城市近郊的山前山后，沿着山脉的走向总会有不少迷人的风景线，同水体一样都有发展乡村旅游带的环境和条件，即沿山体带状开发。

乡村旅游投资选址的几大要素

一、距离是最大的限制因素

乡村旅游属于高频率、低消费的"低值易耗品"，市场准入门槛低。然而乡村旅游产品之间的替代性强，决定了乡村旅游区不可能吸引远程的游客。短时段休闲游客是乡村旅游客源的主体。如果旅行交通需要花费大量的时间，将会大大降低客户的满意程度。因此，乡村旅游应集中在大城市周边（所谓"一小时生活圈"），以周边城市居民为主要的客源市场。

二、经济是旅游业发展的动力

乡村旅游的开发必须以一定的经济实力为基础。乡村旅游的主要客源是其附近的城市居民。因此，城市发展的规模、生活节奏的快慢、生存压力的大小、环境质量的好坏都是乡村旅游业发展的重要因素。也就是说，乡村旅游项目应该为经济较为发达且周边环境质量较好的城镇。

三、把握特色人文景观优势

农村具有城市所不具备的田园风光、自然景观、民俗风情、宁静的生活环境，对于长期生活在钢筋水泥丛林中的都市人来说有很强的吸引力。在选址时，应当充分考虑当地独特的自然景观和人文风情。选择有山、有水，山势错落有致的地形，依地形来规划各种游玩的项目设施，打造极具自然风味的独特景观及别具一格的当地文化特色。乡村优美的自然风光满足了人们回归自然的需要，淳朴的农家风情和传统习俗也符合现代人寻找安宁和乡土记忆的心态。

四、安全食品的因素

对于长期生活在城市的居民来说，农村当地的纯天然绿色果蔬及家禽肉类食品可谓奢侈品。因此，假期到乡村享受一下自然的新鲜空气，品尝一下当地的特色食品，或带着家人去采摘农家院的蔬菜、水果，让孩子深刻体会"自己动手，丰衣足食"的无限乐趣。

五、自驾旅游形式将成为主流

随着中国社会经济的发展,人们的生活水平有了很大的提高,购车已成为时下都市人群的消费趋势。车成了人们日常的代步工具,所以乡村旅游区需要良好的道路交通来连接目标市场,但又不能过于靠近交通干道布局,否则大气环境、声环境、水环境和土壤环境都会受到交通的影响。乡村旅游区应当选择在路况相对较好的乡野,同时旅游景区内道路的设计也要充分考虑便于汽车行驶的需要。

六、社会因素也是重要的选择

另外,还有一个需要考虑的社会因素,即当地民众的意向。有些旅游不会妨碍当地人的生活,而且对当地的经济有促进,这时就要注意周边有没有政府单位,因为政府单位周边不适宜建旅游区。为避免不必要的纠纷,在选址之前必须了解当地民风,并征询当地的村民,选择民风淳朴、治安良好的区域以确保旅游事业顺利进行。

技能训练

内容:根据所学知识,对乡村旅游项目进行选址分析。
步骤:
(1) 5人为一小组。
(2) 寻找3个乡村旅游实际案例。
(3) 分析其选址的类型及优劣,用PPT展示并讲解。

任务二 乡村旅游项目资源调查及评价

(一)认识乡村旅游资源

1. 乡村旅游资源的组成要素

乡村旅游的核心是旅游产品的开发和组织,而旅游资源则是旅游产品的原料和形成基础。可以说,乡村旅游业的发展在很大程度上依赖于旅游资源的开发利用。

乡村旅游资源的内涵目前没有一个统一且广泛认可的界定。乡村旅游资源是指具有吸引力的、能够吸引人们离开常住地进行乡村旅游的一切具有乡村特性的事物,可以是有形的客观存在物或自然环境,也可以是无形的文化或社会环境。可以说,乡村旅游资源是以自然环境为基础、人文因素为主导的人类文化与自然环境紧密结合的文化景观。下面是对乡村旅游资源要素的总结。

① 乡土工艺要素:如剪纸、石雕、木雕、竹雕、皮雕、藤编、麻编、月桃叶编、织布、刺绣、蜡染、贴饰、陶艺、泥塑、豆画、绣花鞋垫等。

② 水利要素:如古井、机井、滴灌、水车、辘轳、沟渠、排水系统等。

③ 植物要素:如农作物、防护林、行道树、绿篱、盆景、绿化苗木、路边野花(草)、湿地水生植物、野生植物资源等。

④ 动物要素:如家禽、家畜、水产、昆虫、鸟类、宠物、野生动物、微生物等。

⑤ 地貌要素:如山地景观、河谷景观、湖泊景观、岩溶景观以及相关联的地形、地貌、岗丘、梯田、坡度、海拔高度等。

⑥ 气候要素:如气温、降雨、雪景、雾凇、蓝天、白云、月光、星空等。

⑦ 农田要素:如水田、梯田、旱田、稻田、麦浪、高粱地、甘蔗园、红薯地、花生地、

瓜园、芝麻花、烟草花、棉花等。

⑧ 道路要素：如主干公路、乡间道路、羊肠小道、田间便道、桥梁、石墩、独木桥、马车、人力车、机动车、手推车等。

⑨ 农具要素：如犁、耙、耖、耧车、辘轳、骡马大车、风车、木锨、簸箕、石磨、锄头、镐头、铲、织布机、纺线车、弹棉花机等。

⑩ 服务设施要素：如电话亭、邮电所、停车场、游览码头、咨询中心、派出所、垃圾收集点、公共厕所、垃圾箱、风雨亭、标志牌以及旅馆、餐厅、小吃店、野餐烧烤点、冷热饮料店、商场、商店、商亭、银行、商务会展中心、各种游乐场和高尔夫练习场等。

⑪ 农家小院要素：如纺线车、织布机、风箱、锅台、酸菜缸、木箱、老式床、土床、土炕、活筐、拐子、小木凳、草墩、草垫、锅盖、簸箕、桑叉、斗、升、馍筐、马灯、煤油灯、犁、锄头、镐头、泥缸、酒缸、红薯干、芝麻叶等。

2. 乡村旅游资源分类

乡村旅游开发必须以乡村旅游资源的分类与综合评价为前提，乡村旅游资源的分类与综合评价是组织乡村旅游活动的依据和基础。国家旅游局于2003年5月1日颁布的《旅游资源分类、调查与评价》（GB/T 18972—2003）的分类体系对乡村旅游资源分类具有指导意义，但乡村旅游资源又有自身独特的个性，如果仅仅套用国标对乡村旅游资源进行分类和评价，则很难对乡村旅游资源的类型做出具有指导意义的判断。

乡村旅游资源的丰富，是其他类型的旅游活动所不可比拟的。我国地域的多样性造就了丰富多彩的乡村旅游资源，这是乡村旅游得以发展的坚实基础。根据乡村旅游分类的同质原则，发生、演化一致性原则和同时性原则，可将乡村旅游资源分为两大体系，即乡村自然旅游资源和乡村人文旅游资源。

乡村自然旅游资源基本上是天然赋存的，主要指天象景、山石景和生物景观等自然景象和事物。地貌、气候、水文、土壤、生物等是组成乡村自然环境的要素，不同要素的组合构成了乡村景观的基底和背景。人类在自然环境的基础上，创造了与当地自然环境相协调并具有地方特色的乡村景观。乡村旅游资源在外部特征和内部结构上，都会铭刻自然环境的烙印。组成自然环境的各要素具有地带性分异规律，在此影响下形成的乡村景观，如农业类型、农作物分布、民居形式等也有明显的地带性分布规律。自然环境的各要素在农村景观的形成中起着不同的作用。地貌条件对乡村景观的宏观外貌起着决定性的作用。其中，海拔的高低、地形的起伏决定了农村景观的类型，如江南平原地区的水乡景观、山区的梯田景观等。气候条件影响着动植物分布、土地类型、耕作制度及民居类型。水文条件也影响着农业类型、水陆交通、聚落布局等。土壤条件直接影响着农业生产的布局。生物尤其是植物是组成乡村景观的重要因素，形成了各具特色的森林景观、农田景观、草原景观等；不同的动物种群又形成了牧场、渔场、饲养场等不同的景观。

乡村人文旅游资源是指能够吸引人们前往的古今中外人类活动的文明成就和民族风貌，可划分为乡村有形人文旅游资源和乡村无形人文旅游资源。有形人文旅游资源是乡村旅游资源中游客亲身观察到的具体事物和现象，如农作物、牲畜、林木、聚落、交通工具、人物、服饰等有形的物质。这些要素的不同组合形成了不同乡村景观的外部特征，如竹楼、大榕树、水稻田、水牛、身着对襟短袖衫和宽肥长裤的男子、身穿浅色窄袖大襟短衫和筒裙的女子、小乘佛教寺庙等构成了傣族乡村特有的景观，又如吊脚楼、风雨桥、筒裙、水田等构成了侗乡独有的民族风情。乡村旅游资源还有一些不能被人们直接感知的无形的非物质成分，称为乡村无形人文旅游资源，如人们的思想意识、道德情操、价值观念、心理特征、民族性格、历史沿革、风俗习惯、宗教信仰等。这些东西虽然是无形的，但游客可以亲身体会其魅力。它们构成了乡村旅游资源的核心，是乡村旅游资源的灵魂和精髓所在。

乡村旅游资源的两大体系，可进一步划分为乡村旅游自然生态景观、乡村田园风光、乡村遗产与建筑景观、乡村旅游商品、乡村人文活动与民俗文化和乡村景观意境六大主类，形成立体、生动的有机复合整体（见表2-3）。

表2-3 乡村旅游资源构成体系

主 类	亚 类	基本类型
乡村旅游自然生态景观	山地生态	山丘型旅游地
		独峰
		奇特与象形山石
		峡谷段落
		岩石洞与岩穴
		岛区
	水域风光	河段
		天然湖泊与池沼
		瀑布
	生物生态	树木
		林间与花卉地
		动物栖息地
乡村田园风光	农业生产景观	农业生产场景
		农业生产用具
	田园风光景观	水乡景观
		旱地景观
		梯田景观
	林区风光景观	森林景观
		种植园景观
	渔区风光景观	海洋渔场景观
		淡水渔场景观
	牧场景观	草原景观
		草山坡景观
	城郊景观	
乡村遗产与建筑景观	乡村历史遗迹和遗址	军事遗址与古战场
	聚落文化	宗教与祭祀活动场所
		文化活动场所
		特色聚落
	居住地与社区	乡土建筑
		名人故居与历史纪念建筑
		展示演示场馆
	景观建筑与附属型建筑	塔形建筑物
		楼阁亭台
		书院
	游憩场所	度假区
	归葬地	墓（群）
	水工建筑	桥
		水库
		观光游憩段落
乡村旅游商品	乡村旅游商品	风味食品
		乡村特产
	乡村传统工艺与手工艺品	传统工艺
		手工艺品
乡村人文活动与民俗文化	人物记录	人物
		协会

续表

主　类	亚　类	基本类型
乡村人文活动与民俗文化	艺术与文化	地方文化
	民间习俗	民间演艺
		民间节庆
		宗教活动
	现代节庆	旅游节
		文化节
乡村景观意境	乡村景观通道	乡村景观生态廊道
	乡村景观意境	乡村山水环境意境
		乡村聚落文化意境
		乡村农耕田园生活意境

（资料来源：《乡村旅游开发与经营管理》，黄顺红主编，重庆大学出版社）

（1）乡村自然生态景观

包括山地生态、水域风光、生物生态3个亚类，山丘型旅游地、独峰、奇特与象形山石、峡谷段落、岩石洞与岩穴、岛区、河段、天然湖泊与池沼、瀑布、树木、林间与花卉地、动物栖息地12种基本类型。乡村自然生态风光反映乡村自然山、水、生物等风光与特征，体现了传统农业社会"天人合一"的精神实质，是乡村旅游发展的基底和背景。

（2）乡村田园风光

包括农业生产景观、田园风光景观、林区风光景观、渔区风光景观、牧场景观、城郊景观6个亚类，农业生产场景、农业生产用具、水乡景观、旱地景观、梯田景观、森林景观、种植园景观、海洋渔场景观、淡水渔场景观、草原景观、草山坡景观11种基本类型。田园风光是乡村景观中最主要的构成部分，是乡村生活的真实写照，也是乡村旅游发展的基础。

（3）乡村遗产与建筑景观

包括乡村历史遗迹和遗址、聚落文化、居住地与社区、景观建筑与附属型建筑、游憩场所、归葬地、交通建筑、水工建筑8个亚类，军事遗址与古战场、宗教与祭祀活动场所、文化活动场所、特色聚落、乡土建筑、名人故居与历史纪念建筑、展示演示场馆、塔形建筑物、楼阁亭台、书院、度假区、墓（群）、桥、水库及观光游憩段落等14种基本类型。乡村遗产与建筑景观是人们居住、生活、休息和进行社会活动的场所，以聚落和建筑等为物质载体，记载和反映了人文活动，代表了一定地方的文化特色。

（4）乡村旅游商品

包括乡村旅游商品、乡村传统工艺与手工艺品2个亚类，风味食品、乡村特产、传统工艺与手工艺品4种基本类型。乡村旅游商品是乡村居民在生活、生产过程中不断挖掘地方特色而形成的食品、特产和传统工艺等，是乡村文化一种重要的表现形式。

（5）乡村人文活动和民俗文化

包括人物记录、艺术与文化、民间习俗、现代节庆4个亚类，人物、协会、地方文化、民间演艺、民间节庆、宗教活动、旅游节、文化节8种基本类型。乡村民俗文化景观是一定地域乡村居民的风土人情和生活习惯，是乡村旅游体验的重要内容。

（6）乡村景观意境

包括乡村景观通道、乡村景观意境2个亚类，乡村景观生态廊道、乡村山水环境意境、乡村聚落文化意境、乡村农耕田园生活意境4种基本类型。乡村景观意境是以乡村区域自然景观、区域文化景观共同构成的整体人文生态系统，是对整体景观的感受，是超越物质景观实体的旅游资源。

3. 乡村旅游资源的特点

（1）生态性和脆弱性

乡村旅游资源的生态性，是指作为乡村景观的基础，自然植被、山体、土壤、河流、农田等资源形态，构成乡村生态和旅游生态的核心，具有生生不息和可持续发展的特性。乡村景观作为旅游资源，是人类长期以来与自然环境相互作用、相互影响形成的生态景观。这种景观的形成过程，是以自然环境为基础与内容，即人与自然环境共同发展的过程。因此，人们对自然环境长期适应和改造所形成的乡村景观，是人与自然共同创造的生态文化，并以生态性区别于城市景观。

乡村景观的生态性是乡村旅游吸引力系统的核心和生命。由于人类活动范围越来越广泛，一些不生态、不可持续的发展行为都将破坏这种资源生态性。乡村生态系统受到越来越严重的威胁，已经变得非常脆弱，一旦遭受破坏就难以恢复，这就是乡村旅游资源的脆弱性。乡村生态环境不仅是旅游活动的环境载体，也是广大农民赖以生存与发展的生活基础。因此对乡村旅游资源进行开发利用时，必须遵循生态学规律，把保护生态放在首位，始终坚持保护性开发原则。

（2）广泛性和多样性

世界上除高山、沙漠和寒冷地带外，其他地方广泛分布着从事农、林、牧、渔业的农民。以自然为基础，农民通过世代不断的努力，创造了特色各异的乡村景观，广泛分布于世界各地，其中有不少可以作为乡村旅游资源进行开发利用。因此，乡村旅游资源在空间分布上具有广泛性的特点。

乡村旅游资源的多样性，既表现在其组成上，也表现在其分布空间和景观类型上。乡村旅游资源的组成有自然环境、物化景观、乡村习俗等类型，它们之间多样化的组合形式形成了内容丰富、类型多样的乡村景观，既有农村、牧村、渔村、林区等不同的农业景观，也有集镇、村落等不同特点的聚落景观，还有丰富多彩的民族风情。

（3）地域性和季节性

乡村旅游资源的地域性和乡村地理环境的差异性是分不开的。由于地球上自然环境和社会环境的地域差异，乡村旅游资源具有明显的地域性特点。不同的自然环境，形成了不同的自然景观类型。由政治、宗教、民族、文化、人口、经济、历史等要素组成的社会环境的差异又形成了不同的乡村民俗文化，如民族服饰、信仰、礼仪、节日庆典等。

乡村旅游资源的季节性，缘于农作物生长的季节性和农业生产活动的周期性。乡村的生产、生活随季节更替而发生有规律的变化，农业景观也随之呈现明显的周期性特点。以农业景观为观赏内容、农业活动为体验内容的乡村旅游，季节性最为明显，如采摘游、果园乐等。

（4）民族性和时代性

少数民族地区乡村旅游以民族风情为主要内容，民族文化的差异构成的旅游吸引力，就是乡村旅游的民族性。各民族都有本民族特有的文化，因而民族文化是乡村旅游资源的重要内容。广大乡村，由于受地理区位、交通和信息条件的限制，加之民族文化的传承性较强，传统的原汁原味的民族文化能较完整地保留下来，故少数民族乡村旅游要着重开发这种资源差异性。尤其是地处我国边远地区的少数民族乡村，更拥有浓郁的民俗文化。

乡村文化景观是一定历史时期的产物，具有显著的时代特征。随着社会的进步，科学技术的发展，文化交流的扩大，乡村景观也发生着相应变化，而从其变化中可以清晰地看到时代发展的轨迹。

（二）乡村旅游资源的调查与评价

乡村旅游资源的调查与评价是乡村旅游业发展的必备条件，是组织各项旅游活动的凭借和基础。要使潜在的资源优势转化成现实的社会经济优势，需要经过包括旅游资源综合评价在内的一个综合开发建设过程。只有对旅游资源进行全面的调查分析与论证，并做出科学的评估，才能使乡村旅游资源的开发利用、乡村旅游地的规划建设具有明确的方向和坚实的基础。

1. 调查方式与内容

（1）资料收集

最大限度地搜集项目所在地及项目具体地段的自然条件、社会经济条件、交通条件、农业产业发展概况，观光旅游资源现状及已有的相关规划设计结果等。具体包括农业资源的典型性、多样性和罕见性，农产品的营养价值和养生保健价值，各种植物的特征及其季相变化，地表水流量及质量和大气质量，历史遗迹，民俗风情，文学艺术，宗教文化，项目所处的区位条件，项目与邻近其他观光资源的组合性、互补性等方面的情况，并对项目的开发潜力和效益进行全面综合、科学客观的评价。

（2）实地考察

实地考察是乡村旅游资源调查必不可少的流程，也是客观评价乡村旅游资源的重要环节。具体要做的工作主要有以下5项。

1）考察基本条件。主要是核对之前电话沟通的内容，包括交通条件、用地条件、水源条件、生态环境等。如果不具备这些基本条件，建议另行择址或暂缓投资。

2）去除负面因素。主要是规避项目区的不利因素，初步判断是否在能力范围内可以解决诸如污染治理、地质灾害防治、影响项目区管理及景观建筑物的拆迁或改造、少量墓葬的遮挡或迁移等问题，以免将来项目的发展受到制约或存在重大风险。

3）挖掘创意亮点。在实地考察过程中，认真负责是一种职业素养，同时也是激发规划创意灵感的黄金时段。因此要多走、多看、多问、多听、多拍照、多思考、多收集资料，往往一处不显眼却有特殊寓意的景观、一个并不古老却很温馨的故事，或者当地人常见不鲜的物种与习以为常的民俗，说不定都大有文章可做。

4）深入走访体验。在实地考察过程中，必要的走访与体验可以获得事半功倍的调查效果。比如和老农聊天，可以了解到当地小区域范围内的作物栽培情况、气象水文情况、乡土民俗文化等。再如用餐时体验一下当地的特色土菜与酒水饮料，对将来项目区产品的开发创意不无益处。特别是当地的乡土文化名人、非物质文化遗产传承人、特色种养能人等，最好能抽时间拜访一下。另外，项目区周边的景区景点、休闲农庄、种养基地等关联企业也应纳入考察范围。

5）全面了解客户。资源是需要人以及由人组成的企业来开发的，因此我们认为开发者自身其实就是第一资源。在乡村旅游资源开发的成败上，开发者自身往往起着决定性的作用。关于有些开发者的信息在考察交流中就可获得，比如负责人的办事风格、审美情趣与理想追求，项目团队的专业素养和执行能力等；有些信息也可以视情况坦诚地了解，比如项目投资的股东结构与融资渠道、投资方涉及的关联产业及其他背景。

（3）访谈交流

实地考察结束后，可以组织村镇管理人员、开发投资业主、当地村民代表等相关人员调查以下一些关键性问题。

1）开发项目选址范围、土地流转工作情况（初步调查项目所在地的经济发展水平及文化底蕴等背景，了解项目前期筹备工作）。

2）区位环境与交通发展规划情况（主要调查区位条件以及交通可进入性）。

3）项目区占地面积、地形地貌及山地、旱土、水田、水面所占比例情况，现有植被及种养业情况（主要考虑项目规模、景观基础、生态环境、用地情况和茶叶结构等方面的基础现状）。

4）项目区水源情况，是否属于饮用水源保护区（如果无法解决生产、生活、景观用水，说明项目的选址有问题；如果属于饮用水源保护区，养殖业及水上娱乐等将受到限制）。

5）项目区周边景区景点、农业园区、种养基地或休闲农庄分布情况。（主要考虑与周边有利因素的结合，差异发展与优势互补，以及对不利因素的规避）。

6）项目开发的主体、初步定位和对规划设计的大体要求，以及项目总投资和初期计划投入的资金情况。

7）其他情况。项目所在地的社会经济条件、主要特色产业、自然生态环境、乡土民俗风情与历史人文资源等基本情况。

2. 开发条件评价

乡村旅游资源评价是指按照一定的标准确定某一旅游资源在所有旅游资源或同类旅游资源中的地位，即从纵向和横向两方面对旅游资源进行比对，以确定被评价旅游资源的重要程度和开发利用价值。完整的乡村旅游资源评价以乡村旅游资源为主体，包括整个开发利用条件在内的全方位评价，有助于了解旅游资源自身的价值，了解、认识其旅游吸引力的强弱，明确开发方向，确定其市场定位及发展方向。因此，正确客观科学地评价乡村旅游资源是乡村旅游开发的基础和前提，尤其评价的准确性将直接关系到旅游资源的开发前景。

（1）评价内容

乡村旅游资源的开发固然由旅游资源本体条件所决定，但外部客观条件对乡村旅游资源开发的限制也是必须考虑的。因此，应对以下两个方面进行评价。

1）资源本体价值评价与挖掘。这是一种基于资源基础的简单评价，是不赋予创意想象的判断。它包括乡村旅游资源密度、资源容量、资源特色、资源价值和功能、地域组合、资源性质、资源定位、独特性及其吸引力的评价；对资源在全球、全国、区域内具有独特性或唯一性的评价；对其独特吸引力与整体吸引力的评价。这需要横向进行比较，并对资源方方面面的吸引力进行综合评估，是一种系统的评价过程。这是开发资源的前提，所谓挖掘则是对资源特性的审美发现，寻找提升本体价值的可能性。评价的内容应当包括以下6方面。

景观观赏价值：视觉观赏的审美性；

科学价值：知识性与科学思想及发展中的价值；

文化价值：多元性与丰富性的文化存在价值；

游乐价值：资源本体的趣味性，游客进入过程中的情趣；

康疗价值：对人体的健康作用；

体验价值：进入过程中的参与性及其情趣。

2）开发条件评价。开发条件包括区位、环境、客源、地区经济发展水平、建设施工条件、开发顺序。

可进入性与可进入条件评价：旅游项目的可进入性评价是投资的前提之一。可进入条件影响项目对游客的吸引力、投资成本、游客游憩成本，包括进入目的地的距离、时间消耗、交通工具及其舒适性、交通成本4个因素。首先是大交通关系，即目的地与客源地之间的距离、交通方式、时间消耗、成本，最后还包括景区内部的距离、交通方式、时间消耗、成本；投资商在这3个层面都必须进行评价，并对交通由谁投资做出初步判断。

基础设施条件及投入评价：基础设施条件评价实际上属于现状评价，是对项目的水、能源、环保、通信及接待配套基础的评价，涉及投资的规模。

展示条件与观赏条件评价：有好的景观吸引物，就要进一步研究大尺度、中尺度、近尺度及进入性观赏的条件，景观与文化的展示条件，这些条件决定了游憩产品本身的投资。产品现状评价是投资前必须进行系统评价的内容，其中游憩模式、市场现状、管理现状、基础设施现状等的基础与问题应该分析透彻。

游乐、康疗与体验条件评价：资源的挖掘，需要分析在游乐、康体、养生、治疗、深度体验方面的支持与条件。比如氧吧、生态养生、温泉疗养、中药材及民俗体验的基础等，都是越有延展性则资源价值越高。

（2）评价标准

目前对乡村旅游资源评价的研究成果较少而且零散，总结如下。

1）美学标准。对拟开发的乡村旅游资源美学质量的高低或特色进行评价，旅游的基本形式是观光，观光是旅游者鉴赏美的活动。乡村旅游业同样如此，优美的自然环境和事物是其开发的首要条件。任何一个旅游者进行旅游的首要目的都是对目的地进行观赏，即观赏其自然的美和事物的美。都市的人们来到乡村旅游，首先是体验田园风光的自然美和事物的纯洁美。

2）社会标准。对拟开发的乡村旅游资源能否体现当地现今的社会发展和文化特色进行评价。

3）历史标准。对拟开发的乡村旅游资源能否反映当地的历史文化风貌进行评价。

4）市场标准。对拟开发的乡村旅游资源所吸引的客源对象、吸引程度和客源规模进行评价。

5）综合标准。从市场观念出发，同时也涉及美学、社会及历史等评价标准的。

（3）评价方法

在目前的研究情况下，乡村旅游资源评价适宜采用多因子综合评价法，即对乡村旅游资源的要素进行分析、比较和研究，目的是查明现有的乡村旅游资源是否具备开发价值、具备多大的开发价值。具体可以从以下因子进行评价。

1）资源特性与吸引力。该要素包括自然吸引力，即观赏价值，自然景观的美、奇、特、新、稀缺、特殊的象形含义、美景度、奇特性、稀缺性、特殊价值等；文化吸引力，即历史文化价值，历史渊源、文化传统、文化品位、风俗民情、民间节庆、优美的历史传说、名人遗迹、传奇经历、社会时尚等；宗教吸引力，即宗教价值，是否对宗教旅游者有巨大的吸引力，比如宗教文化的特殊事件、宗教圣地、宗教活动体验等；科学吸引力，即科学价值，对科考旅游是否具有吸引力。

2）知名度。知名度是人们对该旅游资源了解和熟悉的程度及认识的广泛程度。许多旅游资源的美学价值并不大，但如果知名度较大开发潜力也就较大。因为旅游者，特别是大尺度空间的旅游者，一般都倾向于选择知名度大的旅游地。乡村旅游更是如此，"口碑效应"在其中能够起到巨大的引导作用。知名度是人们形成旅游动机的重要因素，所谓的"慕名而来"在很大程度上影响着乡村旅游者的旅游决策。

3）旅游价值与功能。旅游功能是指乡村旅游资源能够满足某种旅游活动需要的作用，如观赏、探险、体验等。一项乡村旅游资源若兼有两种或两种以上的旅游功能，能够吸引多个游客群体，并适合进行多种乡村旅游活动，那么其价值就会更大。

4）资源规模与组合。旅游资源的吸引力具有集聚效应。如一个乡村旅游地只有一项旅游资源，一般来说对旅游者的吸引力会较小；反之，一个乡村旅游地有众多的旅游资源，并且在分布上又较密集，吸引力就会较大。乡村旅游资源的功能取决于同一社区乡村旅游资源的集聚程度，其规模表现在数量、质量及占地面积的大小等方面。只有具备一定规模的旅游资源，才具有较高的旅游价值。旅游资源组合是指各类资源在地域上的组合状况。一是指自然资源与人文资源的结合与补充情况；二是指各要素的组合与协调性；三是指景观的集聚程度。旅游资源的组合程度越高，其旅游功能开发价值就越大。

  5）环境容量。环境容量是旅游资源所在地一定时期对旅游者的容纳量。容纳量以多少为合适，不能一概而论。乡村旅游资源的性质、环境不一样，容纳量的合理度就有很大差别。乡村旅游目的地并不是接待的旅游者越多越好，超过了合理的旅游环境容量只会得不偿失。例如，一座博物馆和一个森林公园容纳量的合理度就很不一样。假定在博物馆中，每5平方米一位参观者密度不算大；而对森林公园来说，这个密度则很大。关于环境容量的计算，不同性质的乡村旅游地有着不同的计算方法。旅游环境容量是指在不致严重影响旅游资源特性、质量及旅游者体验的前提下，旅游资源的特质和空间规模所能连续维持的最高旅游利用水平。当然，在充分满足上述条件的基础上，旅游环境容量越大，旅游资源价值就越高。

  6）环境质量。吸引旅游者的关键不仅在于资源，更在于环境。旅游者远离都市的喧嚣来到大自然的怀抱就是要体验乡村的悠闲和自在，而贫瘠的土地、污染的河流、肮脏的环境是不会引起旅游者兴趣的。环境质量包括的要素较多，如气候条件、空气、水、噪声、游客的安全程度、卫生条件、接待设施条件、绿化植被情况等。如有的乡村旅游地气候条件恶劣，一般游客难以忍受；有的乡村旅游地附近有污染源，有损游客健康；有的乡村旅游地易发生泥石流、滑坡事故，游客的安全性较差。这样的环境下，都不适合开发乡村旅游。

  7）可进入性。当从居住地到旅游地的单调旅行所耗费的时间与在旅游地游玩所耗费的时间之比值小于某个临界值时，人们才会做出到该旅游地旅游的决策。而人们在做出旅游决策时，总是追求最小的旅游时间比。这样以来，乡村旅游资源的可进入性便显得颇为重要。可进入性是指旅游者进入该旅游资源所在地的难易程度，主要包括交通条件和交通方式，道路不佳、交通工具落后等因素都会造成旅游者进入困难。此外，即使交通条件很好，但乡村旅游资源地距离都市很远，以致旅途时间过长或旅途费用过高，也会造成旅游者进入困难。

对点案例

  西坨古村具有丰富的旅游资源、历史资源以及农林资源等，是一个资源丰富、风景优美的好地方。

  1. 旅游资源：(1) 网状废弃黄金开采矿洞；(2) 大量闲置老旧房屋；(3) 泥石流搬迁遗址（原5队所在地）；(4) 户外攀岩、爬山、徒步旅行、自行车骑行、定向越野的便利条件（大量田间道路、山间小路）；(5) 地质景观（裸岩、塌坡遛、石湖）。

  2. 历史资源：(1) 较多数量较为完好的古长城；(2) 戍边古城；(3) 红色历史（抗日战争时期丰滦密区政府驻地、八路军伤员血洒西坨古）；(4) 歪坨山；(5) 西坨古名称传说。

  3. 农林资源：(1) 农作物（玉米、高粱、谷子）；(2) 果树（核桃、栗子、山楂）；(3) 中草药资源（地黄、柴胡、葛根）；(4) 其他（野生松蘑肉蘑、各种野菜、野生枣树、杏树、榛子）。

技能训练

  内容：学生到周边区域进行乡村旅游资源调查，完成《××旅游资源调查及评价报告》，制作发言PPT，在全班汇报并讨论。

步骤：

(1) 5人为一小组。

(2) 确定调查区域，以小组为单位进行一手、二手资料的调查。

(3) 撰写调查与评价报告。

(4) 小组采用PPT汇报。

任务三　乡村旅游项目市场调查与分析

（一）开展乡村旅游市场调查

旅游市场调查是运用科学的方法系统地收集、记录、整理和分析与旅游市场有关的资料，从而了解旅游市场现状和发展变化的趋势，为旅游市场预测和经营决策提供科学依据的过程。在现实中，市场调查是经常被中、小乡村旅游企业忽视的一项工作。不少乡村旅游营销决策者往往是依靠经验，通过直觉和判断来分析市场，这很可能导致旅游项目开发失败。旅游市场调查的目的是克服主观臆断，通过客观地收集旅游市场需求信息及相关影响因素信息来在旅游开发过程中进行正确的规划和实施。

1. 乡村旅游市场调查的内容

（1）市场环境调查

市场环境调查是指对会影响到旅游的政治环境、经济环境、社会文化环境和自然地理环境进行调查。政治环境包括社会安定状况、政府政局变化、一定时期内政府对旅游业及相关行业的法令法规等。经济环境包括人口情况、国民生产总值、收入水平、消费水平和消费结构、物价水平、旅游资源状况等。社会文化环境是指当地的民族、民俗状况，人们受教育的程度，对乡村旅游的认识程度以及职业种类等。自然地理环境是指地理位置、气候条件、植被覆盖和地形地貌。

（2）市场需求调查

旅游消费需求是一个很复杂的系统，涉及面广、覆盖范围大，给市场需求调查带来了相当的难度。它主要包括以下几个方面：一是旅游者对旅游地的印象，了解旅游活动的开展对旅游者的影响力，包括好的、坏的两方面。二是旅游者的家庭情况、同游情况以及消费习惯，划分出不同的层次，以便日后的分析研究。三是旅游者的休闲时间及居住地。四是旅游者对旅游设施的反映。五是旅游者对未来的期望，这属于一种综合性的评价，有利于项目开发者进行市场分析与预测。六是旅游者的旅游目的或动机。

（3）市场销售调查

市场销售调查是根据营销组合的各个因素，分别对产品、价格、促销和渠道（即4P）进行的调查。产品策略调查的主要内容包括：旅游者对旅游产品的评价、旅游产品的生命周期、同类旅游产品的竞争态势等方面。价格策略调查的主要内容包括：旅游者对产品价格的评价、对价格调整的反映、价格对来游客数的影响等。促销策略调查的主要内容包括：各种公共关系的活动方式与效果、广告媒介的选择、广告效果的评价、人员促销方式与效果以及销售方式与效果等。渠道策略调查的主要内容包括：旅游者通过何种渠道购买产品、现有渠道的长短种类、与渠道的关系如何、竞争者采用何种渠道、渠道是否畅通、渠道是否有效等。

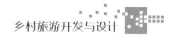

2. 乡村旅游市场调查的对象

（1）当地居民的调查

乡村旅游发生在乡村，其资源依托地也在乡村，旅游吸引物自然以其乡村性为主，因而乡村居民淳朴的自然生活形态本身就是一道旅游风景线。一方面，开发乡村旅游会对当地人的生产生活产生巨大影响，从某种程度上来说可以增加当地人的经济收入，促进乡村经济发展。另一方面，开发乡村旅游离不开乡村当地人的支持，脱离了乡村居民的旅游发展道路是行不通的。所以，开发乡村旅游时要对乡村旅游市场进行调查，首先应该对当地乡村居民进行调查。

对当地乡村居民进行旅游市场调查，以面谈、电话等问询法为主。问询法简单方便、灵活自由，可随机提出一些相应问题，对不清楚的可补充阐述，被调查者还可充分发表意见，相互启发，把调查问题引向深入，有利于获取有用的信息。用问询法展开调查，信息量大，回收率高，可信度大，是乡村旅游市场调查的常用方法。

（2）客源市场的调查

对乡村旅游资源处于"养在深闺人不识"的乡村旅游区来说，其乡村旅游客源市场的调查宜以当地乡村旅游居民为主；而对已开发、游客市场已初具规模或相当规模的旅游区来说，乡村旅游市场的调查则可以针对乡村旅游客源市场进行，客源市场对旅游区景观、环境、基础设施、产品价格等印象的反馈为乡村旅游区的下一步开发建设提供了重要的指导作用。

针对乡村旅游区客源市场进行的调查，一般采用问卷调查法，即调查人员将事先设计好的调查问卷发放到调查者手中，问卷一般以选择题和是非题为主，便于游客作答，最后可以适当设计开放性问题。

（3）相关部门的调查

到当地相关部门进行调查也是乡村旅游市场调查的有效途径之一，如当地旅游局、农林局、水利局等政府相关部门；行业协会，如观光农业协会、旅游协会、景区（点）协会、饭店业协会等。一方面，政府和相关部门能提供翔实的官方数据和资料；另一方面，政府和有关部门对乡村旅游市场的判断较敏锐、准确，对乡村旅游市场开发的意见或建议具有前瞻性、权威性和战略指导意义。开发乡村生态旅游，需要林业局、水利局、环保局等提供的相关数据和资料；旅游区市场规模预测、旅游区旅游环境容量确定等也需要到相关部门收集资料；地方部门往往熟知可以推出的旅游产品、能吸引游客的地域范围、游客群体，以及客源市场的规模。调查人员收集这些资料，对旅游区的开发建设意义重大。

对地方相关部门旅游市场的调查一般以面谈访问为主，着重调查旅游市场需求、旅游市场供给情况，可以是个别谈话，也可以是开会集中征求意见，可信度均较高。

（4）同业竞争者的调查

有市场就有竞争，在乡村旅游蓬勃发展的过程中不可避免地会出现目的地之间的竞争。这种竞争一开始表现为资源的竞争，后来表现为产品的竞争，最后归结为营销的竞争。因此，对于某个乡村旅游目的地来说，市场上的竞争者肯定会争相关注。同业竞争者的调查包括：有哪些竞争对手，哪些是现实的竞争对手，哪些是潜在的竞争对手，竞争对手的资源特点及定位、资金实力、乡村旅游产品项目设计、服务质量、价格水平、促销策略等状况。

3. 乡村旅游市场调查的方法

调查方法的选择和运用直接关系到乡村旅游市场调查的进展程度和调查结果的可信度，因此，在调查过程中必须选用科学的方法。在乡村旅游市场调查中，常用的方法如下。

（1）询问法

询问法是调查人员与被调查者直接接触的实地调查方法,即旅游市场调查人员通过将事先拟订好的调查问题以各种方式向被调查者提出询问,通过其回答获取所需资料。为了方便调查人员收集资料的规范与整理资料的方便,事先拟订的问题一般以调查问卷的形式出现,所以调查问卷的设计直接影响着调查效果。

询问调查法一般分为以下 4 种。

1) 访谈法。由调查人员访问被调查者,根据调查提纲进行当面提问或电话提问,具体方式有个人访谈、小组访谈、会议访谈。采用这种方法,调查人员可以依据被调查者的具体情况,灵活决定谈话方式、谈话内容和时间,并有助于消除被调查者的疑虑,营造融洽的访谈气氛,因而质量高、效果好。但是这种方法费时间,费用也比较高,又容易受调查人员素质的影响,因而管理操作起来比较困难。

2) 邮寄法。调查人员将设计好的调查问卷通过各种媒介(如利用邮政邮寄、电子邮件、报纸杂志刊登等)传递给被调查者,请被调查者填写后寄回。这种方法可以调查的内容比较多,被调查者也有充足的时间认真考虑、从容回答,但是这种方法回收率低、信息反馈时间长,也很难从表格中判断被调查者回答的真实性。因此,使用邮寄调查法可以使用一定的物质刺激来提高调查表的回收率。

3) 留置法。这种方法介于访问法与邮寄法之间,是调查人员在访问过程中留下调查问卷,让被调查者自由填写,过后再予以收回。这种方法可以避免访谈法时间比较短、仓促、问题简单的缺点,也可以避免邮寄法回收率低的不足;但是费时间、成本高。

4) 电话法。由调查人员通过电话向被调查者直接征询意见。这种方法信息反馈快,费用比较低;但是,调查的问题不可能太多,也无法展开深入交谈。

(2) 文案法

旅游市场营销调查需要收集两类数据,即统计数据与原始数据。其中,统计数据也称二手数据,是指经别人收集、加工整理和已经发表的数据。文案法就是通过收集各种历史和现实的动态统计资料(二手资料),从中摘取与市场调查有关的情报,在办公室内进行统计分析的调查活动。所以,也称间接调查法、资料分析法或室内研究法。就一般情况而言,统计数据的收集相对快捷、成本较低。

统计数据的资料来源主要如下。

1) 旅游企业内部积累的各种资料,如旅游报刊及一些内部文件。

2) 国家机关公布的国民经济发展计划、统计资料,政策、法规等及一些内部资料。

3) 旅游行业协会和其他旅游组织提供的资料,或旅游研究机构、旅游专业情报机构和咨询机构提供的市场情报及研究结果。

4) 旅游企业之间交流的有关资料。

5) 国内外公开的出版物如报纸、杂志、书籍,图书刊登的新闻、报道、消息、评定以及调查报告。

获取以上统计数据的方法主要有以下 3 种。

1) 文献资料筛选法。这种方法是指根据旅游市场营销调查目的和要求,有针对性地查找有关文献资料,从中分析和筛选出与旅游企业市场营销有关的信息情报。

2) 报刊剪辑分析法。这种方法是指调查人员平时从各种报刊中分析和收集旅游营销信息。信息社会突出的特点是信息量大和信息流快,而市场情况的瞬息万变在日常新闻报道中都会有所体现。

旅游调查人员如果仔细太观察、收集、分析各种公开发行的报纸与杂志中与旅游企业市场营销有关的信息,往往会收到意想不到的营销效果。因此,旅游企业应积极订阅与旅游相关的报纸杂志，同时还应充分利用广播、电视、互联网等现代通信宣传渠道，收集情报信息以及时发现市场机会，进而争取和占领市场。

3）情报联络网络。这种方法是指旅游企业在全国范围内或国外某些地区设立情报联络网，扩大商业情报资料收集工作的范围。一般是由旅游企业派遣专门人员在重点营销地区设立固定情报资料收集点或同旅游相关部门以及有关情报中心定期互通情报，以获得有关旅游市场供求趋势、旅游者购买行为、价格情况等方面的信息，从而建立起旅游情报网。

国际上的大型连锁酒店一般都设有情报联络网，连锁集团内部酒店可以共享相关的旅游营销信息。由于情报联络网涉及的范围广，因而获取的情报信息量大、综合性高。但是这种方法也受到旅游企业自身规模、资金和人力的制约，一般适用于一些大型的旅游集团企业。

（3）观察法

观察法是指由旅游调查人员到各种现场进行观察和记录的一种市场调查方法。在观察时，既可以耳闻目睹现场情况，也可以利用照相机、录音机、摄像机等仪器记录现场情况，以获得真实的信息。

观察法的优点即被调查者往往是在不知不觉中被观察调查的，处于自然状态，因此所收集到的资料较为客观、可靠、生动、详细。但这种方法花费较大，并且只能观察到事实的发生，而观察不到行为的内在因素如感情、态度等，因此一般与访谈法等其他方法结合使用效果较好。

（4）实验法

实验法是指旅游调查人员将被调查者置于特定的控制环境之中，采取变量和实验检验差异来发现变量之间因果关系的一种调查方法。由于实验法是在较小的空间环境下进行实验，所以容易管理控制，获取的资料也较为客观，一般适用于获取因果性调查数据。

（5）网络法

网络法是指旅游调查人员利用互联网了解和掌握市场信心的一种调查方法。具体是指旅游企业通过Web方式附加调查问卷，给被调查者发送电子邮件等来获取被调查者的资料。这种新型的调查方法与传统的调查方法相比，具有组织简单、费用低廉、调查结果客观性强、传播快速与直观、不受时空与地域限制、调查周期短等优点；但是该方法调查对象仅局限于上网的人群，缺乏广泛性。

4. 乡村旅游市场调查的程序

（1）调查准备阶段

调查准备阶段的重点是解决调查的目的、要求、范围、规模及调查力量的组织等问题，并在此基础上制订一个切实可行的调查方案和调查工作计划。这个阶段的工作步骤如下。

1）提出需要调查研究的课题。在开展调查之前，旅游目的地方要根据决策、计划的要求，或者根据营销活动中发现的新情况和新问题，提出需要调查研究的课题。

2）分析有关问题的情况。对调查本身进行可行性研究，对旅游目的地方提出来的需要调查的课题通过收集有关资料进一步进行分析研究，必要时组织非正式的探索性调查，以判明问题的症结所在，弄清究竟应当调查什么，这样才能为营销活动提供客观依据。

3）制订调查方案和工作计划。调查方案是对一项调查本身的设计，包括调查的目的要求、调查的具体对象、调查的内容提纲和调查表格、调查的地区范围、调查资料的收集方法等主要内容。调查工作计划是指对一项调查的组织领导、人员配备和考核、工作进度、完成时间及费用预算等的预先安排。

（2）调查实施阶段

这个阶段的主要任务是组织调查人员深入实际，按照调查方案或调查提纲的要求，系统地收集各种可靠资料和数据,听取被调查者的意见。这一阶段大体包括以下具体步骤。

1)集中调查人员,成立调查小组。组织调查人员进行学习,并对他们进行培训。

2)组织调查人员,收集二手资料。旅游市场调查所需资料分为原始资料和二手资料。原始资料是指一个旅游目的地为制定决策而专门委托有关机构进行市场营销调研所得到的资料,要求收集的资料在任何其他(二手的)资料中都找不到。

3)确定调查单位,收集原始资料。在旅游市场调查中,仅靠收集二手资料是不够的,还必须通过实地调查收集原始资料。

(3)分析和总结阶段

调查资料的分析和总结阶段,指的就是得出调查结果的阶段。这一阶段的工作如果抓得不紧或者草率从事,会导致整个调查工作功亏一篑。它是调查全过程的最后一环,也是旅游市场调查能否充分发挥作用的关键一环。这一阶段包括以下步骤。

1)整理分析资料。旅游市场调查所获得的大量信息资料往往是分散的、零星的,必须系统地加以整理分析,才能客观地反映被调查事物的内在联系,从而揭示问题的本质和各种市场现象间的因果关系。对于调查所得的数据,可以运用多种统计方法加以分析,并制成统计表。

2)编写调查报告。编写一份有分析、有说明的调查报告,是旅游市场调查最后阶段且最主要的工作。旅游市场调查报告是对某件事情或某个问题进行调查研究之后编写的书面报告。它是调查的最后成果,用客观材料对所调查的问题做出系统的分析说明并提出结论性的意见。

3)总结经验教训。在旅游市场调查全过程结束以后,要认真回顾和检查各个阶段的工作,总结经验教训,以便今后的调查工作能够顺利进行。

大学生乡村旅游市场调查问卷

您好!我是××大学的学生,现在需要开展关于乡村旅游的市场调查,旨在了解乡村旅游的市场前景。您的填写结果将是调研的直接数据来源,期待您的积极参与。问卷填写可能会耽搁您两分钟左右的时间,请您谅解!谢谢合作!

1. 您的性别是(   )。
A. 男   B. 女
2. 请问您了解乡村旅游吗?(   )
A. 参加过   B. 了解一些   C. 听说过   D. 从来没听过
3. 请问您以何种方式得知有关乡村旅游的信息?(   )
A. 报纸杂志   B. 网络   C. 亲友介绍   D. 旅行社
4. 如果您去乡村旅游,选择旅游地的首要因素是(   )。
A. 出行距离   B. 卫生条件   C. 住宿停车等条件 D. 优美的环境
E. 当地特色文化和饮食
5. 如去乡村旅游,您的预期费用是(   )。
A. 100元以内   B. 100~200元   C. 200元以上   D. 无所谓,开心就好
6. 如果您去乡村旅游,您的主要活动是(   )。
A. 购买农副产品 B. 打麻将   C. 餐饮   D. 聊天休息
E. 散步闲逛

7. 您选择的乡村旅游的形式为（　　）。
   A. 报团　　　　B. 自助，同朋友一起　　C. 班级或社团　　D. 其他
8. 如果进行乡村旅游，您会选择哪个时段（　　）。
   A. 周末　　　　B. 国庆长假　　　　C. 寒暑假　　　　D. 想去的任何时候
9. 您选择乡村旅游的主要目的是（　　）。（可多项选择）
   A. 接近大自然　B. 放松身心　　　　C. 体验乡村生活　D. 增进与朋友和家人的感情
   E. 新鲜好奇　　F. 其他
10. 您对乡村旅游的建议是：

（二）乡村旅游市场分析

1. "目标导向型"乡村旅游市场分析

乡村旅游市场分析是指以目标市场为导向，对乡村旅游市场进行的分析。乡村旅游是市场导向的旅游，其发展要面向目标客源市场进行针对性地开发和建设。

基于"目标导向型"乡村旅游市场分析，乡村旅游市场开发的重点在以下几个方面。

（1）乡村旅游开发主要面向城市居民

现代乡村旅游活动主要发生在乡村地区，以乡村性作为主要旅游吸引物。乡村地区优美的景观、安静的环境、风格独特的建筑以及古朴的民俗民风等，对城市居民的吸引力巨大。乡村旅游活动的开发，对丰富城市居民的闲暇生活意义重大。近年来，我国大中城市近郊的乡村旅游增长速度飞快，一方面固然有乡村旅游资源的吸引作用，另一方面也离不开城市游客需求强有力的带动作用。根据国家旅游局历年对调查资料的分析，今后国内旅游业的发展基本趋势是：旅游者主体趋向大众化，长线旅游稳步发展，短线旅游渐渐成为热点。其中短线旅游的一个重要方向就是乡村旅游，即到临近乡村区域去观赏乡村景观、体验乡村生活等。

（2）乡村旅游开发要以市场为导向

旅游地类型、规模和知名度不同，吸引的目标市场范围也不同。城市近郊的"农家乐"，主要吸引附近大中城市市民，尤其是工作压力大多以周末或节假日度假休闲为主的"上班族"。高科技农业观光园，主要吸引城市居民、周边农家乐和一些科技考察人员；农业新村，主要吸引一些考察和观光游客；古村落的开发，其目标市场不单纯是周边地区，而是会吸引全国乃至国际游客，如皖南西递、宏村由于其保存完好的古村落，被评为世界文化遗产，每年吸引着大批国内外游客前往观光；农业绝景和胜景，如桂林的龙胜梯田和云南的元阳梯田，不但吸引了周边地区的游客，而且每年有大量外地游客和国际游客前往观光。

（3）乡村旅游开发重在对客源市场需求进行分析

开发乡村旅游一方面要突出大家共有的"乡村特色"，另一方面要针对不同的目标市场突出旅游地自身的特色。既要依托旅游地特殊的地质地貌、典型的森林植被、动物资源、药材资源、森林群落景观、水域景观、人文景观等，开发出有特色的新的旅游项目，又要针对目标客源市场开发出有特色的旅游商品。所以在乡村旅游开发中，目标客源市场分析是重要的一环。这就必须研究城市游客需要些什么，乡村能提供些什么，以及乡村开发新的旅游项目能否满足城市游客的需求。如果要开拓老年游客市场，在乡村地区可开发一些健身养生型项目，如温泉疗养、中草药沐浴、名贵药材采摘，利用乡村地区清新的空气，新鲜、味美、绿色无污染的食品，便利的交通、舒适的住宿吸引众多老年游客。

(4) 乡村旅游开发重点要强调特色游

因为旅游作为一项重要的休闲方式，很多游客已游遍了诸如北京、桂林等重要旅游城市，并且体验了观光、划船等传统旅游形式，可以说传统的名山大川、许多景点和旅游产品对他们已失去了吸引力，于是便呈现出猎奇或寻求心灵宁静等多彩的特色旅游活动，如专题游。现代乡村旅游并不仅仅是满足游客观赏风光、游山玩水的需求，还要满足游客对地方历史文化的探究和向往。因此，乡村旅游的开发还可以在开发区的历史文物古迹（如古战场等）或乡村的古建筑上做文章，用以吸引对特定专题旅游类型感兴趣的游客群体，尤其是外国游客。

2. 我国乡村旅游市场的构成和特点分析

（1）青少年乡村修学旅游市场

这一客源市场的主要特点是认识学习型，以学校或家长等安排的有目的的旅游与考察、写生、实习等为主要内容，以学生远足、夏令营等为主要形式，旨在通过不同于城市生活场景的乡村旅游来扩展视野、提升眼界以及培养吃苦耐劳精神等，增进青少年对农村、农事和大自然的了解。

（2）青年乡村旅游市场

现代青年人大多追求生态环保潮流，渴望体验多彩人生。乡村旅游对于这类人群来说，更多的是一种体验式旅游。青年乡村旅游市场适合开发田园自然观光的生态乡村旅游，种菜摘果等参与性和娱乐性比重较高的"农家乐"乡村旅游产品。另外，以特色风光、农事活动或村落名胜等观光旅游为主的旅游产品也能激发年轻人的兴趣。

（3）中老年乡村旅游市场

中老年乡村旅游市场的本质特征为寻根怀旧、回归自然，中老年偏好如菜花飘香、牧场风情等具有独特乡村氛围和景色的乡村旅游产品。那些经历过上山下乡插队的中老年人，更是有着十分强烈的"知青情结"和"寻根情绪"。他们久居城市后回到乡村，再次感受乡村劳动体验，一定会回味无穷。针对受教育程度较高、对建筑历史文化有兴趣的中老年旅游者群体，也可以开发以民居建筑游为主的乡村旅游产品。

（4）都市居民乡村旅游市场

都市居民往往向往乡村宁静、安谧、惬意的生活环境，喜好绿色健康的食品，偏好休闲修养的旅游方式。乡村特色餐饮美食或以采摘垂钓等为特色的乡村旅游产品，较为适合都市居民。以自然生态观光旅游、农户家庭接待的"农家乐"以及新鲜瓜果采摘等乡村旅游产品，能吸引邻近城市的居民前往体验。

（5）城市文化者乡村旅游市场

对于城市中文化水平和受教育程度较高的知识阶层而言，他们的主要旅游动机是体验城乡文化差异。他们更愿意选择对村寨历史地理的未知探索、乡村独特的风土人情、土特产品的旅游产品，体验自己不熟悉的乡村生活以达到心理享受。其中，包括现代农村观光、科技农业考察、古村落民居体验等具有文化内涵和人文精神的乡村旅游产品。

（6）乡村度假旅游市场

乡村度假旅游产品的目标客源市场主要是城市中收入较高者及其家庭，如企业高级雇员、机关干部、事业单位高级职员以及部分企业老板等。以山野及水体运动、乡村自然环境疗养健身等为主的乡村度假活动较符合这一市场的需求，如温泉疗养、中草药沐浴、名贵药材采摘等。其中，以"乡村运动俱乐部""温泉别墅"等为代表。

3. 影响乡村旅游市场需求的因素

影响乡村旅游市场需求的因素来自各个方面，除了价格、可支配收入和闲暇时间外，还有以下方面。

(1) 个人因素

乡村旅游者的性别、年龄、职业和生活方式等不同，因而使乡村旅游市场的需求呈现多样性。例如，男性比女性在体力上更充沛、活动速度更快，因此男性更倾向于体力娱乐类或探险类的乡村旅游活动，而女性较偏爱采摘、购物等乡村旅游活动。工作繁杂程度高、人际交往频繁的白领热衷于放松型的度假活动，而一般都市居民喜欢参与程度高的农事或"农家乐"等乡村体验旅游。

(2) 经济因素

个人的收入水平由宏观经济状况和职业两方面共同决定。利息率和通货膨胀率决定着个人的储蓄水平，也影响着其可自由支配收入和乡村旅游消费，而宏观经济变化直接导致乡村旅游消费者的微观经济状况。经济发展水平及产业结构的调整和变化，会在很大程度上影响人们未来的收入和职业，并在更深层次上影响整个社会结构的变化及文化变迁，从而影响人们对乡村旅游产品的购买行为。

(3) 社会文化因素

任何一种消费行为都是在特定的社会环境中进行的，社会文化铸造了人们不同的价值观念、偏好及认识事物的方法。这些因素也决定了个人购买乡村旅游产品的种类和消费方式。中老年人受传统东方文化的影响，强调节俭性、目的性、实用性，一般很少购买休闲消遣娱乐类乡村旅游产品；而年轻人受西方文化的影响，加之工作和生活压力，通常选择放松休闲的度假乡村旅游产品。

(4) 乡村旅游市场供给因素

供给因素包括乡村旅游资源、旅游设施、旅游项目、旅游服务等，其中乡村旅游资源是诱导乡村旅游需求的重要因素，完善的乡村旅游设施和高质量的乡村旅游服务是顺利进行乡村旅游活动的保障。它们都会影响乡村旅游市场的需求。此外，如乡村旅游地的政府政策、物价水平、气候条件等因素，也会影响乡村旅游市场的需求。

4. 乡村旅游消费者的行为特征

乡村旅游消费者离开都市来到乡村，常常会因摆脱日常生活的紧张和繁忙而有一种放松感，在心理和行为上具有不同寻常的表现和特征。

(1) 乡村旅游消费者的一般心理特征

1) 猎奇心理。可以说，几乎所有旅游消费者都是怀着一种探索外部世界的好奇心而出游的。乡村秀丽的田园风光，与城市截然不同的悠闲、自在的生活方式和安静祥和的生活氛围，是旅游者参加乡村旅游的主要动机。

2) 求全心理。从本质上说，乡村旅游是一种综合性的审美活动。当乡村旅游消费者决定以一定的时间和金钱去换取旅游感受时，都会有一种美好的想象和期盼。他们期盼行得方便、住得舒适、吃得实惠、玩得痛快，整个旅途一切顺利。

3) 安全心理。乡村旅游消费者都希望在整个乡村旅游过程中能保证人身、财产的安全。当旅游安全受到威胁时，乡村旅游消费者可能会突然改变行程，甚至放弃尚未完成的旅游活动，严重者会导致以后不再参加乡村旅游活动。

4) 放任心理。乡村旅游消费者来到乡村，寻求的是身心的放松和愉悦，因此他们的消费行为有较大的随意性和懒散性，很少会顾及因自己行为闪失而影响声誉和前途，也不会严格遵守常规生活的角色规范。

(2) 不同乡村旅游消费者的行为特征

从性别上看，男性和女性消费者在感官功能上如视觉、听觉及触觉等方面有差异，因此对乡村旅游的营销刺激反应也有差别。女性乡村旅游消费者往往容易受促销推广等的诱惑，消费时感性思维占主导，导致自制力比较弱；而男性消费者考虑问题比较实际，不大会在细小的事情上斤斤计较。另外由于体力的差异，男女在乡村旅游项目的选择上也往往有所不同。

从年龄上看，青年旅游消费者情感不稳定，遇事不够冷静，喜欢时尚性、刺激性和冒险性较强且体力消耗较大的乡村旅游活动；而中老年旅游消费者行事较为谨慎、务实，在行程中更多考虑的是住宿、用餐等，容易思古怀旧，对故地重游、文物古迹具有浓厚的兴趣，倾向于选择节奏慢、舒适并且体力消耗较小的乡村旅游活动，而且重视养生保健。一部分中老年旅游消费者由于有较丰富的积蓄，因而倾向于选择较豪华的乡村旅游活动。

不同社会阶层的乡村旅游消费者，其行为特征也有不同。一般来说，受教育程度较高、社会阶层较高的人更加开放和自信，愿意接受外界新鲜事物，对乡村旅游这种休闲的旅游方式抱有积极的态度，乐于参与奢侈豪华的乡村旅游项目；社会阶层较低的人相对比较封闭，不愿冒险，往往认为外部世界比较凶险而较少参加乡村旅游活动，即使参加也讲究的是经济实惠，追求物有所值，即对价格较为敏感。另外，中层以上阶层的人更愿意将乡村旅游活动作为子女受教育和长知识的机会，一般由夫妻双方共同作购买决策。

从旅游目的上看，休息娱乐型消费者重视对娱乐活动的参与，讲求心理体验和心理需求的满足；乡村观光型消费者喜欢游览独具特色的村落，购买乡村旅游土特产品，参观每个景点时都会拍照留念；探索考察型消费者对乡村自然人文环境感兴趣，喜欢独自考察，一般不会购买旅游纪念品，对乡村旅游设施和服务要求不高；休闲养生型消费者对价格相对不敏感，但对居住环境、餐饮设施以及综合服务有较高的要求。

乡村旅游消费者由于民族、社会阶层、职业、年龄各异，又有不同的旅游目的，因而行为特征复杂多变。这样乡村旅游经营者就必须区别对待，开发适应各类旅游消费者的旅游产品。

5. 乡村旅游消费者的消费决策

消费决策是旅游消费者针对购买某种旅游产品进行消费作出的决定。人们的旅游消费决策五花八门，决定进行乡村旅游消费也是其中的一种。在作出乡村旅游消费决策时，一般都会面临许多问题。首先，决策者要解决一些问题或冲突，如买或不买某种乡村旅游产品、享受或不享受某种服务等；其次，决策者都想获得乡村旅游消费后的满足感；再次，决策者均有若干可供选择的实施方案；最后，决策者面临某种不确定性，具体表现为缺乏有关乡村旅游的实施方案和备选产品的信息。

乡村旅游消费者在作出决策时面临的问题，可以归纳为以下几个方面：一是 Why，即为什么消费。乡村旅游者的消费动机不同，产生消费行为的原因也多种多样。二是 What，即消费什么。决定消费什么是乡村旅游消费决策的核心，具体内容包括乡村旅游产品的类型、品牌、新颖度、等级、规格和价格等。三是 How Many，即消费多少。乡村旅游消费者消费数量的多少通常取决于其实际需求、支付能力及市场供求状况。四是 Where，即到哪里去消费。一般乡村旅游消费者都会选择相对较近的目的地消费，但对一些服务良好、信誉可靠的乡村旅游地也会"舍近求远"。五是 When，即什么时候消费。一般取决于乡村旅游消费者需求的紧迫性及乡村旅游市场行情的变化状况。六是 How，即怎样消费。如是否选择预订，是选择书面预订、口头预订、电话预订还是网上预订。

通常情况下，乡村旅游消费者购买决策的全过程分为问题认识、信息调查和信息评价等几个阶段。

（1）问题认识

乡村旅游消费者作出消费决策的第一步是对问题的认识，这种认识是由于乡村旅游消费者的期望状况和现有状况之间存在着一定的差距所产生的。只要发生期望的状况大于或小于现有状况,就会产生对问题的认识;而在期望的状况和现有的状况基本吻合时,就不会产生对问题的认识,因而也就无须作出乡村旅游消费决策。

(2) 信息调查

如果旅游者认为有必要进行乡村旅游消费,就会有意无意地寻找有关乡村旅游产品的信息。乡村旅游消费者获得信息的来源大致可分为内部和外部两种。内部信息是指乡村旅游消费者的过去经验与知识留在头脑中的记忆。当他们认为自己过去有关乡村旅游的经验和知识对当前问题的认识有帮助时,就会回忆起那些与这一问题有关的信息。当乡村旅游消费者感到自己存储的信息不能或根本无法解决问题时,就会产生从外界寻找更多信息的愿望。外部信息包括家庭成员、亲戚、朋友、邻居的意见和态度;政府部门提供的信息;新闻媒体和专家学者提供的信息;企业公关活动如广告、展销、陈列及销售员的推销指导所提供的信息。其中家庭成员、亲戚、朋友和邻居的口传信息和政府、新闻媒体、专家学者提供的中立信息,特别是口传信息,往往对乡村旅游消费者的消费决策起着决定性的作用。

(3) 信息评价

信息收集完毕后,乡村旅游消费者就开始对信息进行评价和选择。由于评价和选择本身需要外部信息的支持,这个过程往往会和外部信息调查同步进行。作为支持的信息可分为三类:解决问题所需的各种评估标准、各种可行的解决方案以及实践的难易程度。

乡村旅游消费者在采集信息和制定决策时,首先会从产品的类型和品牌等方面确定一个范围,如果范围内的信息和产品能满足需求,他们就会进行消费选择;如果不能满足需求,就会再次扩大选择的范围,直至选定满意的旅游产品。在选择过程中,乡村旅游消费者也会列出那些自己不喜欢或因为价格等而不能接受的产品,这类旅游产品会被排除出选择范围。

6. 国内乡村旅游发展趋势

① 回归自然,追求天人合一的温馨与浪漫。

② 以观光为主导,辅以其他旅游目的。旅游需求呈现多元化、多样化、特色化的发展趋势,对观光+休闲、观光+生态、观光+民俗文化、观光+科技、观光+参与等多功能复合型乡村旅游产品的需求日渐旺盛。

③ 亲近自然,倾向绿色消费,对原始古朴、生态的旅游消费产品有浓厚的兴趣。

④ 游客明显倾向于有民族特色、原始古朴、生态环保、可供体验农村生活的乡村旅游产品。

⑤ 游客对旅游产品的可参与性、可体验性和新奇性需求越来越大,对旅游服务、配套设施等软硬件要求越来越高。

老年人乡村旅游市场需求分析

数据显示,从 2001 年到 2020 年这二十年将是我国的快速老龄化阶段。随着乡村旅游的快速发展和老年人旅游需求的日益增长,如何把二者有机地融合,设计开发适合老年人需求的乡村旅游产品,给竞争日益激烈的旅游市场寻求一条新道路是急需解决的问题。

通过对山东省济南市某大型老年人活动社区 100 位 55~65 岁老年人做随机问卷调查,得出针对目的地、出游时间、出游方式与交通方式及吃住行游购娱需求的选择因素的分析。

(1) 选择出游目的地的考虑因素

老年人对旅游目的地的选择受到多种因素的影响,但近郊乡村旅游目的地是大多数老年人的首选。通过调查发现，旅游地的口碑是老年人出游考虑的首要因素，其次当地的景色及特色也会左右他们的选择，接着是安全问题、距离远近、费用等因素，而时间因素是考虑最少的。而对目的地类型的选择中，老年人最感兴趣的类型是农业型和疗养型的目的地。

(2) 选择出游方式与交通方式的考虑因素

旅游六要素中的"行"对旅游业的发展起着至关重要的作用，同时出游方式对老年人选择出游与否也起着一定的决定作用。在调查中发现，老年人选择与家人及子女一起出游占到最大的比例，其次是选择与亲朋好友出游，通过社区、老年人社团出游的比例排在第三，而单独外出的比例最小。在调查中不难发现，大多数老年人受传统思想观念的影响，喜欢选择家人的陪伴，但子女工作等原因在很大程度上限制了老年人的出游。可以说，如何组织老年人社团出游是旅游机构开发老年人市场的一个突破口。

在选择出游方式上，最适合乡村旅游的就是自驾游。老年人与子女及家人一起选择家庭自驾游走进大自然，亲近大自然，体验乡村旅游所带来的独特乐趣。在没有子女及家人的陪伴下，老年人多选择乘坐城乡公交来实现周边的乡村旅游。

(3) 选择乡村旅游的出游时间的考虑因素

针对老年人参与乡村旅游的出游时间，从季节、闲暇时间和停留天数三个选项上来进行调查。受山东济南一年四季气候变化的影响，大多数老年人选择避开夏冬两季，在气候适宜的春秋两季参与乡村旅游活动，特别是选择秋天出游。在闲暇时间上，大多数老年人退休在家，时间较充足。但受传统观念的影响，他们周一到周五会照顾子女及子孙，因此最佳的出游时间以周末为主。在乡村旅游停留时间的调查中，绝大多数老年人选择了一日游，这个结果受多种因素的影响，如子女及家人的休息时间、出游费用问题等。更重要的是目前的乡村旅游形式单一，缺乏产品创新，很难有足够的吸引力来留住旅游者。

(4) 选择乡村旅游在吃、住、购、娱方面的考虑因素

在旅游六要素中，吃、住、购、娱的满意程度决定着老年人进行乡村旅游的停留时间，乡村旅游提供的产品及服务特色在其中起着关键作用。吃、住方面，在满足干净、卫生、安全的前提条件下，老年人更喜欢乡村旅游中充分保持乡土气息、原汁原味的东西。吃农家饭、住农家院、干农家活的形式，在调查中显示为最受老年人的欢迎。

在购物方面，老年人更愿意购买应季的土特产品及新鲜的水果、蔬菜与亲朋分享。特别是能够体验亲自采摘的乐趣，这也是乡村旅游实现经济效益的一项重要项目。

老年人对乡村旅游休闲娱乐活动的需求具有多样性，诸如体验农户烹饪、亲自饲养家禽及打理菜园等项目都受到老年人的极大欢迎。

通过调查可知，老年人对乡村旅游的市场需求为：老年人受传统观念的影响，通过自驾游的方式，选择到城市周边具有良好的"口碑效应"，满足干净、卫生的基本条件，具有一定购物娱乐功能的一日游旅游产品。

(5) 老年人对乡村旅游需求的差异性考虑因素

在选择100位老年人作为调查对象时，要充分考虑老年人的个体差异会影响到旅游需求的差异。比如性别、年龄、退休前职业、受教育水平、收入水平、可自由支配收入和健康状况等因素的个体差异，都会对老年人参与乡村旅游产生一定的影响。我们调查发现：在性别方面，受传统观念的影响男性出游的比例要高于女性出游的比例；在年龄方面，65岁以上的老年人出游的比例要高于55～65岁的老年人，在这个年龄段的老年人还有照顾第三代孩子的任务，因而出游比例大大降低，而65岁以上的老年人第三代已经不需要他们照顾，相对来说

自由一些；在职业和受教育水平方面，教师、公务员等高学历的老年人，出游的意愿则更加强烈。除此之外，还有一个更重要的影响因素就是周边环境，即老年人的出游意愿还会受周边的亲朋及朋友圈的影响。受这些个体因素差异的影响，老年人乡村旅游的需求会产生一定的影响，作为旅游经营者如何提供差异性的产品来满足因个体差异而产生的不同需求，是开发老年人乡村旅游市场所必须重视的问题。

[资料来源：林茜，张利霞. 老年人乡村旅游市场需求研究 [J]，《商场现代化》，2014（17）]

内容：5人为一小组，设计调查问卷，在发放、回收、分析后，撰写乡村旅游市场调查报告。
步骤：
（1）选择某一乡村旅游地（或乡村主题），为其设计旅游市场调查问卷。
（2）发放并回收 100 份左右的调查问卷。
（3）对调查结果进行分析，写出调查报告。

任务四 乡村旅游开发主题定位

经过充分的调查研究，对所开发的乡村旅游项目有了一定的认识和发言权。在此基础上，首先要对项目开发进行准确的主题定位。这样做是为了避免盲目开发，从而准确地把握项目的开发方向。那么，如何来对项目进行主题定位呢？

（一）乡村旅游主题定位的认知

一般而言，乡村旅游主题的内涵包括三个方面：发展目标定位、发展功能定位和发展形象定位。目标定位是根本的决定性因素，是实质性主体；功能定位是由发展目标决定的内在功能；形象定位则是发展目标的外在表现。

1. **发展目标定位**

一般意义上的乡村旅游发展目标的外延主要包括：经济发展目标、村民生活水平目标、社会安定目标、环境与文化遗产保护目标、基础设施发展目标等。而从时效上看，发展目标可分为总体战略目标和阶段性目标两大类。制定发展目标的作用是监控旅游开发的实际产出与总目标之间的差距以衡量旅游区规划和发展的成功与否，并找出原因加以反馈修正。就乡村旅游业而言，乡村旅游规划和开发的主要目标则是追求商业利润与经济增长，促进环境保护；而地方政府方面的目标则偏向于增加就业、税收、外汇收入，关注人民生活水平的提高及基础设施的改善等。目前为旅游规划界所公认的乡村旅游区发展目标框架如下：满足个人需求、提供新奇经历、创造具有吸引力的"乡村旅游形象"。

2. **发展功能定位**

一个乡村旅游区的功能是多方面的，其具体功能的确定同样要综合多方面的因素。概括而言，乡村旅游区规划和开发的功能可从 4 个方面来进行交叉定位。在具体的功能细分上，区域旅游的功能可划分为以下 3 个向量：经济功能、社会功能和环境功能。

3. **发展形象定位**

形象定位即在乡村旅游规划与开发中，通过旅游区的空间外观、环境氛围、服务展示、公关活动在旅游者心中确定一个明确的综合感知形象，借助此形象定位一个庞大而属性综合的乡村旅游区在旅游者的人际传播和区域市场中便有了一个明确的立足点和独特的销售优势。在进行乡村旅游形象定位时要从以下几个方面来体现，即乡村旅游区的物质景观形象、社会文化景观形象、旅游企业形象以及核心地区（地段）形象。乡村旅游区物质景观形象是指乡村旅游区所具有的体现旅游形象功能的那些景观，如乡村旅游区的背景景观、乡村旅游区的核心景观和乡村旅游区的城镇建设景观等。社会文化景观形象主要是指当地村民的居住、生产、生活等互动构成目的地的社会文化景观。企业形象和核心地区（地段）形象是从当地的旅游企业和旅游核心区的形象来体现区域旅游形象定位的。

武汉的掌园儿，以手掌作为亲子农庄的主题。手掌是出生的第一个印迹，是"童年泥巴手印"的温暖回忆，因此是一个通俗易懂的符号。手掌大的天地，就能呈现儿童眼睛里的七彩世界。通过设计指缝间的彩色童年：将空间围合塑造为"彩虹墙"。沿着"手指"的弧线，通过参数化设计的构件现场组装而成。指尖上的亲子空间：四个"指尖"区域围合成较为私密的半开放空间，以"掌状"树池提供多样化的休息场所，儿童或卧或躺，或攀或趴。掌心内嬉戏童年趣味：彩虹墙围合形成嬉戏场地"掌心"，内设彩沙池、阳光草坪、趣味墙，营造出最主要的活动区域。三大板块清晰地支撑起亲子农庄的主题，同时也体现了亲子农庄的游览内容。

（二）乡村旅游主题定位的影响因素

1. 乡村旅游资源

乡村旅游资源是旅游规划的物质基础，是吸引旅游者的主要因素。乡村旅游主题定位必须立足于乡村旅游资源的特征，关键在于摸清区域内部旅游资源的本底，准确把握其内涵。在定位时，要着重考虑旅游资源的重要程度、突出程度、数量、体量等。

2. 区位条件

区位条件是制约旅游发展的重要因素之一，在一定程度上决定着旅游市场的大小和旅游地的可进入性和通达性。在对乡村旅游主题进行定位时，必须考虑区位条件的优劣，应根据现实条件"量体裁衣"，不可过大或过小。

3. 乡村旅游需求市场

乡村旅游主题定位的目的就是将乡村旅游资源整体包装后推向市场，提高市场占有率。旅游者的旅游行为、旅游目的、旅游动机复杂多样，且充满个性差异。研究乡村旅游需求市场，分析旅游者的旅游动机和旅游目的，对乡村旅游主题的定位十分重要。

（三）乡村旅游主题构建

1. 以市场为导向

乡村旅游主题要建立在特定市场需求的基础上。由于乡村旅游的体量相对较小，走综合性发展道路容易使主题模糊。在旅游发展过程中，应进行缜密的市场调查，努力寻找市场的热点，并根据自身的资源特点，选定某一细分市场作为核心市场，打造迎合该市场需求的主题形象。

2. 差异化定位

乡村旅游主题必须坚持差异化的发展策略。一方面，与城市的差异。乡村旅游的核心卖点在于其浓郁的乡村氛围，这种氛围与城市生活形成强烈反差。要发展乡村旅游，就必须进一步把这种乡土风做足，强化差异性。另一方面，与同类景区的差异。乡村旅游必须充分考量同类景区主题定位，谋求差异化发展。由于资源类型相近，差异化的实现主要依赖于对自身资源的深入挖掘，以及与现代产业、市场热点的结合。

3. 基础支撑

乡村旅游主题必须有坚实的基础支撑。一方面，自身资源、配套设施支撑。主题的建立必须依赖于本身资源的自然特征、历史文化、风情民俗等，这样才能得以实现。另一方面，城市的支持。乡村旅游由于紧邻城市，一般具有交通便利，可进入性较好，与城市存在密切的经济、文化联系的特点。在旅游开发过程中，可以充分利用城市所带来的各种便利因素，为己所用，借势发展，开创旅游新局面。

（四）乡村旅游主题定位的评价标准

乡村旅游主题定位要按照清晰独特、引人入胜的原则进行整合打造，其主题口号好坏的关键要看它是否发挥了应有的作用。直观地看，乡村旅游主题定位口号只是用一个短语来反映乡村旅游地的定位思考。实际上，其宗旨是满足目标市场的需要，最终确定的核心定位对旅游者来说一定是具有独特意义的。主题定位口号的根本作用是告诉旅游者乡村旅游地的特质及可向其提供哪些方面的独特利益，那么不能反映旅游者利益的口号则是毫无意义的。

旅游者利益是通过乡村旅游主题定位口号的价值内容和表达方式两个方面来体现的。因此，通常把这两个方面作为衡量旅游主题定位口号优劣的标准。

首先，价值内容是评价乡村旅游主题定位口号的首要标准，即必须有其价值命题。价值命题应限于一个或少数一两个，并能够反映目标市场的利益，而利益必须具有独特性。换言之，最佳的主题口号中应包含的价值命题不能过多且必须具有独特卖点。

其次，表达方式是评价乡村旅游主题口号不可或缺的标准。好的表达能促进价值内容与旅游者主观感情的互动，增强传递效果。表达方式的具体要求包括以下 3 点：①语言优美、风趣、生动、感人，富于艺术性；②巧妙运用各种修辞和句式，使口号便于朗读、记忆和宣传；③设计新颖、时尚、别具一格，能够吸引旅游者的眼球。

知识拓展

定位准确对乡村旅游开发来说非常重要，所以定位理论之风毫不意外地刮到了乡村领域。但是，一些乡村在定位时走入了诸多误区。

（1）不考虑"人"的定位

很多乡村在做乡村旅游规划顶层设计时，首先考虑的是区位、人文历史、周边市场环境等等外围因素。但唯独没有考虑：我是谁？这个定位是否适合我？对于任何行业和企业来说，"人"都是最核心的一环。相比于技术的因素，定位首先更应该是"人"的定位。所以，乡村应该采用何种运营模式、上马什么项目、做多大规模等等，从根本上看都取决于开发者本人的资历、实力、胸怀、情怀等主观要素。

（2）未从"农"着手

现在很多人一说起定位，就是亲子、垂钓、采摘、研学、会议等等。问题是，这些浅层次的消费主题，能当作乡村的核心定位吗？我们无论是从亲子、会议、婚纱摄影，还是其他消费领域去定位，其实都只是突出了"休闲"的概念。但从根源上看，休闲农业，休闲是定语，农业才是主语。要打造差异性区隔，真正做到有特色，只有从"农"这个底层代码上进行主题设定。比如，同样是打造会议主题，向日葵主题和水稻主题所呈现出来的氛围和气质截然不同。同样是亲子项目，以奶牛养殖和猪养殖为主题所进行的文创和项目设置也截然不同。只有这种不同，才能从根本上形成乡村的差异化。

(3) 细分化定位是否只是唯一

可口可乐凭借单品畅销多年，被认为是定位理论的典型案例。但是品牌线极其凌乱、庞杂的娃哈哈、宝洁、飞利浦依旧大卖特卖，又该如何解释？细分化定位是目前市场发展的趋势，但这只是影响市场竞争的标准之一。除此之外，规模化、渠道、品牌力、广告也都会影响一个产品的市场表现。比如小米、魅族、华为等依靠爆品思维赢得了众多口碑，但目前占据国内市场出货量最大的恰恰是使用传统模式的VIVO和OPPO。乡村旅游也一样，几百亩的小农庄，完全可以在一个细分领域深耕，做出主题化特色，以求以小博大，逆市突围。

(4) 一味追求差异化

定位理论的核心是寻找一个新的细分市场，创造一片新蓝海。问题是在竞争激烈的当下，你的战舰在新蓝海还没有驶出多远，尚未占领消费者的心智，就发现已有无数小船尾随而至。你发现亲子旅游没人搞，或许你项目还未完工，有人已经开业了。你发现极限运动市场空白，等你弄好之后，半年内可能就会出现几个更刺激的项目。那怎么办？再继续寻找差异化，继续细分？过于零碎地细分市场，虽然清爽了很多，可市场容量却不足以支撑企业的传播费用。更何况，不少细分市场是开发者主观臆造出来的，在现实中还是会被消费者纳入常规细分市场。所以，决定项目成败的，不是你是否能找到空白的蓝海市场，而是短兵相接"智"者胜。同样一个项目，谁能玩出新意，谁能把单一产业基础做扎实，谁能把营销做足，谁能把团队磨合犀利，谁就能保证自己走得更远。

(5) 拒绝接受定位转换

如今社会变幻莫测，一个明显的现象是新奇特东西层出不穷，消费者见异思迁、朝三暮四。今天还对你爱得死去活来，明天就置之不理。尤其是在品牌消费还不成熟的现在，什么购买清单、什么首选品牌，很多时候都抵不过终端强势促销来得实际。所以，你定位成中高端消费民宿，结果涌进来的却是普通消费者，这时一定不要感觉太奇怪。从上面的分析我们不难看到，对于乡村旅游开发而言，定位虽好，但不能"贪杯"。决定乡村旅游开发成败的，跟细分主题定位有关，更跟开发者资源、一产基础、运营管理和营销推广等等密不可分。

（资料来源：搜狐旅游）

 技能训练

旺山村位于江苏省苏州市西南郊区，隶属于苏州市吴中区越溪街道，距离苏州市中心约8公里。旺山村村域总面积为613.2公顷（约9198亩），全村境内丘陵起伏，东、西、北三面靠七子山、尧峰山山脉，处于天然山林环抱之中，空气清新、树木葱郁，村庄环境优美祥和。

主题：苏州最美的婚庆主题山村

婚庆主题营造：

(1) 文化氛围营造

主题的营造，需要氛围的烘托，使主题的元素在景区每一个角落得到体现。婚庆主题需要一种浪漫、温馨的氛围。旺山婚庆主题山村，要以吴文化作为底蕴，以江南印象作为背景，以原始村落作为依托，打造具有浓郁乡村特色的婚庆氛围。这种氛围主要由动态和静态两方面来表现。

静态氛围：用婚庆的主题对建筑、植被、山、水等静态设施进行包装，使之充满爱情氛围。组建南山头罗曼园、爱如茶休闲区、佛化爱情区等不同的主题片区，为不同的婚庆需要提供支撑。

动态氛围：主要由婚庆表演活动和特色服务构成。在景区的各大主题片区定期举办各种主题婚庆表演活动，引导游客参与其中，感受浪漫氛围。景区的服务人员利用语言、举止等，使游客感受快乐、享受温馨。

（2）产业链建设

主题的营造需要完整的婚庆产业链的支持。在旺山村建设婚纱摄影、婚庆策划、婚宴举办、蜜月度假等一系列有关婚庆的产业业态，并使之在空间上呈现出连贯性，为客人提供一站式的婚庆服务。

（3）主题营销

主题的营销需要高效的营销体系。建立专门的婚庆营销部门，综合运用广告营销、节庆营销、公关策划、价格优惠等多种营销手段进行全方位营销。其中，尤其注重与苏州婚庆产业建立连线，积极融入苏州婚庆博览会，以此作为平台，实现借力发展。

内容：分小组讨论以上乡村旅游主题定位案例，分析其主题定位的构建方法。并以小组为单位，选择某一乡村旅游地，对其进行主题形象定位。

步骤：

(1) 5人为一小组讨论案例，分析其主题定位的构建方法有哪些。

(2) 小组选择一熟悉的乡村旅游地，对其进行主题形象定位。

(3) 小组以PPT进行汇报。

贵阳市花溪区青岩镇龙井布依农园

（一）资源分析

1. 自然资源

(1) 地理区位 (2) 气候气象 (3) 水文环境 (4) 土壤植被 (5) 生态景观

(6) 用地条件

2. 人文资源

(1) 布依民俗资源 (2) 旅游商品资源

总结：就规划区域独立评价而言，项目所在地的资源本底优良，结合了山水田园的丰富要素，背山抱水，民风淳朴。然而，若从传统资源评价方法的角度来看，在贵州省和贵阳市域范围内并不具备比较优势，资源单体特色不突出，总体品质不高。因此，需要规划者和投资者以创新的资源开发观来进行解读。所谓创新的资源开发观，就是要综合考虑资源、区位、经济、产业等问题，研究资源开发新模式，指导项目地的"温泉养生＋乡村田园"休闲度假产品的开发。

（二）发展环境

1. 贵阳市旅游发展趋势

2. 花溪区旅游发展趋势

虽然花溪的自然风光有独特之处，青岩古镇在贵州旅游业发展中也占据着不可替代的地位，两者为贵阳市吸引了巨大的客流量，但旅游中吃、住、行、游四个基础要素间关联性差，要素内部都未能形成完善的体系；同时由于无法延长游客的停留时间（一日游为主），极大地影响了游客的消费水平，因此难以避免陷入"人旺财不旺"的尴尬境地。

（三）区域竞合

花溪区的旅游风景区主要由3大部分组成：以花溪河为主线，在20公里长的河滩上沿岸分布有天河潭景区和十里河滩景区等，共包含20多个景观；以明清建筑人文景观为主的青岩古镇景区；以高坡黔陶融自然景观和民族风情为一体的景区。现有旅游产品以花溪公园、天河潭的自然观光游，青岩古镇和青岩堡的古镇休闲游，镇山村、李村的民族文化游，高坡黔陶的乡村休闲游为主，产品集中为自然观光、古镇休闲和民族文化三大类别。对花溪区内部旅游产品的竞合关系，可基本判断为：①已有产品缺乏竞争力；②新型产品市场响应不足；③未来产品间竞争将加剧。

（四）SWOT分析

1. 项目开发的SWOT分析
2. 项目开发的总体判断

超越乡村旅游与农业旅游的常规业态，以打造休闲度假区的理念来建造旅游目的地，凸显后发优势；立足生态基础，引入主题文化，构建特色鲜明的人文主题，凸显现代风格的乡野意境，构建核心竞争力；充分借鉴国内外类似成功项目的经验，以休闲农业、运动康体为先导，以温泉养生、度假物业为利基，形成有效指导本项目发展的科学模式；以贵阳市与周边地区为重点客源腹地，抓住中高端市场，着力打造"旅游休闲与度假物业"两大产品。积极融入青岩古镇的旅游产业发展与升级换代，进行错位发展，联动互促。

（五）市场分析

1. 总体特征
2. 消费特征
3. 细分市场特征

（1）温泉旅游市场

（2）乡村旅游市场

（3）旅游地产市场

（4）康复疗养市场

（5）商务旅游市场

（6）养老市场

（六）项目定位

1. 总体定位

本项目充分利用与青岩古镇联动发展的优势，结合布依族文化、乡村田园、温泉等资源和良好的生态背景，把握旅游发展趋势，打造融观光、休闲、保健、度假、商务功能为一体的国际标准、国内一流水准的乡村生态度假型旅游区、贵阳都市乡村度假基地，进而打造国家5A级旅游景区。

2. 主题定位

龙井田园，全景人生

3. 目标定位

——贵州山区具有典型引导作用和巨大社会影响力的全生态绿色乡村；

——新农村建设示范区；

——高端商务政务会务接待平台；

——具有国际水准的休闲度假旅游区；

——环境友好型最适宜人居的生态家园。

4. 市场定位

（1）基础市场

(2) 核心市场
(3) 重点市场
(4) 机会市场

学生分小组，对你所在城市的不同区县开发乡村旅游项目进行开发前的调查，包括项目地选址、社会经济环境调查、乡村旅游资源调查及评价、市场调查及预测、项目主题定位等，编写调查报告。

项目三
乡村旅游住宿开发与设计

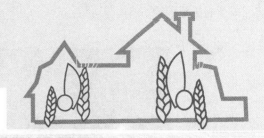

项目目标

技能点：通过本项目的学习，学生能够对乡村旅舍进行开发设计，形成企业自己独特的住宿风格。

知识点：了解乡村旅游住宿开发中乡村旅舍的概念、设施内容，掌握客人对乡村旅舍住宿的具体要求；掌握乡村旅舍住宿设计的原则与布置，熟练掌握乡村旅舍客房的创意开发，熟悉乡村住宿接待服务的要求，并做好日常接待工作。

验收点：要求学生能够认识客人对乡村旅舍住宿的具体需求，学会乡村旅舍住宿开发与创意设计。

课程导入

北京乐和人家体验乡村旅舍风情游

乐和人家位于平谷区北部的桃园之乡花峪村，是平谷区旅游路线百里桃花长廊的交通枢纽。客栈占地面积 8000 余平方米，三面环山，一面傍水，是集餐饮、客房、会议、娱乐于一体的民俗特色农家大院。登山口距客栈仅几十米，喜欢爬山的朋友出门就能体验到爬野山、回归大自然的乐趣。熊尔寨石河从客栈门前缓缓流过，客栈在河边修起木质凉亭，过往客人可在此处歇脚、纳凉，坐听溪水流淌的声音。

客栈拥有标准间、仿古四合院 60 余套，让客人有宾至如归的感觉。乐和人家的住宿最有特点，都是由木头、青砖自然材料造的。全木标准间白窗纸上贴着大红的窗花，还有大花的铺盖。青砖的四合院是独门独户，院门口挂着老式马灯，木门上有两个门神，旁边还有灶王爷的"小阁间"。屋子里的摆设也是极尽返璞归真之能事：墙上贴着戏剧剧照般的老画、老旧的大笨木柜子、土炕、老式缝纫机等等，让你恍如时光逆转，回到了 20 多年前的乡下姥姥家。

客栈餐厅——五味坊，全木质建筑风格、三合院结构，院内一圈的侉炖柴锅，功夫炖菜一应俱全。餐厅可同时容纳 130 人同时就餐，老百姓家常菜，特色风味小吃，尽显农家习俗。

在周末节假日期间，客栈还会为客人奉上少数民族娱乐节目、篝火晚会、东北二人转、扭秧歌、唱大戏等演出，使游客在北京就能欣赏到云南佤族风情。佤族小伙儿、姑娘能歌善舞，和他们对歌几首，在饮酒讴歌中享受洒脱与激情，体验少数民族风情，简直让人流连忘返！

北京乐和人家如图 3-1 所示。

图 3-1　北京乐和人家

客房是游客临时的家，乡村旅游经营者为游客提供住宿接待服务，要让游客感觉舒适、安静、方便和卫生，有宾至如归的感觉。在乡村旅游住宿开发中，要彰显客房的特色，给人以良好的第一印象，所以从外观到内部装修都要尽量凸显出当地的特色和自己的风格。

任务一　走进乡村旅舍

据统计，欧洲每年旅游总收入中农业旅游收入占 5%～10%。在重视乡村旅游的西班牙，36%的人季节休假都是在乡村旅游地点的房屋里度过的。随着现代人的"返璞归真"，渐成时尚的乡村旅游为乡村旅舍提供了广阔的空间。乡村旅舍发展作为乡村旅游的重要载体，对整个乡村旅游产生着巨大的影响。

随着回归和乡愁思潮的不断加深，乡村旅舍越来越受青睐，它除了能解决最基本的住宿外，还隐含着体验当地乡村生活的想象意义，游客们渴望感受、体验、交流和回归。如今，乡村旅舍已经成为承载张弛有度、放松身心、自由洒脱、绿色健康的生活方式的载体。乡村旅舍无须高档、豪华装修，自然、简洁即可。

（一）乡村旅舍的概念

乡村旅舍是指利用村（居）民合法的空闲住宅房间，结合当地人文与自然景观、生态、环境资源及农林渔牧生产活动，以家庭副业方式经营，为旅客提供乡野生活的住宿场所。它包括农家客栈、家庭旅馆、家庭旅社、乡村旅馆、生态农庄住宿设施等。

乡村旅舍与一般旅馆的差异体现在如下方面。

1. 硬件设施

乡村旅舍，单纯而朴实，简约而整洁。旅舍设备以干净卫生为主，不追求城市旅馆豪华的设施设备。

2. 软装饰

指装修完毕之后，利用那些易更换、易变动位置的饰物与家具，如窗帘、工艺品等，对室内进行的二度陈设与布置。

乡村旅舍的软装饰能够体现出乡土特色，一张农民画，一串红辣椒，木质拖鞋、盆栽花卉、棉麻布艺等，或许就能体现出主人匠心独运的人情味和亲切感。

3. 空间设计

乡村旅舍空间设计以农家居住方式为主，并配有一些较为特殊的建筑物，如小木屋、小竹楼等，空间设计较为简单。

（二）乡村旅舍设施内容

乡村旅舍的基本设施虽然不能用星级宾馆的标准来要求，但游客所需的基本设施必不可少，在房间规格、房间内部陈设、床铺、公共活动场所以及周边设施等方面仍尚需明确设立并精心安排。越标准、越精致、越有品牌，就越有吸引力、越有回头客。

1. 房间规格

乡村旅舍的房间通常以家庭式、套房甚至通铺为主，但房间面积大小、数量多少等迄今尚无统一规定。例如，多少平方米才符合最低标准？多少间乡村旅舍才算合理？乡村旅舍结构选用水泥结构还是砖木结构等？总之，乡村旅舍开发时应寻求与他人经营的唯一性和差异化，切忌同质化。

一般来说，乡村旅舍应体现出农家屋宽敞的特点，必须有独立的洗消间和布草柜，房舍人均居住实际面积不宜小于 5 平方米，卫生间面积不能小于 4 平方米，客房标准间的高度净高不能低于 2.4 米。如果按标准间的规格来建，可以参照中国星级饭店评定标准规定，客房净面积（不含卫生间）不能小于 14 平方米。

2. 内部设施

乡村旅舍的内部装潢以简约、朴素为主，无须富丽堂皇。乡村旅舍配有旅客需要的基本设备设施，让游客感到舒适方便即可，如除简单的床具外，附有一两把椅子、一个小茶几、一个小衣柜等。此外，照明设备的标准、开窗与否、紧急逃生设备如何，也是房间内部设施所需考虑的重要内容。

3. 客房运转规格

客房设施设备只有在正常运转的状态下，才能为客人提供合格的服务。乡村旅舍的设备设施可以简单一些，但其使用时都应该是正常的。例如空调失灵、坐便器漏水、冷热水的开关失灵等等，都将给客人带来烦恼，影响客房的服务质量。

4. 客房卫生规格

乡村旅舍客房的陈设可以简朴，但卫生间以及卧具不能不洁净。也就是说乡村旅舍的装修布置档次可以低，但其卫生条件不能降低。因为客房是否清洁卫生，是客人选择住宿的首要条件。

乡村旅舍的客房只有符合以上四个方面的基本要求，才可以说具备了与客人进行商品交换的最基本条件，客人也才会得到最低限度的满足。

（三）客人对乡村旅舍住宿的具体要求

乡村旅舍的住宿不仅影响着游客的滞留时间，也从直观上彰显了乡村旅舍的风格和特色。自然、整洁、安全的住宿环境能进一步增添游客的兴致，促使游客更愿意选择乡村旅舍。

1. 住"自然"

要体现出自然的感觉，乡村旅舍的住宿设计就一定要和当地特色相结合，与周围的环境融为一体，做到简单而不简陋。也就是让游客住进乡村旅舍，能感觉到自然的、乡土的气息和咱庄稼人的热情。

游客可以在乡村旅舍小院体会到日出而作、日落而息的生活起居。晨曦，花香鸟语，鸡鸣狗吠；夜晚，河风徐徐，月色溶溶；久违的草囤、柴垛、石磨、篱笆、炊烟、独轮车、稻草人、斗笠都能让他们浮想联翩。

此外，乡村旅舍住宿的特色也要一目了然，给游客以良好的第一印象。比如，提供具有农家特色的土炕，游客们盘腿坐在上面，不仅可以大吃农家菜，还可以说古道今、品头论足；在院落的屋檐下挂满了老玉米和干辣椒，这不是单单为了宣传而点缀的，这是朴素生活的写照；那糊着纸的窗棂，记录着世代居住这里的信息；屋里的老墙柜，代表了收藏在平常百姓家的万贯家财。

游客们在欣赏自然美景的同时，住农家、睡土炕、吃野菜、品粗粮，远离都市钢筋混凝土"鸽笼"的禁锢，体验农家小院的幽静和自然，满足了他们体验返璞归真、领略田园风光的心理需求。

2. 住"整洁"

虽说游客们希望在乡村旅舍住得自在、自然，但并不是说乡村旅舍经营者就可以忽视游客们对住宿卫生条件的要求。乡村旅舍既要让游客住得自然，还要住得整洁、舒适。

一般只要满足以下十个条件，就基本可以达到上述目的。

① 住宿建筑修缮完好，接待客人应有两间以上客房。

② 庭院整洁干净，无污水、杂物，无乱建、乱堆、乱放现象，绿化完好，植物与景观搭配得当。

③ 家禽、家畜无疫情，并有圈养设施。

④ 有专门放置垃圾的设施并保持封闭。

⑤ 客房通风良好，空气清新，无异味。

⑥ 室内要有防蟑螂、老鼠、蚊子、苍蝇等措施。

⑦ 客房配有床、桌椅、床头柜等家具，照明充足。

⑧ 客房宜配有电视机、空调、取暖设备。

⑨ 每个乡村旅舍应设有足够数量的卫生间、浴室，并保持干净和热水定时供应。

⑩ 客房、卫生间、浴室每日清理一次，床上用品应保证一客一换，保持整洁舒适。

3. 住"安全"

虽说农村远离市区，流动人口较少，犯罪率较低，但乡村旅舍经营者仍然要尽可能排除威胁到游客生命安全的各种事故隐患。特别是在防火、防盗等问题上，绝不能有半点马虎大意，要让客人住得安全、住得放心。因此，要认真做好以下工作。

(1) 管好钥匙

为保证客房安全，严格的钥匙管理措施是必不可少的。比如，客房钥匙丢失、随意发放、私自复制或被偷盗等都会带来各种安全问题。所以，要为客房配备专用钥匙，只能开启某一个房间，不能互相通用，且仅供客人使用。

(2) 进行巡视

对客房走廊的巡视也是保证客房安全的一个有力措施。巡视中，应注意在走廊上徘徊的外来人员、陌生人、可疑人员；注意客房的门是否关上及锁好，如发现某客房的房门虚掩，可敲门询问,如客人在房内的话,提醒他注意关好房门;如客人不在房内的话,就直接进入该客房检查是否有不正常的现象。即使情况正常,纯属客人疏忽,事后也要及时提醒客人注意离房时锁门。有条件的乡村旅舍还可以安装闭路电视监视系统,用现代化的设备进一步监视或采取行动来制止不良行为或犯罪行为。

（3）提醒服务

在客房内的桌上应展示专门有关安全问题的告示或须知,告诉客人如何安全使用客房内的设备与装置、出现紧急情况时所用的联络电话号码及应采取的行动。另外,告示或须知还应提醒客人注意不要无所顾忌地将房号告诉其他客人和陌生人。

（4）客房内的各种电器设备都应保证安全

卫生间的地面及浴缸都应有防止客人滑倒的措施。客房内的茶具及卫生间内提供的漱口杯及水杯、茶壶等都应及时清洁、消毒。如果卫生间的自来水未达到直接饮用标准,应在水龙头上标上"非饮用水"的标记。平时还应定期检查家具,尤其是床与椅子的牢固程度,以免客人遭到伤害。

（5）预防火灾

定期检查防火、灭火设备及用具,培训员工掌握使用及操作的知识和技能;房门背面应有遇火灾时的安全通道出口指示图;在房内清扫时,应注意可能引起火灾的隐患,并特别提醒客人不要在床上吸烟;制订火警时的紧急疏散计划,包括如何引导客人疏散、保护重要财产等。当然,有条件的乡村旅舍还可以在客房内安装烟感报警器。

（6）注意照明

乡村旅舍经营者还应注意客房走道的照明正常及地面是否平坦,以保证客人及员工行走的安全。

（7）客人伤病的处理

乡村旅舍工作人员应接受有关急救知识及技术的专业训练。在遇到客人出现伤病的时候,能协助专业医护人员或独立对伤病客人进行急救。乡村旅舍还应备有急救箱,箱内应装备有急救时所必需的医药用品与器材。

（8）应对自然灾害

威胁乡村旅舍安全的自然灾害有水灾、地震、暴雨、暴风雪等。针对乡村旅舍所在地区的地理、气候特点,经营管理者应制订出预防及应付可能发生的自然灾害的安全计划和紧急疏散计划,同时准备各种应付自然灾害的设备器材,并定期检查,保证其处于完好的使用状态。

（9）定期与当地公安部门联系

了解当前治安状况,学习处理突发刑事或违法案件时的方法措施,保持信息交流通畅。

对点案例

刘先生和夫人在"十一黄金周"期间入住了某休闲农庄1106房间,入住的第二天上午购买了些土特产放在房间里,中午就去当地有名的菜馆品尝美食。当小两口兴冲冲回到农庄,准备收拾行李返家时,却发现房内一片狼藉,显然有人在他们出去吃饭的时候进入房间并洗劫了房间内的贵重物品!刘先生意识到问题的严重性,立即通知了农庄的安全部门,随即安全部门人员赶到了现场。据刘先生核实,丢失白金项链一条、笔记本电脑一台、人民币3000多元,总价值超过2万元。当询问刘先生有没有将房卡交给他人时,刘先生十分肯定地说就一张房卡,而且一直带在身上,出房间门时还将房门带上了。十一层高的房间,又没有阳台,小偷是从哪里进来的呢?安全部门人员一边查看监控录像,一边对现场进行了勘查,监控录像上显示两名男子是推门而入的。仔细检查，又发现房门上有口香糖的痕迹。安全部门人员恍然大悟，推断刘先生买完东西回来时就被小偷跟踪，并趁刘先生开门后不注意在房间门的磁卡锁上粘了一团口香糖。于是刘先生放下东西出门吃饭时，认为饭店门上有复位器，就随手带上门，没有核实是否关上就匆匆离开了。在进一步查看录像后，画面证实了这一推断。

评析：客房失窃案经常发生，犯罪分子利用各种手段作案，屡试不爽。案件的发生不仅给客人造成财产损失，并且给农庄带来极坏的负面影响。罪犯在作案之前会对楼层进行踩点、观察，利用客人外出的时间差，用各种手段打开房门，或利用客房相连，容易攀爬或门窗没有关上入室行窃。对于防范客房失窃事件，安全部门人员要做好巡查，遇到可疑人员要主动盘问，对没有房卡的人员要及时进行劝离；同时监控中心要时刻注意客房楼层的情况，发现问题及时处理。楼层服务员要有较高的警惕性，注意对可疑人员进行询问或通知安全部门，对客人门窗没有关紧的要及时提醒或关闭。

技能训练

内容：实地参观某乡村旅舍，感受其住宿环境氛围，并提出合理化建议。

步骤：

（1）根据参观内容，将全班分成3个组（A、B、C），明确各组的任务分工，并阐明参观的各项事宜。

（2）以小组为单位，按照提前分好的任务轮流参观，以达到同学们对乡村旅舍的整体认知。首先，由A组参观餐厅、B组参观客房、C组参观庭院，然后再轮换，以求让每位学生对乡村旅舍的相关知识都有一定的认知。

（3）邀请乡村旅舍经营者介绍该旅舍经营概况。

（4）各小组进行资料的归纳、总结。

（5）撰写参观报告。要求：格式规范；分析有理有据；语言表达准确、清晰；以小组形式提交报告。

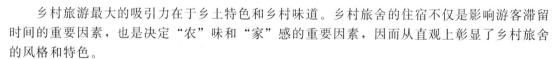

任务二　乡村旅舍住宿设计及创意开发

乡村旅游最大的吸引力在于乡土特色和乡村味道。乡村旅舍的住宿不仅是影响游客滞留时间的重要因素，也是决定"农"味和"家"感的重要因素，因而从直观上彰显了乡村旅舍的风格和特色。

乡村旅舍的住宿功能全面与否，是乡村旅舍发展的重要指标。乡村旅舍的住宿功能应与乡村旅舍自身的类型、定位相结合，发挥本土优势，结合当地资源，开发出创意十足的住宿功能。设计时，大到建筑风格，小到一套卧具的配置，都要仔细考究，与乡村环境及乡土风情相协调、相一致，从而提升乡村旅舍整体层次，吸引更多游客参与及重游。

（一）乡村旅舍住宿设计的原则

乡村旅舍注重发展定点式的深度旅游，强调以好山好水好空气的住宿品质来招徕游客，从而延长游客的停留时间。乡村旅舍住宿的设计原则如下。

1. 旅舍民居化

乡村旅舍的设计应结合所处的地理环境，因地制宜，就地取材，或利用一座古民居，或盖一座砖瓦房，或搭建一窝帐篷，或造一座小木屋，或盖成小青瓦粉红土墙，或垒砌一座石头屋，凸显农舍的居民化。另外，室内装修要突出农家特色和乡土文化及自然风景美图。睡在农家的木床上，盖上农家干净的扎花棉被，感受乡间夜晚的蛙鸣或静谧，体验与城市不一样的乡村野趣。这些个性十足、乡土气息浓郁的住宿设施，对游客有着强烈的吸引力。

2. 装饰民俗化

乡村旅舍的装饰应与当地民俗文化紧密结合，突出乡村情趣，令城市人体味不一样的感觉。如农舍的门上贴以对联、门画、门笺；堂屋贴以农民字画、年画，陈设香案；窗户、顶棚、箱柜贴以剪纸；窗帘、枕头、枕巾、床单、桌布等采用地方刺绣、挑花绣或扎染、印花布、土织花布条等工艺；屋内房间可适度陈设土陶茶壶、桐油灯、铜镜、服饰等；也可根据农舍所在地的自然条件与农耕文化特点，与果、茶、药、花、菜园等相结合，设置木篱笆等。此外，院落应充分体现乡村生活的自然变化，圈养的鸡、鸭、鹅、猪、牛、羊、兔、狗及鱼塘的鱼等，是一个"天然大课堂"，别致独特，让游客耳目一新，感受农舍的自然美。总之，挂几串稻谷、花生及几个斗笠，贴几幅春联、特色剪纸，客房内的摆放亲切温馨，房间装修简朴大方都会让游客游兴勃发、兴趣盎然。

3. 内部设施简洁化

乡村旅舍的内部装潢以简约、朴素为主，无须富丽堂皇，只要有游客需要的基本设施设备，让游客感到舒适即可。一般来说，客房之间不直接连通，具备有效的防噪声及隔音措施，房间应有良好的自然采光和通风设备；客房每日全面清理一次，保持清洁、整齐；客房卧室应安装遮光窗帘，配有电风扇或空调、彩色电视机，提供毛巾、牙刷、香皂等日常用品，床单、枕套、被套等卧具应干燥、整洁，一客一换。尽量给所有的客房配备卫生间，内设坐便器、淋浴器、晾衣绳、换气扇等，所有卫生间24小时供应冷水，每天供应18小时淋浴热水。

4. 外部环境幽静化

乡间的夜晚静谧而富有诗意，许多城里人来乡下住宿就是为了体验乡村夜晚的魅力。因此，在建设乡村旅馆的时候，需要考虑到它的外部环境，尽量选择安静且环境幽美的地方，使居所被绿色环抱。这样，游客躺在镶嵌于山水林木之间的旅馆内，听着窗外虫儿的低吟浅唱，嗅着窗外浓郁的花果醇香，睡着后连梦都是甜的。早上醒来，阳光洒满了整个床铺，鸟儿在窗外唧唧喳喳地嬉戏打闹，这样超凡而脱俗的意境，定能让城里人如痴如醉、流连忘返。

（二）乡村旅舍住宿的布置

乡村旅舍接待的客人追求的是一份恬静和舒适，住宿环境要宁静清幽不嘈杂，空气清新景观好，让客人透过窗户就能观赏到优美的田园风光，收获一份愉悦放松的心情。

住宿装饰要"俗"气，室内装饰布置要简单明了，突出乡土特色，营造出民俗氛围。可以搜集民间古物装饰，可以利用乡村特有的材料，巧妙地设计制作一些地方特色物件装饰室内。

1. 用民间的古物装饰

如搜集乡土特色的家具（红板柜、矮炕桌、梳头匣等）、民间瓷器等物品来装饰室内。

2. 用民间的剪纸装饰

将剪纸贴在窗上、门上，制成镜框挂在墙上，构成一个统一的剪纸装饰氛围。要注意：贴在玻璃窗上的剪纸，用普通的红纸材料易褪色，可以用红色不干胶纸代替；装剪纸的镜框应采用木质材料或有民俗特色的镜框，铝合金材料的镜框不适合装剪纸；剪纸的大小要视装饰空间的大小来定，装饰的面积大则剪纸宜大，面积小则剪纸宜小。剪纸的外形要视装饰面积的形状来定，例如方形的窗子适合贴圆形剪纸、圆形的窗子适合贴方形剪纸。

3. 用乡村农作物装饰

乡村的农作物有：麦穗、谷穗、黍子穗、高粱头、葵花头、豆荚等。如砍一把长短不一的高粱头，用麻绳捆好插入一个老木桩内，将捆好的谷穗插入葫芦里，将绑好的黍子插入绑在一起的竹筒里，然后摆在客房内的墙角里、柜子上，就成为一盆体现乡村特色的盆景。又如将葫芦瓢做成的漏勺扣着固定在高粱节作的笫子上，在漏勺的眼内插上豆荚枝、麦穗、谷穗等就是一个独具特色的壁挂，挂在客房的墙上别具乡村风味。

作装饰的农作物应在成熟之前进行采集，因为成熟作物容易掉粒，影响饰物的美观。在作装饰物之前，还要对农作物进行简单的防腐处理。

4. 用乡野的植物装饰

乡野的植物有山花、蒲棒、野草等。

5. 用藤编、草编制品装饰

山野的藤条，可以编成形态各异的筐篓，可以做成奇形怪状的壁挂。老玉米的皮、河边的蒲草，可以编成草墩，可以打成坐垫。这些东西可以放在炕上，摆在桌上，挂在墙上，既有一定的使用价值，又能营造出乡村旅舍的乡土氛围。

（三）乡村旅舍住宿创意开发

1. 以整体创意打造乡村旅舍的住宿功能特色

住宿功能的发展空间大，发展样式多。其中，最直接、最有效的便是根据乡村旅舍的整体定位，打造与旅舍品牌相称的特色住宿服务。如图 3-2 所示。

图 3-2　乡村旅游住宿 1

如我国台湾的宜兰香格里拉休闲农场海拔 250 米，四面环山，景色清丽，气候宜人，年平均气温 25 摄氏度，四季如春，终年适合游玩。农场兼具采果、休闲、度假、生态等多种功能，设有欧式森林小屋，周边遍植山花，住宿功能与农场定位相当契合，打造出仙境般的住宿环境，产生了强烈的品牌效应。休闲农庄内设有清新雅致的住宿设施，共 106 间不同档次的乡野套房。旅客在房间内可以一览农场的美景，而且还会收到农场赠送的景观果园门票，并可免费参加民俗活动。其住宿功能不局限于提供夜宿，更甚于将住宿功能与体验、产品功能相结合，整合出具备高度品牌意识的特色休闲旅游。如图 3-3 所示。

2. 以文化创意开发农庄住宿功能的类型

乡村旅舍类型多样，不同类型的旅舍有不同的文化背景和定位，在对其各功能的创意进行开发时，要根据其自身的文化内涵与格调量身定做不同的个性化方案。

（1）自然景观文化型

该类型乡村旅舍远离城市，自然生态良好，是城市游客回归自然的好去处。其特点是空

图 3-3　乡村旅游住宿 2

气指数好、污染指数低、环境淳朴自然。

在住宿功能的创意开发中,不能破坏自然生态的优势,客房外墙可种植攀援植物,让住宿环境与自然环境融汇在一起。如图 3-4 所示。

图 3-4　乡村旅游住宿 3

客房外走道处摆放园林特色盆景。客房内部陈设小型花卉、盆景。卫生间内摆放绿色植物以清新空气。客房内墙可贴园林特色的花卉、苗木墙纸,环保又自然。该类型乡村旅舍一般依山傍水,周围自然景观便是最大的特色。根据这一文化特点,其住宿功能也兼顾景点介绍,因而在客房内放置大量旅游景点的介绍、交通等攻略。

(2) 农田景观文化型

此类型乡村旅舍以花卉、盆景、苗木、果品为特色项目,提供农家菜品、果品、农特产等吸引游客前来观光、赏景、休闲。此类乡村旅舍别墅型住宿可采用小木屋形式,客房周围布置以小片农田围绕,别有一番风味。在客房内盛放些当季现摘的水果供游客食用,让住客感受到主人的热诚。在果品收成旺季,可提供创意果品(如水果馅饼)作为早餐提供给住客。如图 3-5 所示。

(3) 餐饮养生文化型

该类型利用当地的农副产品吸引游客前来品尝农家菜,达到养生健身的目的。这类乡村旅舍重在餐饮养生,因而抓住该特点在客房内放置养生菜品介绍,提供点菜送餐等贴心服务,也可将养生特色菜制成半成品装入礼盒供住客外带。

针对乡村旅舍的购物等功能,在客房内应设有多柜多箱以及购物清单等便民措施。对需冷藏的农产品,客房部提供冰柜等冷藏服务。这类乡村旅舍多为多功能旅舍,游客一般为中高层消费者。在住宿功能上要相对丰富,在客房外部设计与旅舍相统一的同时,客房内部设计可相对奢华。如图 3-6 所示。

图 3-5　乡村旅游住宿 4

图 3-6　乡村旅游住宿 5

（4）民俗风情文化型

该类型以民俗风情村寨为特色，利用当地民俗文化、民族文化和村寨建筑吸引游客。该类型休闲农庄民俗特色与众不同，文化内涵深刻。因此将深刻的文化底蕴融入住宿功能，定会收获丰盛。

住宿客房的设计需与民俗风情相统一，客房走道以民俗小品作装饰。客房内部以民俗挂饰、风景画作装饰。在对住宿功能进行个性化设置的过程中，应以介绍当地乡村文化、自然风光为主。房内可摆放景点宣传册等刊物。住客退房时赠以民俗配饰作礼物，既可让住客留念并加深印象，提高重游率，又可增加潜在游客。

此外，为提高游客的重游率，吸引不同层次的游客，住宿标准可分层分类。根据各自具体的文化特征，划分不同级别的住宿功能。客房不必千篇一律，可各有主题、各具特色。例如，将住宿区划分为四区，分别以"春、夏、秋、冬"四季当地观赏植物的特征作为客房特色，可用这些植物作摆设、小品、挂饰等。如图 3-7 所示。

图 3-7　乡村旅游住宿 6

3. 以科技创意提升乡村旅舍住宿功能的内涵

乡村旅舍作为乡村旅游的重要组成部分，必须依靠现代科技的力量，才能让旅舍经营得又好又快。将现代科技与住宿功能的创意开发相结合，可以吸引更多的年轻游客。

（1）现代网络科技

如今网络已经走进千家万户，走入我们的生活，成为我们生活中不可或缺的一部分。所以网络营销将是一种趋势，会成为企业宣传的一种重要途径。在互联网时代，只有会正确准确地利用互联网的人才能在未来的竞争中抢占先机。在移动互联网时代，"在线"已成为无数年轻人的习惯。当一天的游玩观赏结束之后，躺在客房内的游客，特别是年轻游客，会使用手机或者其他移动终端进入网络，发微博、发朋友圈，分享一天的游乐心得与感想。这种人际关系网络的分享，在吸引游客方面会发挥巨大的作用。另外，应在客房内提供多插口插座，让客人可以同时为自己的手提电脑、数码相机充电，以免给客人重复充电带来麻烦。

（2）现代农业科技

一个有创意的住宿环境，也可以将农业用材融入科技。例如某些柴草热水器，只需用农村废弃的废木材、枯树枝、棉花秆、秸秆、玉米芯、果核等可再生的资源为燃料，通过气化燃烧原理，点火就能有热水，随用随烧。柴草热水器的适应性强、安全性高，节能高效且成本低。这一定会让在城市中不曾使用过柴草热水器的游客感到既惊喜又兴奋。

4. 以艺术创意拓展乡村旅舍住宿功能的形式

艺术是提升乡村旅舍水准境界的必经之路。艺术作为一种文化现象，为满足主观与情感的需求，也是日常生活进行娱乐的特殊方式。各种乡村旅舍之间的住宿功能要形成差异化、个性化，可依托艺术的不同表现形式来塑造。

（1）音乐创意

根据不同类型、不同文化内涵的乡村旅舍，在客房入口处与走道间播放与该乡村旅舍特色相符的音乐，让耳朵也进入大自然的怀抱，从而使整个心神都走进旅舍。但需注意：背景音乐不要常年只播放同一首曲子，应有更多的选择，让客人的情绪随音乐放松。

（2）建筑创意

乡村旅舍的住宿建筑，应根据不同类型设计成不同风格，而不是单调的结构。如树屋、水上小屋、蒙古包，甚至帐篷等。如图 3-8 所示。

（3）绘画创意

结合乡村旅舍的特色，在住宿内、外立面上进行绘画创作，也可作为小品、摆设添置于客房内外的走道两边，以激发游客对乡村旅舍的情感与归属感。如在住宿的外墙涂上与乡村旅舍风格一致的民间涂鸦，可以是农家鸡鸭等形象，也可以是农家过节欢聚愉快氛围的写

图 3-8 乡村旅游住宿 7

实,画风及主题都结合了"农"字的特色,却不失创意个性,能给人留下深刻的印象。如图 3-9 所示。

图 3-9 乡村旅游住宿 8

福建土楼

福建永定土楼民俗文化村被誉为"福建最美丽的乡村",这里有美丽的山水和神奇的土楼古建筑,森林覆盖,四季如春,冬暖夏凉。土楼乡村旅舍以休闲娱乐、田园风光来体现"绿色——自然——土楼——人家——健康"的主题。其住宿也很有特色,农家按照客家人的风俗习惯来安排客房。游客入住古香古色的土楼客房,可享受土楼人家的生活,还可与土楼居民共用餐、泡茶、拉家常等。除特色客房外,还可为游客提供农家新民居带点现代化的客房,配备有 DVD 播放室、骑车吧、网络、茶室、独立和公共浴室、自助洗衣房等，提供车票机票预订、代发邮件、CD 刻录、行李寄存、二手货代售等服务，真正做到了标准化和个性化相结合，可供游客自由选择，满足了游客的需求。

 技能训练

内容：以小组形式，分析讨论在乡村旅舍住宿设计中，如何体现"人性化、特色化和个性化"。

步骤：

（1）5人为一小组。

（2）小组收集资料后讨论，列出问题要点。

（3）制作 PPT 并汇报。

任务三 乡村旅舍客房接待服务

接待服务是满足乡村旅舍入住客人普遍的、重复的、有规律的基本需求的日常服务工作，是向客人承诺并在客房服务项目中明文规定的服务。接待服务是乡村旅舍的生命，更是乡村旅舍的主要产品。只有不断提高服务质量，才能赢得更多的客人。总之，高水平的服务是乡村旅舍生存和发展之本。

客房服务包含哪些内容？概括地说，要能满足客人两方面的需求：一是物质需求。即提供清洁、美观、舒适、方便的居住空间，配备高质量的生活设备和用品；二是精神需求。即通过提供全方位高质量的服务，使客人感受到服务人员的热情、好客，体贴入微的关怀，找到回家的感觉。只有能同时满足上述两种需求的服务，才称得上是完整的客房服务。而在具备能满足客人需求的基本设施和物资的基础上，服务人员的服务活动可谓起着主导作用。服务是客人最期望得到的商品，由服务人员热情礼貌、细致周到的服务态度，体贴入微、恰到好处的服务方式，训练有素、灵活熟练的服务技巧，内容丰富的服务项目所组成的服务活动不仅具有特殊的使用价值，而且比设施物资更重要、更有意义。

乡村旅舍客房服务人员不仅要树立"宾客至上、服务第一"的观念，乐于服务、热情服务，还要全面掌握服务的技能技巧，迅速服务、善于服务，使客房服务质量达到较高的水平。

（一）接待服务的要求

1. 真诚主动

客房服务人员对客人的态度，通常是客人衡量一个乡村旅舍服务质量优劣的标尺。真诚是他们对客人态度好的最直接的表现形式。因此，客房服务首先要突出"真诚"二字，提供感情服务，避免单纯的任务服务。我们通常所说的提供主动的服务，就是以真诚为基础的一种自然、亲切的服务。主动服务来源于细心，即在预测到客人的需要时，把服务工作做在客人开口之前。如客人接待朋友时，主动送上茶水。这些看似分外的工作，却是客房服务人员应尽的义务，更是优质服务的具体体现。客房服务人员要把客人当作自己请来的朋友一样接待，真诚地想客人之所想、急客人之所急。如果能做到这一点，也就抓住了最佳服务的实质。

2. 礼貌热情

喜来登饭店管理集团曾花巨资对饭店顾客进行了三年的专项调查，结果发现客人将员工是否"在遇见客人时先微笑，然后再礼貌地打招呼"列为对饭店服务员是否满意的第一个标准。由此可见礼貌热情在客人眼中的重要性。

礼貌待客是处理好客情关系最基本的手段，在服务人员的外表上表现为整洁的仪容、仪表；在语言上表现为自然得体的话语及悦耳动听的语音语调；在态度上表现为落落大方的气质。热情待客会使得客人消除异地的陌生感和不安全感，增强对服务人员的信赖。客房服务人员应做到：客来热情欢迎、客住热情服务、客走热情欢送，并把面带微笑始终贯穿于服务的全过程。这样才能表现出服务人员自身的良好素质，为企业塑造良好的形象。

3. 耐心周到

客人的多样性和服务工作的多变性，要求服务人员能正确处理各种各样的问题，并能承担起委屈、责备、刁难，耐心地、持之以恒地做好对客服务工作。服务人员要掌握客人在客房生活期间的心理特点、生活习惯等，从各方面为客人创造舒适的住宿环境。通过对客人方方面面的照顾、关心，把周到的服务做到实处，才能体现"家外之家"的真正含义。

4. 舒适方便

舒适方便是住客最基本的要求。客房是宾客入住乡村旅舍后长时间逗留的场所，因此宾客对客房舒适、方便的要求也是最高的。如服务人员应定期翻转床垫，以保证床垫不会产生局部凹陷；应留意宾客用品的日常摆放，以方便客人使用。这也是乡村旅舍为宾客提供一个"家外之家"的前提。

5. 尊重隐私

客房是客人的"家外之家"，客人是"家"的主人，而服务人员则是客人的管家或侍者，尊重主人隐私是管家和侍者应具备的基本素质。作为乡村旅舍的工作人员，有义务尊重住客的隐私。在尊重客人隐私方面，客房服务人员应不打听、不议论、不传播、不翻看客人的书刊资料等，做到为客人保密。

6. 准确高效

准确高效是指为客人提供快速而准确的服务。效率服务是现代快节奏生活的需要，是优质服务的重要保证。服务质量中最容易引发客人投诉的就是等待时间长，因此国际上一些著名的酒店对客房的各项服务往往都有明确的时间限制。比如，著名的希尔顿酒店就要求客房服务员在 25 分钟之内将一间客房整理成符合卫生标准的房间。

（二）客房日常接待服务

客房接待服务一般分为迎客服务、住客服务和送客服务三个环节。

1. 迎客服务

客人到达前做的准备工作，是接待服务过程中的第一个环节，要求做到充分、周密和准确，并在客人到达乡村旅舍前完成。只有这样，才能为整个住宿接待工作的顺利进行奠定良好的基础。

（1）了解情况

询问客人是散客还是团体，了解客人的生活习惯、人数、性别、活动日程安排等信息。

(2) 布置好房间

在客人到达之前,根据客人的风俗习惯、生活特点和接待规格,调整家具设备,铺好床、备好水、水杯、茶叶、水具及其他生活用品和卫生用品等。布置好客房后,要进行一次细致的检查。如有破损的,要及时修理和更换。前一天没有人住的房间,卫生间水龙头须放水,直到水清为止。对客人在宗教信仰方面忌讳的用品,要及时从客房撤出来。例如,接待伊斯兰教客人时,客房内如有用猪毛做的衣刷等都必须收藏或调换为其他的代用品,这点绝不能疏忽,以免给客人造成不好的影响。

(3) 迎接客人

客人到达时,要微笑问好,帮助客人提拿行李引领入房。进房后应征求客人意见摆放行李,并向客人简要介绍一下房内的设备。需要注意的是,向客人介绍房间设备时,为避免过多打扰客人或避免客人产生误会,服务员应根据经验把握这样一个原则:特殊设备一定得介绍,语言得体,简明扼要。最后,向客人道别并祝客人旅行愉快。

2. 住客服务

客人住店后,会有各种需要,而且要求快。客房服务员要做大量琐碎的、看起来很不起眼的工作。但是,"服务无小事",若这些都做不到、做不好,就会影响接待的服务质量,甚至影响乡村旅舍的形象。

(1) 送水服务

乡村旅舍的客房若没有配备热水装置,客房服务人员则要为住客提供送水服务。该服务的要点是:服务员每天给客人送两次水,早晚各一次;客人有时会要求送茶水,服务员应及时提供服务,并问清楚客人是要哪一种茶;注意观察,当有人来拜访客人时,要主动问客人是否需要送茶水,及时提供适时的服务。

(2) 其他服务

除了整理房间、送水服务外,有的乡村旅舍还提供擦鞋、缝补等其他服务。其目的是为客人提供更多便利,进一步提高自家旅舍的服务质量,提升自身形象。以擦鞋服务为例,遇到雨雪天气,客人从外面归来,鞋上往往会沾有泥土。如果服务人员主动上前帮助客人将鞋子擦干净,就会令客人满意,同时也可以避免弄脏房间的地毯。

客人住在乡村旅舍期间,要严格执行已制定的服务规范和标准。服务质量控制以预防为主,发现质量问题及时纠正,避免重复发生。

3. 送客服务

客人离开乡村旅舍前后的服务是接待工作的最后一个环节。对重要客人或常客,乡村旅舍的经营者应主动征求意见,掌握客人离开的准确时间,并提醒客人检查自己的行李物品,以免发生遗漏。协助客人提拿行李,引领并把客人送到车上或大门口,与客人热情道别。

在这一环节,要特别注意善后工作。客房服务人员要迅速进房仔细检查,如有遗留物品,应立即派人归还;一定要一丝不苟地、忠实地替客人办好这些事情,体现善始善终对客服务的良好态度和行动。另外,还应检查客房设备和用品有无损坏和丢失。如发现损坏和丢失现象,应及时上报。检查完毕后,客房服务人员即可开始清扫客房,以便重新出租。

(三) 如何做好客房的细致服务

1. 了解客人兴趣爱好

"投其所好"的服务是在规范服务基础上的升华,是让客人对乡村旅舍产生信任和认同感的有效手段。因此,服务人员应该在工作中眼观六路、耳听八方,及时发现并准确判断出客人的兴趣爱好,以便为客人提供恰到好处的服务。

(1) 眼观六路，洞察客人兴趣

客人的兴趣爱好多种多样，服务人员要善于发现，才能做好有针对性的服务。例如，当了解到某位客人有某一方面的兴趣（音乐、运动、烹饪等）时，在与该客人进行交流时，可以主动谈及该类话题；在一些特别的日子里，可主动赠送客人一张客人喜爱的音乐 CD、一件与运动有关的小饰物、一本关于烹饪的书等。

(2) 耳听八方，捕捉客人爱好

要做好客房的细致服务，不仅要善于"看"，还要善于"听"，即通过与客人的交流发现客人的爱好，并为之提供相应的服务。例如了解到某位客人平时喜爱吃某类水果或常饮某类酒水饮料，在每次给该客人送水果或赠送酒水饮料时可适当加入客人喜爱的品种。若乡村旅舍平时无法提供该类水果或酒水饮料，也可以在某个特别的日子专门为该客人奉上他喜爱的水果或酒水饮料。

2. 尊重客人的生活习惯

客人房间任何一点细小的变化和摆设都可能是服务员发现客人生活习惯的源头，而根据客人生活习惯提供个性化服务无疑会让客人感受到不一般的惊喜。通过客史档案和日常服务中的观察，了解客人生活习惯，主动为客人提供个性化服务，让客人求得尊重的需求得到最大程度的满足。

(1) 根据客人意愿调整客用品的配置

客房客用品配备有一定的数量标准，但根据客人需要可以适当增减。如果客人会在房间办公或有写信的习惯，应主动增加信纸、信封；如果客人常泡某种茶，服务员在每次补充茶包时，应适当增加此种茶包的配备量。

(2) 根据客人要求安排清扫时间

每位客人作息时间不一，清扫客房时一定要根据客人的需求，事先征求客人的意见。如果客人有午睡的习惯，那么每天都应在中午前优先整理好该房间，以便客人午休。

(3) 根据客人情况调整服务规范

服务规范是根据客人共性需求制订出来的，但遇到具体客人时还需要加以变通。例如按规范，服务员把客人引领进房时，应向客人介绍客房的设备设施，但如果是常客就可以不用介绍。

3. 做好服务的延伸

服务的延伸是优质服务的必备条件。服务要恰到好处，延伸是对服务员服务水平的一个考量。例如，当见到床头柜上客人看的一本书倒扣着，服务员应主动给夹上一张小书签或便条纸，标明该处书页的页数。这一延伸服务给客人带来的惊喜，自然是不言而喻的。

粗心的小于

某住客刘先生在结账离店时，客房服务员小于查房完毕后向总台收款台报称此房没有任何问题。刘先生在离店不久之后便返回饭店，诉说他的一架数码照相机遗忘在房间了，总台接待员让客房服务员小于再次到房间内寻找，还是没有发现。但刘先生肯定地说："我的数码照相机一定在房间内。"于是，大堂副理亲自陪同客人回到房间内寻找，结果在床上的床单下找到了。大堂副理连忙向刘先生道歉，刘先生宽容地说："没关系，找着就好了。"

评析：如果小于在第一次查房时就能发现刘先生遗留在房间内的数码照相机，刘先生肯定会在惊叹自己粗心的同时，对饭店的优质服务深表谢意。本案例发生的情况表明，客房服务员小于的工作责任心不强，在查房两次的情况下，竟然没有发现相机，这种疏漏的发生实在不应该。在日常工作中，许多服务员会贪图方便而没有很好地执行客房的服务质量标准。客房服务员在查房时往往将重点放在饭店的设施设备有无损坏、非一次性的客用品有无缺损、客人有无动用小酒吧的饮料、食品上等，但较易忽略是否有客人的遗留物品。所以，客房服务员必须在思想上增强服务意识，从每一个人、每一件事、每一个环节做起，提高饭店的服务效率和服务质量，从而真正赢得客人的心。

内容：假设情境，针对以下情况展开讨论：客人丢失现金或物品；客人发生伤病；发现客人用毛巾或床单擦皮鞋；客人要求增加枕头；客人退房时，查房后发现少了一条面巾。

步骤：

（1）5人为一个小组，以组为单位进行讨论，并汇总讨论结果。

（2）每组选出一名代表发言，交流分享学习成果。

（3）教师点评。

莫干山旧房改造民宿设计案例

项目位于浙江德清莫干山镇牟高坞峡谷深处，建筑位于峡谷底部约10米的山坡上，混居于古村落的尽头。建筑坐北朝南，背靠山坡翠竹林，峡谷底部有条山涧溪流穿过，远处便是莫干山幽长远阔的苍翠景色。

经过分析，建筑所处大环境虽好，但建筑前庭院过窄，围墙外一条村道路过显得不够私密，建筑后面紧靠老挡土石墙青苔长满、翠竹成片，景色悠然，房子为2层木结构夯土墙传统建筑，约90年历史，几年前因着火1/3建筑已全部坍塌，加上年久失修地面满是青苔和杂草丛生，并有些阴暗。

旧房改造前

根据环境的利弊，决定加高建筑前院围墙使庭院更加私密。为保证后院的美景能纳入室内，启用室内具有室外感的设计理念，使用高大通透的大面积玻璃高窗，朝北的屋面再增设部分采光天窗，让室内完全通透，具有十分明显的室外感。当客人从大门进入室内时，一眼就能发现后院幽美开阔的景色。当地人擅长的石头大门，从开放空间进入私密空间的过渡，门口的装饰特别重要。回收的旧石板铺设的庭院显得特别安静，瞭望远处云雾缭绕的是莫干山谷，感觉空气特别清新。

一楼设计全开放式的客厅、厨房、水吧，在相对私密的位置安排了一张榻榻米大床，能满足相对多人的入住，主要是让前来度假的孩子们可有相对私密的玩耍空间。户外前院设计了SPA冲浪池，为保证私密度，选择在比较私密的拐角处，以亭子方式的建造错开高度俯瞰的所有视线，让客人的每个时光都能惬意无比。室内装修用回收的建筑旧木营造，不用化学油漆，全部采用天然木蜡油完成，让空间完全回归到生态自然状态。通常的餐桌极具杀伤力，能满足8~12人的正餐，户外也同时配备披萨、烧烤、餐桌和沙发区，可以根据客人的心情需要决定。后窗风景的导入，也成为此老房改造的亮点。开放的大厨房有些夸张，为了满足众多客人可以同时参与料理，共享度假欢乐的时光，顶面天窗采光的设计让室内更具室外感。吧台后背暗藏顶级的BOSS音箱设备和TV设备，可以移门推开却又不经意被发现，是为了不同客人的需求而设计。柔然舒适的多功能榻榻米房，为满足度假时超出人数而准备，能满足2~4人同时入住，也可供儿童在此开心玩耍。

二楼设计拥有两个景观房间，每间客房附带超大的私人露台。客人躺在沙滩椅上喝下午茶点的同时，晒个阳光浴就能充分放松心情，享受度假的时间。露台的栏杆以花坛方式完成，上面种满了酒红色的夏威夷玫瑰，空气中弥漫着淡雅的玫瑰芳香，山谷的幽静让人心境无暇。其实露台还有特别的功能，即为未来消防疏散之用，并且附带安全楼梯通往一楼院子，作为消防安全通道。为了保证室外的风景能以最好的角度进入室内，每个开窗位置多被精心安排，让每一个窗子像一幅画一样，根据四季变幻的风景导入室内。特别是二楼房间内的浴缸位置设计，躺在浴缸的位置才会领略它的独到之处，触手可及的香槟酒，无意间打开了客人的心扉，让人感到无比的惬意。精心挑选制作的橘色旧瓶灯，让房间色温倍感温馨，床品按5星级酒店的标准配置柔然舒适，房间配备一应俱全，让客人体验乡村5星的标准。

旧房改造后

本案例设计的主题是利用即将被废弃的建筑空间对接自然的户外，构建具有国际标准的度假空间，寻求和帮助那些被遗忘的地方得以共享，营造出高端私密、幽静、古朴、素雅的休闲意境。

建造分析：老房子在改造过程中，首先保留老建筑残墙木构的历史痕迹。因为它是传承历史文化的载体，能保持当地的文化历史得到延续。

空间绿色：通过最佳的物理通风保温，打造最佳的冬暖夏凉的建筑。

建造环保：75%的材料可回收再利用，95%的材料为本地化。

节约能耗：照明系统全部使用Led节能光源，本案例设计为230w。

劳力资源：99%雇用当地劳动力。

（资料来源：搜狐网——唯美乡村）

阅读案例，回答以下问题。

崇明"农家旅舍"的泥土味为何淡了？

《新民晚报》记者上周末探访前卫村56户旅游接待户，发现硬件配备全了、卫生讲究了，但游客的兴致却高不起来了……

住进农家小院，尝尝农家特色小菜，跟着农家主人一起干干农家活，同享农家的快乐与欢笑，"农家旅舍"旅游以浓浓的"农"味，吸引着城里人下乡去。

吃在农家、住在农家，卫生干净吗？走在田间、游在乡村，"农"味还足吗？上周末，本报记者近距离探访崇明县前卫村56户"农家旅舍"旅游接待户。

农家厨房灶头洁净　消毒到位

农家大灶头上煮出来的大锅饭喷香，紧挨着灶头的是装了空调和消毒设施的消毒间，再过去是冷菜准备间。前卫村大部分"农家旅舍"接待户的厨房宽敞明亮，生熟食品基本做到了分开，冷菜准备大多在有空调的冷菜间里完成，部分人家保留了农家灶头，几乎家家新建了消毒间，统一品牌的大冷柜里放着鸡、鸭、鱼、肉等冷冻食品，操作台上是各色农家新鲜蔬菜。

如今在前卫村，农家菜大多已不是农家自留地里的菜，而是村里现代化蔬菜园艺场里出产的时令菜；鸡也不是各家各户散养的草鸡，而是村里养殖场散养、半散养的鸡，称为家户鸡。

农家客房床单雪白　被子清爽

农家客房床上都铺了雪白的床单，目的是给人以干净卫生、眼看得到的清爽感觉。据介绍，以前前卫村"农家旅舍"客房里用的是花格子床单，虽有农家特色，但白色的床单更能赢得市区游客的信赖。而被套、枕套各家各户还保留着自家的风格，花的、格子的都有。

村里规定，每户需按床位数的3倍配备床单、被套、枕套。每天，村里都会派专人到各家各户收集换下来的床上用品，送到县里宾馆统一消毒清洗。所有"农家旅舍"客房床上用品一客一换，卫生间一次性洗漱用品也由村里统一配送，每天更换。

农家旅游稻麦难见　表演太多

现在，前卫村绿化率达到了48%，随处可见绿树成荫，但稻、麦、油菜等农作物已不再种植，住在农家小院，基本没有机会跟着农家主人去干农家活，能做的就是跟着主人去蔬菜大棚参观现代农业。

前卫村辟出了一个瀛洲古村，那儿陈列着崇明传统的农家用具像水车、织布机、独轮车等等，但更多的是展示、表演，而不是让人参与，游人在这儿也仅是"点到为止"。不少带着孩子来"农家旅舍"的家长最乐意做的是让孩子在水车、织布机旁摆个造型，拍个照。

"农"味少了，前卫村却花巨资建了不少旅游新景点，像木化石馆、根雕馆等，一个蝴蝶馆又在筹建之中。

农家门票收费不少　惹起争议

进村先买一张35元的门票，目前已成规矩，凭这张门票可以参观村里5个主要旅游景点。吃顿饭也要买门票，不看景点也要买门票，让游人不快。而村里也有苦衷：村里投入巨资完善了旅游设施，新建了不少旅游景点，前卫村从某种意义上来说已是一个旅游点——买门票进旅游点是国内旅游业通行的做法。

（资料来源：http://news.jschina.com.cn2006-9-12）

问题：（1）你对"崇明'乡村旅舍'的泥土味为何淡了？"这篇文章有何想法？
　　　（2）谈谈如何避免"乡村旅舍城市化倾向"。

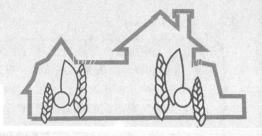

项目四
乡村旅游餐饮开发与设计

项目目标

技能点：通过本项目的学习，学生能够对乡村餐厅进行设计与环境氛围的营造，同时熟练进行餐厅菜肴的开发与创新，并做好就餐客人的接待服务。

知识点：了解乡村餐厅硬件配置与基本标准，掌握乡村餐厅环境的营造，熟悉厨物管理，明确食品处理区卫生要求；了解乡村菜肴的特点，明确乡村菜肴的质量评价标准，掌握乡村菜肴的设计与创新；熟悉乡村餐厅接待服务程序。

验收点：要求学生能够学会乡村餐厅的设计与环境氛围的营造，并能够熟练进行餐厅菜肴的开发与创新，并做好餐饮日常接待工作。

课程导入

章小玲的管理"经"

石梁景区群山环绕，气候舒适，环境优美，章小玲的"茶香农家乐"就坐落在其中。章小玲开办这家农家乐已经有4年了，凭着山里人的淳朴、热情把农家乐经营得红红火火。

其实一开始，办好农家乐并不是一件容易的事。遍地开花的农家乐，生意竞争也很激烈。加上一般农家乐都是以家庭模式为主，规模并不大，没有城里饭店豪华的装修，也没有大厨师的特技，因此用什么才能留住游客是当时章小玲想得最多的问题。

"耳听不如眼见实，拿自家跟人家比，学起来才有门道。"章小玲头脑灵活，深知如果不经常学习、不善于改善经营，农家乐就不会长久生意兴隆，毕竟开不到几个月就倒闭的例子实在太多了。从目前情况来看，农家乐市场前景还是很大的，特别是石梁景点风景优美，吸引的客人越来越多。当然除了要求菜品好吃外，农家乐最关键的还是要做到干净卫生。于是，章小玲决定外出考察并学习别人是如何办好农家乐的。她专程跑到外地有名的农家乐去做了两个月服务员，以更好地学习农家乐经营、管理以及特色菜的做法。她休息时间经常跑到书店购买烹饪、管理书籍，还积极参加县里的农家乐培训班。

"提高农家乐的品位，要从厨房做起。"章小玲说，看了其他地方办得很好的农家乐的厨房，才知道这里面大有学问，"同样是厨房，他们的却很整洁、卫生、清爽；同样是烧柴，他们的却很节省。"学习期间，章小玲还特意带了相机给那儿的厨房拍了照。回家做的第一件事，就是对着照片依样画葫芦，进行厨房革命。贴瓷砖，隔房间，更新厨卫设施……在章小玲的努力下，她的农家乐卫生情况得到了很大的改善。

同时她还严格按照《质量管理法》《食品卫生法》《消费者权益保护法》等要求，不销售"三无"产品、假冒伪劣产品，确保进货渠道正规，并建立台账；至于农产品、土特产品等，自产的都严格按照生产程序及规范执行，外购的则从信誉好、有实力的大户或大企业采购，并建立管理制度；严格按照食品卫生操作规程生产，注意食品的安全，对过期、变质食品做到自觉销毁处理；严格进行卫生消毒，做到一客一换、勤更换、勤打扫。

章小玲说，食品卫生和安全直接关系着消费者的生命健康，是饮食服务工作的重中之重，也是一项农家乐经营户需要常抓不懈的工作。她会努力增强食品质量安全意识，创建和保护"景区农家乐"的质量品牌。

（资料来源：天台新闻网，戴月华）

任务一　乡村餐厅的建设

常言道："美味在民间，好菜在农家"。现代城市人钟情于野菜杂粮和民间小吃，这给乡村旅舍的经营者带来了无限生机。如今，健康、绿色、保健、美味的特色餐饮成为乡村旅舍招徕游客的杀手锏。随着人们对休闲旅游的要求越来越高，游客在就餐时越来越关注包括空气质量在内的就餐环境、舒适程度、餐饮品种、科学营养等问题，于是对乡村餐厅提出了更高的要求。它不仅要拥有自然生态的就餐环境，更主要的是靠绿色食品来吸引消费者。如图 4-1 所示。

图 4-1　乡村旅游餐厅 1

（一）乡村餐厅的硬件配置与基本标准

1. 硬件配置

乡村餐厅在硬件设施的配置上，可参照卫生部推行的食品卫生量化分级管理要求，结合乡村餐饮服务的特点以及餐厅的规模大小，分间或分区设立粗加工区、切配区、烹调加工区和就餐区。规模较大者可分间设立，规模较小者可分区设立。

（1）粗加工区

乡村餐厅的粗加工区可配备洗菜池 3 个和洗拖把池 1 个，洗菜池分别用作蔬菜、肉类、水产品的清洗。

（2）切配区

乡村餐厅的切配区可配备切配台、切配工具和足够数量的冷藏和冷冻设施。

（3）烹调加工区

乡村餐厅的烹调加工区可配备烹调设备、排油烟设备、餐具消毒柜、保洁柜和餐具洗消水池。为了保持乡土性,在可能的情况下以农家土灶为佳。

(4) 就餐区

就餐区一则要求"三防"设施要到位,做到无蝇蚊、无蟑螂、无鼠迹;二则卫生间必须配备水冲式厕所,有流动水的洗手设备,饮用水水质符合国家卫生标准。

2. 基本标准

(1) 厨房布局整体合理

1) 一字型。这种设计是所有工作都在一条直线上完成主要是因空间不大、走廊狭窄。建议工作台不宜太长,高度一般为 75～85 厘米以感觉舒适为准,以免降低效率。

2) L 型。这种设计是将清洗、配膳、烹调三个中心依次连接,空间运用比较经济。要注意的是,L 型的一面不要过长,灶具也不宜靠窗,以免风吹灶火而引起火灾。

3) U 型。U 型布局要求厨房的空间较大。可将配膳和烹饪分开设计,水槽最好放在 U 型拐弯处,冰箱应摆放在工作时方便取物的位置。因其空间大,可增加一些日常饮食中常用物品的收藏柜,以便清洁卫生,也会使厨房整体看上去干净、整洁。

4) 走廊型。以两边平行线为分配标准,将清洗区、配膳区安排在一起,烹调区独立。

另外,在厨房空间小的布局设计下,可利用墙壁的合适、空余位置挂置一些烹饪用具、调料挂篮等等。注意操作间与实物库存房间要分开,使用面积要与接待能力相适应。

(2) 厨房排烟设施

厨房最好采用自然风窗,应与夏季主导风向一致,保证厨房油烟不四处扩散、不污染餐厅。但仅靠自然通风是不够的,还必须借助换气扇等通风排烟设施。

(3) 厨房消防设施

乡村一般消防意识比较薄弱,一旦发生厨房失火事件,往往很难控制。所以厨房需要配备灭火器、防火毯、黄沙等消防设施,一旦出现险情就可马上得到解决。

(4) 厨房墙面装饰

厨房的墙壁应该平整光洁,无裂缝凹陷,经久耐用且易于清洁,以免藏污纳垢。由于厨房墙壁和天花板一样处于湿度较大的环境,因此为了便于清洁和防止霉变,厨房墙面至天花板应铺满瓷砖。

(5) 消毒设备

厨房里需要有专用的碗、筷餐具消毒设备,最好有专用的消毒柜。洗完碗、筷后要直接放入消毒柜中,直到第二天使用消过毒的碗、筷为客人提供服务。

(6) 冰箱——设专用冰箱

厨房里应配备有冷藏及冷冻功能的冰箱和冰柜,用来储存需要保鲜的原材料和食品。特别是在夏季,由于气温高,食品和原材料容易腐烂变质,所以要配备专用的冰箱。

(二) 乡村餐厅环境的营造

乡村餐厅的环境从空间布置到营造都应以乡村生活为主题,如采用传统的四合院、茅草屋等造型来进行开发与设计,门上挂有极富传统农家气息的对联,庭院中饲养鸡、鸭等家禽,鱼池内养殖肥美的鱼虾,菜园种植野菜山蔬,餐厅一角展示传统的农耕器具,如锄头、牛车、斗笠、蓑衣等,甚至连餐厅使用的桌椅餐具也是具有乡村风味的板凳和碗筷。这种主题性餐饮的乡村餐厅乡土文化浓郁,使用的餐具也有不同于饭店餐厅的格调。因此慕名而来的游客,"吃"成了次要目的,首要目的在于品味"乡土"特色。于是,乡村的风味成为最吸引人的"一道菜"。自然的家庭氛围、质朴的生活方式、文明的休闲内容,是乡村旅舍吸引城里人的特色。乡村餐厅要吸引客人,用餐环境必须干净整洁,最好是有专门的餐厅,条件不好的也可以将自家庭院开辟出来。但一定要注意，如果将庭院作为餐厅则需要做好灭蝇、灭蚊、防尘、防风沙等工作。

1. 餐厅布置

餐厅布置一般包含餐厅门面（出入口）、餐厅空间、坐席空间、光线、色调、音响、空气调节及餐桌椅标准等。乡村餐厅在布置时，需注意以下事项。

① 餐厅出入口根据餐厅主题或所在地域乡村特色来布置，凸显餐厅的经营形态；
② 餐厅内部布置尽量运用农业及乡村文化特性来塑造气氛；
③ 餐厅场地布置要有令人温馨、愉悦、自在的感受；
④ 用餐区的地板、桌椅及墙壁、天花板、灯饰、纱门窗要保持清洁；
⑤ 餐厅的光线无论是采用自然光还是借助灯光，都要让客人有明亮舒适的感觉；
⑥ 避免厨房的嘈杂声与味道传到餐厅用餐区。

除一些具有以前乡村特色的桌椅外，其余的桌椅应尽量符合一般人的高度来定做。如图 4-2 所示。

图 4-2　乡村旅游餐厅 2

2. 环境要求

① 厨房天花板距离地面宜在 2.5 米以上，并选择能通风、减少油脂、吸附湿气的材料；
② 厨房墙面铺满瓷砖（贴瓷砖高度不低于 1.5 米）；
③ 厨房地面用防滑耐用、无吸附性以及容易洗涤的材料铺满。铺设时注意斜度，一般为 1.5~2 厘米，这样利于排水；
④ 餐厅远离禽畜圈养、屠宰等区域 25 米以上，符合防止环境污染等要求；
⑤ 厨房排水沟的宽度应在 20 厘米以上，深度不小于 15 厘米，水沟尽量避免弯曲；
⑥ 有足够通风设备与采光，通风排气口有防止虫媒、鼠媒或其他污染物质进入措施。

如图 4-3 所示。

图 4-3　乡村旅游餐厅 3

（三）厨物管理

1. 器具统一化

与居家自用不同，游客用餐讲究的是协调与舒适。但许多乡村餐厅使用餐桌、餐椅、餐具并不统一，经常可以在一家餐厅看见颜色式样各异的桌子和椅子，在一个餐桌上看到大大小小的盘子、高高低低的碗，塑料的、搪瓷的、铁质的一起上，给人以不整洁之感。因此，乡村餐厅需要根据自身的接待能力配备相应数量的餐具和器皿。如果能使用具有地方特色的餐具，效果会更好。

2. 食品原材料管理

"巧妇难为无米之炊"，厨房的原材料管理是乡村旅舍经营者要重点关注的。要做到真材实料，主要还得从原材料的准备、保管和使用3个方面入手。

（1）原材料的准备

乡村餐厅要重点对原材料的来源、渠道和质量进行把关。原材料以乡村特有的绿色蔬菜、山野菜、当年新粮、新鲜果品、肉食品为主，要提前准备充足。城里人吃的就是乡村饭菜的乡土特色和原汁原味。就拿野菜来说，过去人们是没得吃才挖野菜吃，而现在的城里人却开着小轿车到山里吃野菜。

同时，要善于辨别原材料的好坏。比如，肉、鱼、虾、蛋以及肉类熟食、豆制品等要注意是否变质；蔬菜类要保证新鲜清洁、成熟适度，不能过老过嫩，无严重病虫害和碰伤、压伤、冻伤；粮食类要籽粒完整、面粉松软，无黄变，光泽和色味正常；油脂类要保持色泽、黏度正常，无异味。

乡村旅舍选用的原材料大多都是自家的，比较容易在质量上把关、检查和控制。如果不是自家的，千万不能为了图便宜，从不法商人、小贩那里购买质量存在隐患的食品原材料，更不能自己在原材料上做手脚，打马虎眼。乡村旅舍要从有信誉、有监管的正规合法经营的农副食品市场进行采购，做到自己买得安心，让客人吃得放心。毕竟是要进肚子的东西，大意不得。

（2）原材料的保管

个体家庭经营的乡村旅舍规模较小，一般具备冷藏冷冻的设备就可以较好地做到食品原料的保鲜、保质。对于规模较大的"乡村旅舍"，要采取入库存放、按时检查、规范出货和仔细记账的办法，做好原材料的保管。

（3）原材料的使用

在原材料的使用上要严格执行食品卫生安全规定，足斤足两、保质保量、诚信经营、童叟无欺。游客来到乡村旅舍，就是相信咱们的真诚和朴实。所以，乡村旅舍菜肴的原材料要用符合国家标准的绿色、无公害农产品或本地特色优质农产品、动植物产品等；烹饪工艺要源于乡村传统加工制作方法，具有浓郁的乡土特色，保持原汁原味、营养丰富。同时，还要能够保证常年供应，且菜肴定价合理。

3. 饮用水卫生管理

乡村餐厅饮用水要符合饮用水水质标准，非使用自来水的地方应配置净水或消毒设备，使用前向当地饮用水主管机关申请检验，合格后方能使用。如果要持续使用，每年应重新申请检验。

4. 砧板与器皿

乡村餐厅砧板若使用不当或卫生清洁不良，很容易引起食品间相互污染，甚至引发食物中毒。因此，使用砧板尤其要注意分类并标示用途。为了避免熟食受到生鲜原料污染，最好配备4块砧板分开处理熟食、蔬果类、肉类、鱼贝类，并标明其用途。若无法达到上述要求，也至少应有2块砧板将生鲜原料与熟食成品分开处理。乡村餐厅常用器皿有刀、锅、锅铲、漏勺、配菜盘、滤网等，此类器皿在使用后应先清洗，再以热水、氯水或紫外线消毒，并应有专门位置用以贮放。

5. 废弃物及厨余处理

剩余的菜、厨余及其他废弃物要使用密盖垃圾桶或厨余桶进行适当处理，也可采用焚化、堆肥、掩埋、养猪及排入地下水道等措施。

（四）食品处理区卫生要求

1. 基本要求

① 乡村餐饮设施必须有餐厅、厨房、库房3部分。
② 餐厅、厨房、库房面积的比例应为1∶0.8∶0.2。
③ 冷荤（凉菜）制作有专用房间，面积不小于4平方米，并配有紫外线灯、冷藏箱、操作台和3个水池等专用设施。
④ 粗加工区分别设置畜禽食品、水产食品和蔬菜食品清洗池各　个。
⑤ 厨房内有足够容量的冷藏、冷冻设施。
⑥ 设置有供客人使用的洗手池。
⑦ 设备布局和工艺流程合理，防止交叉污染。

2. 地面与排水卫生要求

① 食品处理区地面应用无毒、无异味、不透水、不易积垢的材料铺设，且应平整、无裂缝。
② 粗加工、切配、餐饮用具清洗消毒和烹调等需经常冲洗场所、易潮湿场所的地面，且应易于清洗、防滑，排水坡度不小于1.5%，还要有排水系统。排水沟应有坡度，保持通畅、便于清洗，沟内不应设置其他管路，侧面和底面接合处宜有一定弧度（曲率半径不小于3厘米），并设有可拆卸的盖板。排水的流向应由高清洁操作区流向低清洁操作区，并有防止污水逆流的设计。
③ 排水沟出口应有防止有害动物侵入的设施。
④ 清洁操作区内不得设置明沟，应选用带水封地漏，目的是防止废弃物流入及浊气逸出。
⑤ 废水应排至废水处理系统或采用其他适当方法处理。

3. 墙壁与门窗卫生要求

① 食品处理区墙壁应采用无毒、无异味、不透水、平滑、不易积垢的浅色材料构筑。其墙角及柱角（墙壁与墙壁、墙壁及柱与地面、墙壁及柱与天花板）间宜有一定的弧度（曲率半径在3厘米以上），以防止积垢和便于清洗。
② 粗加工、切配、餐饮用具清洗消毒和烹调等需经常冲洗的场所、易潮湿场所，应有1.5米以上光滑、不吸水、浅色、耐用和易清洗的材料（例如瓷砖、合金材料等）制成的墙裙，各类专间应铺设到墙顶。
③ 食品处理区的门、窗应装配严密，与外界直接相通的门和可开启的窗应设有易于拆下清洗且不生锈的防蝇纱网或设置空气幕，与外界直接相通的门和各类专间的门应能自动关闭。窗户不宜设室内窗台，若有则其台面应向内侧倾斜（倾斜度宜在45度以上）。
④ 粗加工、切配、烹调、餐饮用具清洗消毒等场所和各类专间的门，应采用易清洗、不吸水的坚固材料制作。

⑤ 餐厅、厨房、库房要设置纱窗、门帘，并采取消除苍蝇、老鼠、蟑螂和其他有害昆虫的措施。

4. 屋顶与天花板卫生要求

① 加工经营场所天花板的设计应易于清扫，防止害虫隐匿和灰尘积聚，避免长霉或建筑材料脱落等情形发生。

② 食品处理区天花板应选用无毒、无异味、不吸水、表面光洁、耐腐蚀、耐高温、浅色材料涂覆或装修，天花板与横梁或墙壁接合处宜有一定弧度（曲率半径在 3 厘米以上）；水蒸气较多场所的天花板应有适当坡度，以在结构上减少凝结水的滴落。清洁操作区、准清洁操作区及其他半成品、成品暴露场所屋顶若为不平整的结构或有管道通过，应加设平整易于清洁的吊顶。

③ 厨房内应安置有效的排烟、通风设施。

5. 食物库房卫生要求

① 食品和非食品（不会导致食品污染的食品容器、包装材料、工具等物品除外）库房应分开设置。

② 食品库房宜根据贮存条件的不同分别设置，必要时设冷冻（藏）库。

③ 同一库房内贮存不同性质食品和物品的应分区存放，且不同区域应有明显的标志。

④ 库房应以无毒、坚固的材料建成，温湿度条件应利于食品的贮存保管，防止污染，且易于维持整洁，并应有防止动物侵入的装置（如库房门口设防鼠板）。

⑤ 库房内应设置足够数量的物品存放架，其结构及位置应能使储藏的食品距离墙壁、地面均在 10 厘米以上，以利于空气的流通及物品的搬运。

6. 食品原材料采购要求

① 采购食品及原料应向供货商要卫生许可证复印件、产品检验合格证明和发票。

② 建立验收制度，健全食品及原材料的进出台账。

③ 不得采购无卫生许可证的食品生产经营者供应的食品及未经检疫的禽、肉类及制品。

7. 餐饮用具清洗消毒及保洁要求

① 乡村餐饮用具的清洗消毒要设专用区域，面积不得小于 3 平方米。

② 采用化学药物消毒的应配置 3 个有足够容积的水池；采用消毒柜等物理性消毒的应配置 2 个水池；同时配置密闭餐具保洁柜。

③ 药物消毒程序：一刮、二洗、三消、四冲。

④ 配置 200~500 立升的消毒柜和足够的密闭餐具保洁柜，提倡使用热力消毒方法。

⑤ 有密闭的垃圾容器。

8. 食品贮存要求

① 应有满足贮存要求的食品仓库（柜），食品与非食品不得混放，食品必须分类、分架，离地隔墙 10 厘米。

② 食品不得与有毒有害物品同库存放。

③ 食品库房要有机械通风设施。

9. 加工过程卫生要求

① 不得利用腐败变质及其他不符合卫生要求的食品及原材料加工食品。

② 在加工过程中原材料、半成品、成品及其工具、容器不得交叉污染。

③ 食物必须烧熟煮透，中心温度大于 70 摄氏度，隔餐隔夜的熟制品食用前应充分加热。

④ 食物烹调好到食用前在常温下存放时间不得超过 2 小时。

乡村玻璃生态餐厅

该生态餐厅位于泰宁县朱口镇音山村,以音山温控大棚立体农业为主题,以"花样音山"乡村旅游为载体,凸显农家乐的休闲体验。

生态餐厅运用大面积的玻璃幕墙,将室内的视野全面打通,顾客坐在餐厅内可以全方位地欣赏窗外的美景。餐厅构想采用现代新型科技,打造集声、光、电于一体的视觉主题餐厅,体现现代感。

餐厅将农业与现代新型科技相结合,打破以往传统的原生态餐厅给人留下的刻板印象,实现情景与美食的交融,让顾客体验别样的生态餐厅。如图4-4所示。

图 4-4 乡村玻璃生态餐厅

内容:实地考察乡村旅游餐厅和后厨,并对餐厅环境的营造提出自己的看法及建议。

步骤:

(1)以小组为单位,到某乡村旅舍参观餐厅和后厨,提出合理化建议,并撰写参观体会。

(2)谈谈你对乡村餐厅环境营造的认识。

任务二 乡村菜肴开发

萝卜馅大团子、农家大饺子、板栗烧鸡块……这些菜名会给人一个整体印象,那就是"土"!没错,这些都是原汁原味的乡村菜肴。没有华丽的外表,不用大量的作料,乡村菜肴要体现的正是原汁原味。

(一)乡村菜肴的特点

1. 原材料新鲜,口味淳朴

乡村餐饮往往是就地取材,从而确保了原材料的新鲜。对于城里人来说,平时很少能吃到原汁原味的菜肴,故在节假日、双休日能到乡村换换口味,将是十分有趣的事情。

2. 价格经济实惠

乡村旅舍提供的菜肴大都是家常菜,所以成本比较低,价格实惠,从而吸引了广泛的顾客群体,各种职业人士可谓应有尽有。消费者也有各种各样的情况:有一两个两三个人来的,也有十个八个甚至几十个人一起来的;有只点几个菜的,也有包上一桌甚至几桌的;有只玩一天的,也有玩上三五天甚至住上十天半个月的等等。

3. 生产条件有限,卫生质量不易控制

由于乡村餐厅在烹饪原材料、调料、厨师的烹调技术以及餐具、就餐环境和服务员的服务规范等方面很难达到宾馆的水平,所以烹制出的菜肴质量不易控制。另外,有些乡村餐厅的卫生状况也不尽如人意,因此需要经营者进一步提高认识和服务质量。

(二)乡村菜肴的质量评价

1. 色

菜肴的色彩是由烹饪原材料的固有色、光源色、环境色共同作用的结果。因此,在烹饪过程中不能只考虑菜肴本身的色彩搭配,还要兼顾就餐环境和光源对菜肴色彩的影响,从而实现菜肴色彩的完整性。烹饪原材料本身具有不同的色彩,这种色彩正是自然美的体现。崇尚自然为当今时尚,菜肴色泽以自然清新、色彩鲜明、和谐悦目、合乎时宜及适应消费者的审美要求为最佳。

2. 香

菜肴的香味是其中挥发性微粒子扩散浮悬于空气中,进入人的鼻腔刺激嗅觉神经而引起的一种美感。有人说:凡菜到目至鼻便知好矣。自然,没有香味的菜肴很难被消费者接受。因此,在餐饮生产经营中要特别重视热菜热上的时效性和香味调制的多样性。北京烤鸭烫热肥香,水晶虾仁鲜香柔和,贵妃醉鸡酒香浓郁,麻婆豆腐麻辣浓厚,清炒时蔬淡雅清香,它们无不是一入餐室就香气飘逸,催人下箸。总之,中国菜追求的就是五味调和百味香的"中和神韵"境界。

3. 味

味是分布在舌和上颚的味蕾的感觉。味蕾由十几个味细胞组成,在味细胞的顶端有味觉感受器,在味觉感受器的表面吸附呈味物质后,便产生味觉刺激,然后把产生的刺激转变为神经脉冲信息,进一步传导至大脑,使人产生感觉,这一复杂过程就称为味觉。中国人的味觉审美是"五味调和百味香",其中的"五味调和"包含着滋味之和及性味之和两种含义。和为饮食之美的佳境,通过五味调和,既能满足人的生理需要,又能满足人的心理需要,进而使人的身心需要得到统一。因此说,讲究本味是美,合乎时序是美,肴馔适口也是美。

4. 形

形是指菜肴的成型、造型。原材料本身的形态,刀工处理的技法,烹饪加热及装盘拼摆等,都直接影响着菜肴的成型和造型。热菜造型以快捷神似为主,冷菜造型比热菜有更多的便利和更高的要求。对一些有主题的餐饮活动来说,有针对性地设计冷菜造型会更加富有成效。追求菜肴形美要把握好分寸,过分精雕细刻,反复触摸摆弄,华而不实,杂乱无章,造成污染的菜肴,都是对形的破坏。形象、灵气是美,大方、流畅也是美。

5. 质

质地是影响菜肴、点心质量的一个重要因素。质地包括韧性、弹性、胶性、黏附性、切片性及脆性等属性。任何菜肴偏离特有质地都可以说是不合格的产品。所以,人们抵制购买发软的脆饼,不喜欢多筋的蔬菜等,因为它们的质地已不是公认的特征。菜肴经过牙齿的咬

嚼，促使口腔表面分泌出大量的味觉与嗅觉刺激物。这些刺激物的总效应，就是为大脑提供该菜肴的质地感觉。通常菜肴的质地感觉包括以下几个方面。

（1）酥

指菜肴入口，咬后立即迎牙即散，成为碎渣，产生一种似乎有抵抗而又无阻力的微妙感觉，如香酥鸭。

（2）脆

菜肴入口立即迎牙而裂，而且顺着裂纹一直劈开，产生一种有抵抗力的感觉，如清炒鲜芦笋。

（3）韧

指菜肴入口后带有弹性的硬度，咀嚼时产生的抵抗性不是那么强烈，但时间较久。韧的特点要经牙齿较长时间的咀嚼才能感受到，如干煸牛肉丝、花菇牛筋煲等。

（4）嫩

菜肴入口后，有光滑感，一嚼即碎，没有什么抵抗力，如糟溜鱼片。

（5）烂

菜肴宛如瘫痪，入口即化，几乎不需咀嚼，如米粉蒸肉。

菜肴的质地是否受欢迎，在很大程度上取决于原材料的性质和菜肴的烹制时间及温度。因此，制作菜肴必须将严格的生产计划与每道菜肴合适的烹制时间相结合，以生产出合格的产品。

6. 器

即菜肴的盛装器皿。注意，盛器的规格大小要与菜肴的分量相适应。如果搭配不当，食物漫至盘缘便有粗制滥造之相，食物缩于器具中心或一角则有干瘪乏色之陋；盛器的种类要与菜肴的类别相适应，盛器不仅有大小，还有方圆深浅等差异，各种象形餐具和功能餐具也越来越多，如砂锅、火锅、汽锅、酒锅、铁板、明炉等各有妙用，不仅有利于菜肴保温，也是菜肴特色的一部分。

7. 温

即成品菜肴的温度。同一种菜肴或同一道点心，食用时的温度不同，口感质量就会有差别。例如蟹黄汤包，热吃汤汁鲜香，冷凉则腥而油腻，甚至冷凝无汁。再如清蒸黄鱼，热吃鲜嫩无比，冷凉则肉硬味腥。科学研究发现，不同的菜肴具有不同的最佳食用温度。例如，冷菜在10℃左右食用最佳；米饭在65℃以上食用最佳；热菜在70℃左右食用最佳；热汤在80℃以上食用最佳；砂锅滚沸时食用最佳。

8. 声

即菜肴在餐桌上发出的声响。有些菜肴由于厨师的特殊设计和制作，已经在消费者中形成一种概念，即上桌就应该有响声。例如锅巴虾仁等锅巴类菜肴和铁板鳝片等铁板类菜肴，上桌时都有"吱吱"的响声，说明锅巴炸制的酥脆程度是达标的、铁板烧烤的温度是达标的。

9. 营养卫生

该标准虽然抽象，但也可以通过菜肴的外表及内在质量指标来判断和把握。例如，炒制的绿色蔬菜，可以通过观看颜色判断维生素的损失程度；清蒸鱼，可以通过品尝感知该鱼的新鲜程度。另外，通过对一席菜肴的用料和口味等进行全面品评，可以得知营养搭配是否合理。乡村菜肴如图4-5所示。

（三）乡村菜肴设计的关键

1. 原汁原味

乡村餐饮开发首先要在食物的"原汁原味"上下功夫，即在地道的乡土原材料、乡土滋

图 4-5 乡村菜肴

味、乡土做法、乡土器具、乡土吃法、乡土礼仪等餐饮要素上下功夫，千万不可把城市宾馆、酒楼的做法简单地搬到"乡村"来。其理由主要有以下两个。

第一，旅游者到乡村游玩的目的是观赏美丽的田野风光和体验别具一格的乡土生活风情，只有原汁原味的乡土菜肴才能令旅游者有耳目一新的感觉。

第二，城市宾馆、酒楼的做法是与其建筑、基础设施、装修档次、格局，以及专业人员的素质相配套的。漂亮的餐桌摆台只有放在富丽堂皇的餐厅才好看，把它搬到农家小屋就有点不伦不类了。更何况，把城里的一套搬过来是要付出相应成本的。例如，只有平整、无污渍、无破损的桌布才漂亮，但要做到这一点就需要专业的洗涤、熨烫和保管，仅此项就花费不菲；同时，乡村餐厅的桌布使用率和城市餐厅的使用率是不一样的，乡村菜肴和城市的服务成本和利润也有不同。因此，一般情况下桌布不适宜用在乡村餐厅。如果把这些不必要的成本花在突出乡土特色上，效果应该会更好。

2. **因势利导**

在乡村旅舍旅游开发中，"吃"是一个非常重要的环节，但并不是全部。要根据不同的情况，把"吃"与其他的乡村旅游活动结合起来。当"吃"的资源或产品吸引力较大时，可以借助"吃"把旅游者吸引来，然后再想办法让他们参与到其他的乡村旅舍旅游活动中，如农事、民俗、节庆等；当其他的资源或产品的吸引力比"吃"大的时候，则要先通过其他产品或活动把旅游者吸引来，然后再想方设法让他们吃一吃农家菜。如果做得好，"吃"很有可能后来居上成为新的招牌产品。就目前的状况来看，"吃"的发展空间和潜力似乎比其他的乡村旅游活动项目更大一些。

3. **适应市场**

乡村餐饮作为一种旅游产品，能否开发成功关键在于能否满足旅游者的口味或喜好。不清楚这点，就有可能做出费力不讨好或赔本的买卖。那么，怎么做才有可能满足旅游者的品位或喜好呢？一般来说，要处理好以下几个问题。

（1）谁来吃

一般来说，到乡村旅游和品尝农家菜的主要是周边城市的旅游者，有人认为其地理半径在 20 公里左右。在"谁来吃"的问题上，乡村旅舍经营者需要弄清楚两点：首先，不是每个城里人都会来吃农家菜，肯定只是一部分人，并有可能是小部分人。这时就应该对有可能来吃农家菜的这部分人的数量、消费习惯、能力和特点有较清楚的了解，否则就很难做到有的放矢。如果对旅游者的数量没有一个大致的了解，一窝蜂地到处都是"农家菜"，结果只能是恶性竞争，自断生路。乡村旅舍经营者应该有所警觉，尽量防止此类情况的发生，以免浪费资源。其次，虽说乡村旅游的地理半径在 20 公里左右，但如果确有特色或卖点，也是有可能吸引到更远的外地旅游者来消费的。

(2) 吃什么

一是吃"乡土"。乡村菜肴新鲜不油腻，既绿色又卫生，虽说"土里土气"，但这就是优势，城里人好的就是这口儿"乡土味"。同时还要突出当地饮食特色，按照当地饮食传统习惯来设计菜单食谱，做到定位大众化，讲究好吃不贵。菜品开发要立足于本地，采用本地的特色原材料、调味品、烹调技法。菜肴使用土原料、土烹制、土成品、土吃法，这是乡土气息的一种表现形式。如果住在山区，可以尽量开发蘑菇、木耳等山上的特产；如果住在平原地区，就要在田间作物上多费一些心思。总之，菜肴应尽量在野菜、土菜和城里没有或城里人不知道怎么吃的菜上下功夫。除了饭菜要走"乡土路线"，吃饭的环境和餐具也要够"乡土"。一个农家小院，几个草墩儿，一张旧方桌，几条黝黑锃亮的长凳，再加几只大土碗，就会勾起游客无限的回忆。

二是吃"绿色"。喜欢吃在乡村旅舍的游客，除了要吃得"土"，还要吃得"绿"。这吃得"绿"也大有讲究，比如肉要现宰现吃，虾蟹要现捞现煮，牛奶要现挤现喝，豆腐要现磨现吃，蔬菜要现摘现做；肉要无激素的，菜要无农药、无公害的；要吃出野味、吃出自然。

三是吃"卫生"。干净卫生是餐饮行业最基本的标准和条件。乡村旅舍的餐饮也不例外，因为这也是游客最看重的问题。如果就餐环境不整洁，餐具没有经过有效洗涤和消毒，那么即使做出的饭菜再美味、再有特色也会让顾客望而却步，没法下筷子。乡村旅舍餐饮卫生须知：配备专用的碗、筷、餐具消毒设备和冰箱，锅碗瓢盆等摆放有序；食品制作应生熟分开；厨房四周干净整洁，窗明几净，有良好的通风排烟设施；厨房地面干爽无油腻，墙面砖、灶台、油烟机等清亮光洁；厨房内纱窗完好，做到无蝇蚊、无蟑螂、无鼠迹；厨师必须穿工作服、戴口罩，不准在操作时吸烟；不加工变质食品，食品须煮熟、煮透，谨防食物中毒；餐具（包括砧板、洗碗布）清洁，要做到无油腻、无水渍，洗后严格消毒；自觉接受旅游、公安、卫生等有关部门的指导、检查、督促。只有饭菜卫生，就餐环境整洁，客人们才能吃得放心、舒心，我们也才会安心。这样一来，回头客还能少吗？

(3) 什么价位

乡村餐饮定在什么价位是个复杂的问题。定高了，旅游者或城里人不买账；定低了，经营者又不能赚到应有的利润，以致失去继续经营的动力。由于不同地区之间的经济发展和消费水平存在很大的差异，所以很难制定一个通用的公式或方法。不过在具体操作时，如果能对以下几个问题进行充分考虑和综合平衡，就会得出一个比较合理的价位方案。其一，要了解邻近地区餐饮中低档产品的价位在何种幅度，并以此作为参照来制定价位。因为旅游者或城里人对乡村菜肴的价格认可度大致在这一区间。其二，要看周围的竞争或供需状况。如果竞争激烈、供大于求，价格就不可能有一个较高的定位；反之，如果产品具有鲜明的特色，并且是难以模仿或取代的，即便是"低价产品"也可以卖出较高的价格来。关键是要善于寻找或发现这种特色，并打造出"只此一家别无分店"的效果。

(4) 是否便利

交通的便利程度是乡村餐饮能否吸引旅游者或城里人来消费的一个比较重要的因素。对旅游者来说，如果在路途上花费的时间较多，而且道路状况又不是很好，其消费热情或积极性就会大打折扣。就目前的情形来看，汽车单程在1小时以内的距离是大多数旅游者能够接受的。当然，如果产品确有特色或名气很大，再远一些也会有人去的。此外，交通的便利程度还与产品的价格有内在的联系。对旅游者来说，他们的花费不仅仅是饭菜钱，还包括往返路途中的花费乃至时间、精力等。

4. 突出特色

（1）基础层：在菜肴制作、开发上，坚持主打"创新"牌

以经营饮食为主的乡村旅舍经营者，一定要在传统的基础上有所创新，做到"人无我有，人有我优"。在餐饮方面，要深度挖掘地方文化，不断翻新菜肴，使用传统的原材料和器具，利用现代的烹调方法和技术，创造出真正属于自己特色和招牌的美味佳肴。菜肴的创新主要体现在以下方面。

一是用新奇的原材料制作食品。需要注意：运用新鲜食材，少用加工食品；越接近原始状态的食物，越能提供健康美味与养生效果；避免过度烹调，以保证食材原味甘甜；配合季节调整，达到"色、香、味"俱全。比较有特点的食品及原材料一般有以下品种：山葱、山韭菜、木耳、花椒芽、山野菜、蘑菇、榆钱儿、荷叶、苇叶、香椿；萝卜缨、萝卜干、茄子皮、茄子干、芹菜叶、葫芦干、豆腐渣；玉米面、高粱米、白薯、榆皮面、黑豆；小鲫鱼、泥鳅、柴鸡、柴鸡蛋、蚂蚱、金蝉；枣儿茶、绿豆汤、杂面汤、腊八蒜等。

二是用新奇的方法制作与表现食品。表现在：一物多用：茶餐用不同的方式烹调，以产生不同的效果；常物巧用：运用得恰到好处时，就能化平凡为神奇；剩物利用：锅巴海鲜就是运用此法制成。

三是善于运用"外形之美"。美食配以美名：给菜肴以美的名称，让人产生期待与感受；与材料特色吻合："山韭菜炒柴鸡蛋"，从菜名就能清楚知道其内涵和食材；营造饮食气氛：饮食气氛是多数人在饮食生活中所追求的，以满足进餐时的心理需要，例如自然气氛、乡土气氛、新奇气氛；做好菜品的组合搭配：在充分吸收原有农家筵席优点的基础上，丰富原料、口味、质感、技法，注重营养搭配，使农家筵席具备鲜活的生命力。通过对菜品的创新、组合，充分体现"一菜一味、百菜百格"的特点，就能打造出乡村旅舍餐饮品牌。

（2）加强层：指用餐环境、用餐方式等，坚持主打"文化、亲情"牌

餐厅环境与布置需要精心设计或选择，务必使就餐者理解经营者的用心，并从中了解农家的特色。地板、墙壁、桌椅等饰物要运用独创性的特色装饰，如一挂玉米棒、一席草帘、一件旧家具等，不仅能表现餐厅的特色，还能体现浓浓的乡情，唤起人们心底的那份"思乡"情结。总之，用餐环境要富有个性，拥有格外温馨的就餐氛围，做到纯朴之中含有意蕴丰富的传统文化品味。

游客到乡村旅舍不仅是要吃好玩好，更要感受热情淳朴的民风。成功的乡村旅舍经营者在强调热情服务的基础上，开始越来越多地倡导"自然、淳朴"的服务风格，并力争在服务细微处给游客一个惊喜，让游客有一种回家的感觉。同时，也可开展一些烹饪过程的参与性活动。饮食的快乐不仅体现在进食中，而且表现在食物的制作过程中。让客人亲手采摘农家蔬果，捕鱼捉虾，参与制作一些简单而富有特色的小吃、菜品等，就会使他们从体验中得到快乐，进而对乡村菜肴产生浓厚的兴趣与更新的认识。

（3）提高层：餐饮与旅游结合，坚持主打"组合"牌

作为旅游者六大消费要素中的首要和基本要素，餐饮是旅游产品的重要组成部分。各地乡村餐厅的发展必须以紧密结合旅游为生命线，开发多种特色饮食文化专项旅游。针对中国几千年的饮食文化沉淀，充分利用当地独特的资源优势，将美食与乡村旅游等多种形式相结合，推广多条旅游美食线路和举办多项美食活动，这对促进旅游业和餐饮业的发展具有积极意义。

（四）乡村菜肴的创新

主打菜肴往往是乡村菜肴的招牌，也是决定来客多少的重要原因。开创一些独有的风味乡土菜，就可以吸引更多的游客前来消费。

1. 就地取材

俗话说，要想留住人的心，先要留住他的胃。乡村旅舍经营者可以利用本地特产和自家条件，不断添加一些新口味来丰富主打菜。例如，在京西百花山，漫山遍野、沟沟堰堰都长着曲麻菜，这些菜很少受到工业污染，也没施过农药和化肥。在曲麻菜还没有开花的时候，把它摘下来，用清水洗净，再用开水一焯，最后泼上热热的辣椒油，一道碧绿油亮的"油泼曲麻菜"就做成了。味道清脆爽口，又有辣椒开胃，是一道很受城里人欢迎的特色菜。这种创新菜肴没有什么复杂的烹饪技术，全是靠自身的特色创出优势。因此只要多留意、多动脑，创新的原料就在身边。

2. 勤动脑筋

城里人到乡村旅舍，目的之一是吃饭尝鲜。乡村到处都是野菜，这些野菜生长在山野、林中、水边，土生土长，是纯天然的绿色佳肴。而且，野菜的营养价值比城里人常吃的大棚菜要高好几倍。另外，几乎所有野菜都可以入药，对一些疾病有着较好的疗效。

有些山野菜，虽然不常被人食用，但是营养价值和保健作用很好。如昌平的一家农家乐，有一个创新菜叫"软炸刺五加"。聪明的主人从中药"刺五加片"和"刺五加酒"中得到了启发，想创制一个用刺五加做的新菜。他托人一打听，知道刺五加是上过《名医别录》的，书中说刺五加"补中益精……久服轻身耐老"。于是他反复试验，创出了这道新菜。这道菜不仅有很好的药用价值，而且口味鲜香，很受客人欢迎。

由此可以看到，很多乡村私房菜都是善于动脑、敢于创新的人发明的。寻常原料经过一双巧手的加工，就能成为"独此一家"的乡村旅舍主打菜。在客人津津有味地吃着创新菜的时候，再给他们介绍一点野菜的小知识，像"马齿苋"等，有去油腻、助消化的功能，适合城里工作忙、应酬频繁的朋友；"车前草"等，可以清热活血、追风散寒，适合体质虚弱、工作劳累的朋友。此时，客人不仅会欣然消费，而且会对经营者体贴入微的服务感叹不已，进而带来更多的客源！

3. 重技术改方法

所谓好菜，并非一定是难以求得，更没有什么独门秘籍。只要吃着口味新鲜、客人喜爱，就是好菜。比如，菊花在乡村多有种植，而且花朵大、颜色艳，特别惹人喜爱。要知道有些菊花除了观赏以外，还可以吃。乡村旅舍经营者可以找乡里的技术员帮忙，种上观赏、做菜都适合的菊花。当城里客人来的时候，先引领客人参观欣赏菊花，然后轻轻摘下花瓣（也可让客人亲自采摘），用清水洗净，直接加入调料凉拌就能食用，清香可口；也可以切碎和在面里，刷油烙成菊花饼，又好看又好吃；还可以先炝锅，放入肉丝煸炒，加高汤烧开，放入新鲜的菊花瓣，这样一碗带着清香的菊花汤就做好了，金黄的菊瓣漂浮在汤上，十分诱人。

夏天，人们爱吃凉拌菜，城里人都会使用一般的色拉油或香油，口味单一。这时，也可以在这方面创新一下。京郊百花山的农民有榨杏仁油的习惯，用杏仁油代替香油拌凉菜，味道新鲜又特别，保证让客人赞不绝口。广东中山市有一种"脆脘"（也就是草鱼）很好吃，北方也可以借鉴一下当地人的饲养方法。这种草鱼味美的秘诀就是改变饲养技术：用胡豆喂鱼，鱼肉本身会变得脆嫩。无论炖还是炸，肉质都松脆可口。如果能习得其饲养方法，可是个创新私家菜的好机会。

另外，一些创新菜，比如"清炒白薯秧""肉炒南瓜花"，虽然和一般的炒菜程序没有太大区别，但在火候的掌握上还是有些特别的技术要求。

乡村旅舍经营者只要在技术上稍加琢磨，在烹调方法上多做试验，就会创造出一道道在繁华都市里吃不到的鲜香诱人的佳肴。那时候，还怕没有客人上门吗？所以，在烹饪技术上动一动脑筋，创新菜肴其实并不难。

对点案例

案例1：王老三的生意经

王老三是幸福屯的庄稼汉，靠着开乡村旅舍发了财。老王的生意经只有一个字："土"，即给客人吃得"土"。因为他知道，让城里人吃不够的就是好吃不贵、精细实惠、鲜而不腻、地地道道的农家菜。同时，他还在村门口的老槐树下搭起了凉棚。盛夏，客人们坐在凉棚下，吹着拂面而过的山风，听着潺潺的溪水声，望着满山绿色，那自然是格外的惬意抒情。王老三家做饭的灶具是由砖、泥或石头砌成的，用木料或竹材来烧火，这样做出来的饭有竹叶的香味。做饭跟炒菜都是用铁制的锅，游客根本不用担心会吃得铝、铅过量。他家饭桌上的鸡、鸭、鱼、肉、蛋、虾等可都是农家土生土长的，不是市场上用饲料喂的，所以吃起来特别的鲜美可口，没激素，很健康。青菜全是老王自家种的，他敢拍着胸脯说：这是没洒过农药的绿色蔬菜。更吸引游客的是，这里还能吃到地道的野味。比如，马齿苋、蕨菜、侧耳根、灰灰菜等；还有在城里很难吃到的野猪肉、鸵鸟肉、山鸡肉、蛇肉等。老王说：有些城里人来农村虽然感到新鲜，但就怕吃得不卫生，他们受不了苍蝇飞舞的餐厅、污水横流的厨房，感到没有卫生保障，所以来时都是自带食品。在熟悉城里人的心态之后，老王花钱改造了餐厅和厨房，而且特别在意保持卫生和整洁。他开的乡村旅舍，餐厅整洁，空气清新，厨房也干净卫生，不比城里就餐条件差。

评析：王老三之所以能成功，是因为他掌握了城里人对农家菜钟情的原因，那就是农家菜应该具有"乡土""绿色""卫生"的品质。

案例2：乡村特色簸箕宴

白裤瑶因男子都穿着及膝的白裤而得名，主要聚居在广西西北的南丹县八圩、里湖瑶族乡和贵州省荔波县朝阳区瑶山乡一带。白裤瑶被联合国教科文组织认定为民族文化保留最完整的一个民族，被称为"人类文明的活化石"。

簸箕菜，就是白裤瑶的特色菜，乡村大世界的乡村特色簸箕宴创意就来源于白裤瑶的簸箕菜。与其说这是一道菜，倒不如说是一个小型的百家宴，它主要汇集了乡村大世界特色自产腐竹菜式、窑排骨、生态蔬菜、金牌吊烧鸡、招牌水晶饺、五色糯米饭、艾叶粑、红薯等十几种特色菜肴。

碧绿的芭蕉叶铺底，将精心准备的各色菜肴整整齐齐地码在一张圆形簸箕上，分量十足，荤素具备，举箸品尝，绝对是一种回归自然的质朴享受。

簸箕宴如图4-6所示。

图4-6 簸箕宴

评析：开发要点在挖掘当地民族文化传统，赋予餐饮以文化特质，同时菜品、器品既传统又充满创意。

技能训练

内容:汇报当地特色农家菜。

步骤:

(1) 谈谈你对农家菜创新的认识。

(2) 对当地特色农家菜的资料进行检索,以 PPT 形式汇报成果。

任务三 乡村餐厅接待服务

乡村餐厅接待客人要热情,不仅要保证服务的全面,而且也要保证服务的质量,即在玩、食、行、收银等方面加以综合考虑。热情服务是一根链条,任何一个环节都十分重要,要将服务渗透于乡村旅舍的方方面面。从某种意义上说,客人是否受到尊重是乡村旅舍服务人员责任心的体现。

餐厅服务是指餐厅为接待客人而进行的服务工作。餐厅每一班次的服务程序大体可分为:餐前准备、开餐服务、就餐服务和餐后结束四个主要环节。下面着重介绍中餐零点服务规范。

(一)餐前准备

1. 班前短会

班前短会由餐厅领班或主管主持召开餐前训导会,其内容包括检查仪容、介绍情况、分配任务三个方面。这一环节相当重要,千万不能忽视。

2. 清洁工作

① 窗户明亮,窗台无尘土,窗纱无破损、无污迹。

② 地面干净清洁,无垃圾、无纸屑、无水迹、无污迹、无破损。

③ 花架、花盘、绿色植物及垫盘干净清洁,无垃圾、无烟头。

④ 墙面无污迹、无脱落、无浮尘。

⑤ 餐厅内装饰物品摆放端正,无尘土,窗帘无脱环。

⑥ 餐厅桌椅完好无破损、无变形、无污迹,确保光洁明亮,桌上物品摆放有序。

⑦ 工作台无油腻、无污迹。

⑧ 餐厅内各种设备完好、洁净,灯具明亮、无损坏。

⑨ 餐具、水杯、酒杯清洁完好,严格消毒,无水迹、无手纹、无破损。

⑩ 转台转动灵活,无油腻、无污迹,光亮透明。

3. 准备餐、用具

备齐餐具、佐料和服务用品。将消毒好的碗筷、盘碟、茶具等整理备齐,放置有序。检查酱油、醋等佐料的容器,看是否清洁、装满,不足的要及时补上。另外,还要根据当天的供应品种配制、备足其他辅助佐料,并记得把牙签等准备好。

4. 铺设餐台

按照餐厅摆台的标准进行摆台,力求统一、规范、整齐、美观。

5. 了解情况

即了解当天的供应品种和其他原材料的情况,哪些菜肴是重点推销的,哪些菜肴是脱销的,哪些是特色菜等等,以利于员工做好点菜服务。了解预订接待对象,如接待人数、入席时间、摆设要求等。

6. 全面检查

在准备工作完毕，服务员自查的情况下，由领班或主管进行抽查或全面检查。若检查中发现错漏处，服务人员应马上进行纠正弥补。

（二）开餐服务

开餐服务是餐厅对客服务的开始，也是餐厅工作的重要环节。其具体服务程序如下。

1. 热情迎宾

见客人到来时，迎宾员要面带笑容，热情待客；主动为客人拉门，使用敬语问候客人并向客人致意；询问客人就餐人数，问清后交与服务员带到合适的餐台安排就餐。

2. 合理领座

引领客人时，迎宾员应走在客人的左前方与客人相距约1米处。引领客人到达事先安排的或预想安排的餐桌，引领速度需要与客人行走速度相同。引领客人到达餐桌时，迎宾员要逐一为客人提供拉椅服务。

3. 送巾递茶

客人就座后，要向客人问茶，征询意见，也可根据客人的喜好介绍适宜的品种，然后按需开茶。开茶时要注意卫生，使用茶勺按茶位放茶，茶量准确。斟茶水时，一般斟七至八分满为宜。同时，要帮客人脱去筷套。在客人饮茶的过程中，服务员应将菜单呈递给客人。

4. 接受点菜

在呈递菜单之前，服务员还必须对所有的菜式都有充分的了解，包括菜肴的成分、原材料和做法，特别是厨师精选之类的菜更应了如指掌。如果菜单是带封面的，在呈递前应首先将菜单打开，从客人侧后双手递上，并礼貌地请客人阅读，同时向客人说明及推荐菜式。

点菜时，菜单在哪个客人手里，服务员就应礼貌地站在其侧后约50厘米处。这样既能听清客人的说话，又不妨碍客人翻阅菜单。接受点菜，要保持站立姿势，身体微向前倾，认真清楚地记下客人所点的菜品。当客人点活养海鲜品种时，应将活养海鲜捞出装袋，拿到客人桌前示意，待客人确认后再送入厨房。点菜完毕后，应向客人复述一遍所点的菜肴名称。

5. 开单、送单

客人点完菜，服务员要迅速为客人开单。填写点菜单要迅速、准确，同时要填写桌号、用餐人数、开单日期、服务员工号，在备注栏内记录客人对菜肴的特殊要求。开单完毕后，一定要复述菜单，告知客人所点菜肴的种类、数量、特殊要求等。点菜单一般是三联，一联为存根联，交收银台结账。另一联为提货联，送至厨房。第三联交由服务员或传菜员保存，一般是上一道菜划一道菜，以免上错菜肴。

（三）就餐服务

就餐服务也称"值台服务"，是把客人点的菜肴送上餐桌，在客人整个就餐中，照料客人的各种需要，最大限度地使客人满意。

1. 上酒、上菜

服务员要快速领取客人所点的酒和饮料；取出后，若是整瓶的，须将瓶子擦干净，在餐台前打开；若是罐装饮料，切记不要将罐口正对客人打开；斟倒完毕后，如有剩余的酒水，应放在餐桌的一角。

当传菜员托着菜肴到餐台旁停下时，值台员应快步迎上，待核对无误后，将菜肴端上餐台。上最后一道菜肴时，要主动告诉客人，并询问客人是否还有需要。

2. 巡视服务

在客人用餐时，服务员要勤巡视，看客人有什么新的要求，注意斟酒、撤换餐具、更换烟缸和清理台面，主动照顾好老幼病残孕客人，做到有问必答、态度和蔼、语言亲切。在客人用餐过程中要适时敬茶，询问客人是否需添菜加酒。客人交代的事，要尽量办到。

3. 结账收款

菜上齐以后，服务员应及时告知收银员准备结账。收银员核对账单无误后，应将账单放入收银夹内。客人结账时，餐厅服务员应当面将现金复点一遍。若是陪同客人到收银台结账，服务员应与客人保持一定的距离。

4. 征求意见

客人用餐完毕后，服务员要坚持做到礼貌送别，并虚心征求和听取客人的意见，对服务不周之处应表示歉意。一旦发生误会，服务员要及时做好解释工作。

5. 热情送客

送客是礼貌服务的具体体现，表示餐厅对客人的尊重、关心、欢迎和爱护。如果工作不太忙碌，要尽可能将客人送至餐厅门口，因为送客也是争取顾客再次惠顾的手段。对于重要客人，领班应询问客人对菜肴是否满意、服务是否周到。若有不周之处，应立即向客人解释，并表示竭诚改善，使他（她）们乘兴而来、满意而去。这样，餐厅与顾客间的情感便会自然地建立起来。

（四）餐后结束工作

1. 清扫场地

客人走时，服务员应先查看是否有客人遗落的东西。如有，应立即交还客人。如客人已经离开，应交服务台并告知值班经理，以免被损坏或被他人冒领。清理台面时，最好等该桌客人已离开餐厅再动手，以表示对客人的尊重。撤餐用具，撤台布，铺好台布，摆放桌椅，动作都要轻、稳，尽量不要发出大的声响，以免影响邻座客人就餐。

2. 分类送洗

当天用的餐巾、餐具、烟缸等要及时清洗消毒，擦拭干净，分类保管，以备再用。

3. 整理餐、用具

尚未使用的餐、用具要归类存放；调味品盛器和花瓶、台号要擦干净；转台要用清洁剂重点擦洗；三联点菜单、笔、菜单等要放置于统一位置，并清点数量；清点并补充物品。

4. 工作小结

每天工作结束后，服务员要养成做工作小结的习惯，以利于今后工作水平的提高。小结的内容包括：整理客人意见书、填写工作记录等。

5. 安全检查

下班时，安全检查工作不可忽视。要注意是否有烟蒂等火种存在，关闭所有不用的电气设备以及门窗等。服务员在确保餐厅安全后，才能离开。

突发事件

一对夫妇带着孩子来到某餐厅吃饭。坐在高脚椅上的孩子只有两岁多，非常好动。不一会儿，客人点的菜上桌了。服务员在征得客人同意后，特意为小男孩儿夹了一些菜。谁知小孩儿拿起餐碟就向服务员扔去,菜扔到了服务员身上,碟子掉在地上打破了。夫妇俩忙起身呵斥孩子,不好意思地向服务员道歉,并表示要赔偿打破的餐碟。服务员微笑着请他们不要介意,并转身为孩子换了餐碟。当服务员为客人送"清炒时蔬"时,只见小孩儿在大声地哭闹,夫妇俩正在焦急地抱着小男孩儿看他的口腔。原来在服务员离去时,淘气的孩子吃了一口鱼,被鱼刺卡住了喉咙。听到男孩儿的哭声,看到夫妇俩那焦急的神色,服务员放下菜盘就去帮忙查看。只见鱼刺扎得很深,服务员安慰客人不要着急,接着马上去找餐厅经理。餐厅经理闻讯赶来,为了不影响其他客人用餐,他马上叫人联系车辆让那位服务员陪同客人送孩子去附近的医院。将孩子送到医院后,卡在孩子喉咙上的刺终于被取了出来。

评析:在用餐过程中,如果客人损坏餐具和物品,应视情况处理。对于一般的用具可不让其赔偿,对于较贵重的餐具和物品要计入餐费之中,但应该当面对客人讲清楚。最好的防范措施是注意观察客人的举动,帮助他们清理面前的餐具,尽量扩大客人面前的用餐空间。对于老、幼、病、残等特殊的客人,服务员应采取一套特殊的服务方式,要加倍地细心、热心和周全,保证餐桌前常有人在场照顾,因此最好有两个服务员为这样的客人服务。案例中的小男孩儿,如果在服务员取菜时能得到另一位服务员的照看,可能就不会因吃鱼而被刺卡住喉咙了。

 技能训练

内容:实操训练
(1) 模拟演示餐厅接待服务流程。
(2) 客人喝醉酒时,怎么办?
(3) 如何接待年幼的客人?

"王牌"乡村旅舍的经营之道

1991年,肖银生辞别家人,从国外回来。首先,他在母亲的故里冯垟村头盖了一座5层洋楼,将其中10多个房间装修成农家宾馆。青田县仁庄镇冯垟村环境优美,一条小河沿着山边蜿蜒流过,山间绿树葱茏,同时交通也比较方便。回乡后,他没有进入温州大都市,而是留在这里发展事业。

2002年,他一次租用村里50亩土地,期限为20年。他找人搭起一个草棚,买来几把遮阳伞,请了几个服务员,一个餐饮店——梦想中的农家酒店就这样在郊外开张了。这家于5年前开业的乡村旅舍,是青田县第一家开在"荒郊野外"的餐饮店,也是丽水市最早的乡村旅舍之一。每天傍晚时分,青田县仁庄镇冯垟村的青田旭鑫乡村旅舍格外热闹。慕名而来的客人,跳进旁边的四都溪,痛快地游泳一番后,便坐在一座座凉亭下,边吃边饮边聊天。

客人们驾乘的私家车,停满了整个院落。要是遇到周末,来得迟了,连座位都没有。由于来的客人太多,乡村旅舍厨房里4个厨师忙不过来,主人肖银生便亲自下厨掌勺。

多年来,这家最初仅有几把遮阳伞和一座茅草屋的小店,发展成如今有30多张桌子,足足可以接待300多人共进晚餐的"大酒店"。尤其是近两年乡村旅舍如雨后春笋般出现,这家店却在激烈竞争中成为立于不败之地的"王牌",对此主人肖银生有自己独到的经营之道。

评析：

1. 偏远僻静的地方是开店的首选

今年 54 岁的肖银生本是温州人，早在 1986 年就出国做生意，跑了欧洲的许多国家。在欧洲期间，肖银生发现，当地人平时喜欢开车出城，到一些山清水秀的农村或山上，住有农家风味的小阁楼，吃有农家特色的菜肴。欧洲的友人告诉他，在竞争激烈的大都市待累了，大家都想跑到偏远僻静的地方，深入山野，放松心情。颇有商业头脑的他当时就想，今后在国内开个这样的店，前景肯定不错。

2. 做到原料自给、风味独特无人仿制

在肖银生的乡村旅舍大院里，客人们吃的鸡、鱼，都是他自己养的。就连客人们喝的米烧，也是他在自己家里酿制的。"这就是我这里的特色，也是我的竞争优势所在。"肖银生笑呵呵地说。由于原料是自己供给，价格自然也就有优势，竟然比其他餐饮店便宜一半。每周，乡村旅舍要消耗 500~600 只鸡，自己养不了这么多，他就让附近 2 户村民专门帮他养，鸡养大了就直接运到乡村旅舍来，放养在院子里。客人来了，会挽起袖子自己去抓鸡。乡村旅舍的两旁一边是四都溪，另一边是鱼塘。溪里和鱼塘里都是肖银生养的鱼。客人要吃鱼，也可以卷起裤管，下水去捞。肖银生从小就爱吃，会吃的人自然会做菜。无论是在欧洲还是到东南亚，对于好吃的美食，他都会琢磨怎么做，并且学着做。就这样，他的厨艺日渐增长。现在厨房里的 4 个厨师，都是他手把手教出来的，烧出来的菜，口味自然也很独特。

3. 要靠特色项目招揽客人

河水清清，是游泳的天然场所。肖银生在河势平坦的地方筑了一道小水坝，水深就够游泳爱好者施展拳脚了。炎炎夏日，许多住在县城里的居民，傍晚开车 20 公里，到这里来游泳、吃饭。在双休日里，许多温州、丽水的客人也纷至沓来。肖银生还购买了音响设备，客人要跳舞或者要举行规模较大的篝火晚会，这里自然是很好的选择。青田县旅游部门还多次把接待的团队带到这里来，举行歌舞比赛等活动。对于未来，肖银生还有更大的理想。他想在乡村旅舍旁边盖一个设施完备的娱乐场所，增加更多的文化体育娱乐项目。他的目标是，不仅仅供客人们吃饭，还要让客人们在乡村旅舍获得更多的欢乐。

课外活动

以 3~5 人为一小组，对大家熟悉的某个乡村旅舍进行菜肴的开发，并撰写设计报告。要求：(1) 客观真实。设计要求客观真实、实事求是，杜绝弄虚作假。(2) 富有创新。要注重用创新的理念和思维，进行富有创造性的探究。(3) 可操作性强。设计报告应具有一定的可操作性和实践指导意义。

项目五
乡村旅游娱乐项目开发与设计

项目目标

技能点：通过本项目的学习，学生能对乡村旅游娱乐项目进行设计、分析和评价。

知识点：了解乡村旅游娱乐项目开发与设计的基本思路，掌握乡村旅游娱乐项目的设计内容，清楚乡村旅游娱乐项目的影响因素。

验收点：通过本项目的学习，学生能够了解乡村旅游娱乐项目开发的基本思路，并通过调查研究过程撰写乡村旅游娱乐项目设计报告。

课程导入

上海庄行乡村旅游景区娱乐项目

上海庄行乡村旅游景区以"菜花节""伏羊节"等四大特色节庆活动为主打，展现新农村风貌，并开展各类农家系列娱乐活动，同时融入旅游观光、拓展训练等活动项目。桔洲穹庐是以上海橘园和蒙古村为主体的主题公园，拥有土地200余亩。园内既有可供游客住宿的蒙古包床位32个，又有让游客体验蒙古文化展示和能够开展会务娱乐的多功能包。园内娱乐项目众多，激光射击馆、射箭馆、垂钓湖、草原跃马、勇敢者道路等都已对外开放。园内完善的服务项目生活设施既有现代化都市的便捷生活，又有世外桃源般的幽静雅致。如图5-1所示。

图5-1 上海庄行乡村旅游景区

乡村旅游娱乐项目开发与设计是乡村旅游开发与设计中的重要环节。乡村旅游目的地旅游经济收入的增加主要依靠游客消费,而延长游客停留时间则有助于增加游客在乡村旅游目的地的消费额。乡村旅游目的地通过为游客提供有意思、有价值的娱乐项目来吸引游客,延长游客在旅游目的地的停留时间,增加旅游目的地的旅游收入,帮助旅游者实现自我完善和健康可持续发展的追求。

任务一 乡村旅游娱乐项目设计思路

(一)娱乐项目设计思路

旅游者的旅游动机已经由原来的观光型转变为现在的求知型,即把旅游作为一种重要的文化活动,追求旅游产品的文化底蕴。因此,乡村旅游绝不能停留在一般的"住农家屋,吃农家饭"的层面上,还要重点开发并设计乡村旅游娱乐项目。

从乡村旅游娱乐项目的开发设计来看,要利用乡村历史的、地方的、民间的文化要素,结合现代的、国际的、主流的展示方式,开发出适合一般现代旅游者需求的产品,将各种文化产品从过去的观光型转变为休闲型,把旅游活动从原来单纯的教育、宗教功能转变为全方位的体验,把原来静态的、历史的、呆板的观赏对象转变为动态的、现代的、生动的体验对象。

因此,乡村旅游娱乐项目要具有知识性、趣味性、体验性、享受性,使游览、娱乐与学习相结合,从而更富吸引力。为此,可以从以下4个方面进行尝试。

1. 提高品位

乡村旅游观光活动和项目要把娱乐性与知识性结合起来,增加科普活动、新知识新技能的传授活动、特长培训活动、艺术欣赏活动的分量,由单纯"求乐""求美"向"求知""求新"拓展,以满足旅游者的需求。

2. 突出乡土气息

农事活动体验是最受乡村旅游者欢迎的项目。在乡村旅游期间,去田间地头进行农事劳作,是城里人最乐意做的事情。此外,游客到乡村玩的休闲项目还有以下几种:新鲜果蔬采摘;篝火晚会;烧烤;垂钓;乘坐畜力车在乡间观光;体验乡村节庆;学习简单而有特色的民俗舞蹈、曲艺形式和传统手工制作等。

3. 提高游客参与度

乡村资源的开发、项目的设置,都要十分注意提高游客的参与度。乡村旅游可以开发的农事活动、民俗事项、体育健身项目等,大都具有很强的大众性,因而又蕴藏着可参与性。

4. 改变单一的娱乐方式,向多元、健康的文化体育活动发展

例如,可以考虑推出专供退休老人享用的度假产品,如安排"学书画农家游",请书法家、画家任教师开讲座;为喜欢诗歌创作的老人安排"租农家房、种农家花、咏农家景、享农家乐"的活动,体验如梦、如画、如诗的感受。

(二)娱乐项目设计中应注意的问题

乡村旅游娱乐项目提倡深度的体验旅游,把观感上升为心得,从经历中提炼体验,实现真切的体验式旅游。只有充分重视以下问题,才能够对成功设计乡村旅游娱乐项目提供帮助。

1. 注重文化体验的真实性

由于体验是人为塑造出来的,所以面临着真实性的考验。真实性意味着要求保持本色,对于游客的体验是十分重要的。真实的场景和人物,有助于游客在游览中获得高质量的体验。乡村旅游娱乐项目的真实性包括客观真实、构建性真实和存在性真实。

客观真实指的是在乡村旅游娱乐项目中,既强调对乡村自然环境作为旅游目的物的真实性,更强调乡村居民真实的生产生活在旅游者到来时能否保持原状,给旅游者一种真实的体验。构建性真实指乡村旅游娱乐项目的开发商按照他们的想象、希望、偏好、理念等来塑造旅游者可能感觉更舒适、更轻松快乐的农事活动、采摘等形式的体验活动,虽然没有体现农村居民生活的真实,但在旅游者的主观感受和特殊情结的作用下能够感受到一定程度的真实体验。存在性真实指的是在乡村环境中生活,通过深层次地体验旅游活动获得这种被激活的生命存在状态,可能与真实的农业毫无关系。旅游者注重对自己存在状态的感受,可以通过宁静平和的乡村环境和人际关系来寻求真实的自我。

2. 注重文化体验的互动性

体验的前提是参与。一切旅游娱乐活动都是旅游客体与主体之间互动作用的结果,是人的心灵的一种感悟与领会。对于同一个景象,经历同一个游程,由于游客的不同社会背景、生活阅历、文化素质和审美情趣,往往有不同的感受与体验。因此,乡村旅游娱乐项目应该尽可能地设计与提供参与性强、兴奋感强的活动与项目,引导旅游者在前往乡村旅游目的地之前事先了解这个乡村的环境与历史,在参与乡村生产生活以及其他乡村活动中多与当地居民交流,勤思考以发现新鲜生活中有意义的部分。旅游者体验旅游结束后还可以回顾感受,从乡村的经历中提炼出自己个性化的体验,总结自己在乡村旅游过程中获得了怎样的知识和经验、得到了什么感受、为乡村留下了什么、对乡村还有什么留恋。这种理性的体验旅游过程强调较强的互动性。如图5-2所示。

图 5-2　乡村旅游娱乐项目

3. 注重文化体验的主题性

主题是乡村旅游娱乐项目的基础和灵魂,有诱惑力的主题可以加深旅游消费者对旅游产品的现实感受。乡村旅游娱乐项目主题的确立,相当于为游客的体验活动制定了一个剧本。一个明确的主题是营造氛围、营造环境、聚焦游客注意力,这是游客在某一方面得到强烈印象并获得深刻感受的有效手段。设计一个精练特色的主题,有助于旅游者整合自己的体验感受,留下深刻的印象和长久的回忆。

乡村旅游娱乐项目主题的确立应符合乡村本身的特色,与乡村的自然、人文、历史资源吻合,植根于当地的地脉、文脉,在对主要客源的市场需求、个性和特色充分认识与策划的基础上,选择在历史、心理学、宗教、艺术等范围内进行主题开发;同时主题的确立也应根据主导客源市场的需求,突现个性、特色与新奇,避免与周边邻近乡村旅游目的地的项目雷同。一个好的体验主题要符合以下几个条件:一是必须能调整人们的现实感受;二是能够通过改变游客对空间、时间和事物的体验来彻底改变游客对事物的感受;三是能将空间、时间和事物协调成不可分割的一个整体;四是多景点布局可以深化主题;五是必须符合乡村当地的固有特色。

(三)克服季节性制约

对于休闲农业乡村游来说,设计一个核心引爆娱乐项目容易,设计"一年四季"都能吸引市场游客的娱乐项目却很难,会受到诸多因素的制约。春种、夏长、秋收、冬藏,应把握好四季的主题,包括节气、节日等等,据以设计乡村旅游娱乐项目。在这样的基础上,谁能够有效地把季节问题解决了,谁的休闲农业与乡村旅游的价值就是最高的,资源的使用效率和收益能力也是最好的,发展结构自然是最合理的。因此,应规划设计乡村旅游四季全天的娱乐项目,其具体思路如下。

1. 春秋季设计思路

春季最重要的自然资源是花草,最重要的文化资源是乡村民俗;而秋季是收获的季节,各种各样的果实以及独特的景观是秋季乡村旅游可依托的资源。春季和秋季是乡村旅游观光的最佳季节,由于气候温度具有相似性,其乡村旅游娱乐项目的设计思路也存在相似性。

比如"亲子游",油菜花开的时候,就讲油菜的故事。虽然很多孩子从幼儿园就开始唱"小蜜蜂,嗡嗡嗡"这些歌,然而当蜜蜂真正采花蜜的时候,这些孩子是仔细观察的。因此,可引导孩子们拿着放大镜安静地观察。收获的季节,让孩子们参与各种收获场景。种植的时候,也让孩子们全程参与。比如,清明前去种棉;四月中可以组织学生们种植棉花,接着种植玉米。参与过种棉花、种玉米的孩子们,到了这个时候就会问:我们那个时候种的棉花怎么样了呀?玉米能不能收了呀?于是他们就会再来这里,这也是吸引他们多次旅游的一个手段。如图5-3所示。

2. 夏季设计思路

夏季属于乡村旅游的旺季,但也需要核心娱乐项目来引爆。就拿"亲子游"来说,让孩子们在休闲农庄里感受万物的勃勃生机,组织孩子们去进行田间管理,让他们去浇水、除草、喂小动物等,如图5-4所示。另外,特色产品的开发也是关键。

图5-3 观察农作物

图5-4 喂动物

3. 冬季设计思路

从传统意义上来讲,冬季寒冷不便出行,似乎属于乡村旅游或休闲农业的淡季。但其鲜明的季节特色催生出许多独特的景致与游憩方式，如果合理地进行设计开发，一定会形成引爆点。

（1）温泉

温泉，是地热，是生态能源，是清洁能源，符合发展趋势。一个区域只要有温泉，冬季乡村旅游就可以盘活了。

（2）冰雪嘉年华

冰雪嘉年华包括观光类、休闲游乐类、度假类、民俗节庆类等各种冰雪旅游产品，形成了冬季度假聚集的结构。如图 5-5 所示。

图 5-5　冰雪娱乐项目

（3）庙会

庙会聚集了乡村民俗展示、创意集市、土特产品展销集市、餐饮、祭祀、民俗游戏与冰雪游乐等各种消费结构，是冬季汇集人气的一个重要模式。如图 5-6 所示。

图 5-6　庙会

（4）温室

温室已经逐渐由单一的农业种植功能，发展成为以温室设施为载体、以恒温环境为卖点、以全时休闲度假为理念，集生态观光、休闲娱乐、旅游度假、科普教育、农业种植等于一体的综合性智能温室，成为引爆冬季乡村旅游一个新的引擎。

比如"亲子游"，可组织孩子们对大自然进行观察，让他们体验"冬藏"，即冬天动物、植物等万物都把自己藏起来以储存能量。可以让孩子扒开树叶，看看树叶下边藏了什么；还可以让孩子去找种子，冬天很多种子也是被藏起来的。如图5-7所示。

图5-7 温室大棚里的娱乐

对点案例

七彩蝶园

七彩蝶园绝对是近距离观察蝴蝶的好地方。它是亚洲大型活体蝴蝶观赏园，有30多种蝴蝶，年产蝴蝶约500万只。

蝴蝶观赏园是以蝴蝶为主题的亲子教育及科普教育型温室。集蝴蝶养殖、观赏、科普教育及其他文化活动于一体，园区内设置蝴蝶科普世界、蝴蝶文化区、蝴蝶放飞广场、DIY体验区等多个区域。在蝴蝶谷和生态网园，游客可与蝴蝶近距离接触，即使在白雪皑皑的冬季，也能够感受蝴蝶纷飞的美好。

蝴蝶科普世界呈现了很多蝴蝶科普知识，如蝴蝶的蜕变过程和生活习性；在蝴蝶文化展区，游客可以了解蝴蝶文化的源远流长，认识蝴蝶带给人们的生命启发，还能亲眼见到蝴蝶风筝、蝴蝶火花、蝴蝶邮票、蝶翅画等。如图5-8所示。

图5-8 七彩蝶园

技能训练

内容：寻找3个乡村旅游娱乐项目实际案例，并分析其设计思路及优劣势。

步骤：

（1）以4～5人为一个小组，进行项目分工。

（2）查询乡村旅游实际案例，开小组讨论会，分析其设计思路及优劣势。

（3）制作PPT，在全班进行汇报。

任务二 乡村旅游娱乐项目内容

（一）乡村旅游娱乐项目设计内容

乡村旅游娱乐项目通过参与活动、观看演出等，使游客达到愉悦身心、放松自我的目的。这类项目在提升为乡村文化体验游时，主要通过以下途径进行：第一，注重环境的提升作用、精神的促进作用等；第二，开发内部的体验价值，实际上乡村文化体验旅游的从业人员本身也在进行一种体验，这种体验不仅可以提高工作效率和创造性，还可以更好地稳定人们之间的关系，起到沟通、信息和知识共享、协调等作用；第三，重视对游客感官、触觉、视觉甚至味觉的刺激；第四，重点设计游客感兴趣的项目：各历史时期示范表演（如古代生活情景），游客动手制作工艺品，有奖励的游戏和竞赛，表演、庆典、游行和各式各样的狂欢，赠送纪念品等等。

1. 开展晚间娱乐项目

开展丰富多样、参与性强的娱乐项目，如歌舞表演、民间曲艺、夜游县城、饮食夜市、烟火表演等项目，丰富游客的晚间娱乐生活，满足游客的需求，发展地方经济尤其是夜晚经济。

2. 建设文化娱乐场馆

打造休闲娱乐广场，构建文化中心、图书馆、博物馆等。挖掘开发地方和民族文娱项目，发展民歌等群众喜闻乐见的表演形式；建设文化娱乐休闲广场，集娱乐、宵夜、演艺、健身等功能于一体，丰富游客的娱乐活动。

3. 拓展旅游休闲活动

将旅游业与休闲文化体育相结合，开展休闲、健身、娱乐活动，如亲水、划船、登山、垂钓、洗浴等。可以在田园、牧场、渔区、农家等开展一些绿色休闲体育项目，如滑草、攀摘瓜果比赛、模拟自驾牛耕地比赛等绿色健身项目。这样休闲者既领略了田园风光，亲近了大自然，达到了返璞归真的目的，又参与了一些自己喜爱的绿色休闲体育项目，达到了强身健体和愉悦心情的目的；同时还为新农村消费市场注入了新的活力，促进了新农村当地经济的发展和新农村产业结构的调整。

4. 策划大型的旅游节庆活动

策划如"乡村旅游节""乡村采摘节""乡村美食节""乡村自驾游""乡村摄影节""乡村民俗风情节"等大型活动来扩大影响，树立区域乡村旅游的总体形象。

5. 完善饭店及宾馆娱乐

要求设置歌舞厅、卡拉OK、夜总会、茶馆、酒吧、咖啡厅、美容美发等；高档次宾馆内设游泳馆、娱乐城、健身房、有氧活动室、SPA、桌球室、棋牌室、音乐厅、电影厅等。

6. 开发景区娱乐项目

在旅游定点饭店、餐馆、度假村和主要旅游区（点）引入地方歌舞和器乐演奏，让游客边游边赏、边吃边看，不仅可以欣赏地方民俗演艺，而且可以有选择性地参与到队伍中进行同场演艺。

7. 加强旅游娱乐管理

努力提高从业人员的职业道德水平和业务素质，力求通过旅游娱乐业的优质服务强化良好的乡村旅游形象。

（二）乡村旅游娱乐项目设计的影响因素

纵观当今乡村旅游娱乐业，其规模之大、发展变化之快令人惊叹。乡村旅游娱乐项目花样繁多，层出不穷。除了传统的乡村旅游娱乐项目外，利用现代高科技开发的新颖娱乐项目更展现出神奇的魅力。

在数不胜数的旅游娱乐项目中，有一些娱乐项目一出现就被广泛地流传，甚至风靡全球。像20世纪50年代流行的康乐球，前几年流行的呼啦圈、飞盘、台球和卡拉OK等运动休闲娱乐项目，都在我国产生过十分轰动的效应。在美国，上至第一家庭（美国总统一家），下至普通百姓中的儿童，都十分迷恋迷你高尔夫这一项运动娱乐项目。迷你高尔夫曾一度严重地冲击了电影的上座率，好莱坞曾经不得不禁止其演员参加迷你高尔夫娱乐，可见其影响之深。

另外，还有一些娱乐项目则经历了一个世纪乃至几个世纪仍经久不衰，深受人们的喜爱。如中国的麻将、龙舟、风筝、灯会，外国的扑克牌、歌舞厅、夜总会和网球、高尔夫运动等，在人民群众中都有极强的生命力。然而，也有一些运动休闲娱乐项目却遭遇了冷落和衰败。大家不禁要问：娱乐项目的成功要素究竟是什么呢？

所谓"娱乐设计成功"，指的是当设计者在构想一种娱乐项目，并为这种娱乐增加创意时，必须保证这种构想或创意能够获得成功。而娱乐项目设计成功的标准只有一个，就是受到人们的喜爱。那么，怎样才能受到人们的喜爱呢？从游客的娱乐心理来分析，归纳起来即：一个成功的娱乐设计项目，必须能带给人们舒适享受、奇特新颖、惊险刺激或一搏输赢。也就是我们通常说的娱乐项目的"四性"，即享受性、猎奇性、冒险性和对抗性。没有上述特性的乡村旅游娱乐项目，必然不会受到群众的喜爱。

1. 娱乐需要舒适享受

人们在紧张的工作之余，需要得到精神上的放松，一旦有条件进行休闲娱乐总是希望能够舒舒服服、心满意足。因此，乡村旅游娱乐项目的设计，首先应考虑优美舒适的环境、轻松愉快的氛围和周到满意的服务。这就是乡村旅游娱乐项目设计师应该注意的享受性设计原则。即使是让人出力流汗的健身房，也要设计得环境优美、设备豪华、服务及指导殷勤周到，以便消费者在健身时，能感到一种特殊的享受和满足。这和那种只有几块铁疙瘩，买票进去自己练的所谓健身房自然是完全不同的。再举一个例子，有人认为高尔夫运动很简单，一根棒、一个球，拿把铲子在地上挖个洞就可以玩了。如果当真是这样简陋而不追求舒适享受的话，高尔夫就不可能成为今日的贵族运动项目了。因此，乡村旅游娱乐项目的设计必须讲究享受。

2. 娱乐必须力求新颖

新、奇、特的娱乐项目最能激起人们的兴趣，也最能引起轰动，这是为什么呢？从人们的娱乐心理来分析，总是希望接受新的东西，即使是很平常的旅游观光，也喜欢选择没有去过的地方。也就是说，再好玩的娱乐项目也会有玩腻了的时候。因此，任何游乐场或旅游地都要不断变换花样，更新内容或形式，才能实现常玩常新。新奇独特的乡村旅游娱乐项目设计能满足游客猎奇的娱乐欲望，取得出奇制胜、一举成功的效果。

3. 娱乐也要追求刺激

娱乐项目设计也常常追求刺激，惊险刺激的娱乐项目最能满足年轻人争强好胜、勇敢冒险的娱乐心理。人们对越是惊心动魄的项目越有兴趣，并能从这一类惊险的娱乐中感受到激动和兴奋，这就是娱乐设计中所谓的冒险类娱乐设计。讲究惊险刺激的娱乐项目很多，如急流涌进、超级列车、海盗船和动感电影等，都无不让游客感到惊恐万分。这类勇敢者的游戏，超越别人，战胜自己，富有很强的挑战性和诱惑力。最让人惊叹的是高空悬跳，也就是外来语译为"蹦极运动"的极限体育运动项目。从30～50米的高塔架上或是悬崖上纵身一跳，人就带着系好的绳索自由坠落下来。尽管坠落式蹦极跳十分安全，全世界总计已有上百万次的安全悬跳记录，但这种近似跳楼、跳崖的惊险场面，总是能一下子把观众的心提到嗓子边。

4. 娱乐喜欢一搏输赢

娱乐项目的对抗性设计也是十分重要的。人人都有一种争强好胜、一搏输赢的娱乐心理，尤其是在体育运动中，胜负决定一切。提倡"友谊第一、比赛第二"的球赛，绝对没有今天球类运动商业化这样对抗激烈、精彩好看。娱乐项目也是一样，像模拟枪战、激光打飞碟、水战、体感游戏机等娱乐项目都有着强烈的对抗色彩。只要一分输赢，就有了能力、智力、魄力等诸方面的对抗，趣味性、刺激性和挑战性也由此迸发。

娱乐项目设计成功所考虑的四个特殊性，即享受性、猎奇性、冒险性和对抗性。这是从娱乐心理角度出发，阐述人们喜爱的娱乐项目所应有的属性。而娱乐项目能否赢得人们的喜爱，还常常受社会环境、民族文化习惯、地区消费意识，以及消费对象的年龄、性别等多方面因素的影响。例如，欧洲的马球在中国很难推广。甚至我国国内不同地区的民族习惯和消费意识也不尽相同，儿童和老人的娱乐心理、能力、智力等都与年轻人不相同。因此，要想获得娱乐项目设计的成功，就应该综合研究社会、政治、经济、文化、习惯、环境、心理和娱乐对象等诸多条件，这样才能创造出深受人们喜爱的娱乐项目来。

（三）乡村旅游娱乐项目设计案例

1. 苗木＋休闲娱乐＝美丽中国生态城

产业依托：苗木种植产业

规模要求：500亩至上万亩不等，根据不同规模进行不同设计

项目定位：美丽中国生态城·创意化绿化美化情景样板间

客群市场：花卉苗木休闲度假产业

创意内容：苗木产业也是农业旅游规划中常见的资源类型。尤其是在国家大力推进生态文明建设的当下，苗木产业因其高附加值和经济效益，在当下的广大乡村已经成为重要的产业升级选择。苗木花卉产业本身就具备旅游观赏和开发价值，然而由于规模和数量的增加，花卉苗木产业发展已经进入了白热化竞争阶段。针对苗木产业，可创设情景苗圃基地的概念，即通过绿化样板间的形态展示苗木搭配的效果，将苗木产业、休闲游憩、游乐运动整合为一体。

在进行苗木种植的时候，可以按照城市、小镇、村庄、公园、道路、庭院的空间绿化美化景观效果进行景观苗木搭配种植展示，形成绿化美化样板间效果，提升苗木产业的销售量；在情景化的样板间之中，进一步融入适合儿童、情侣、亲子、运动、游乐的各种旅游项目，形成整合化发展效果。

主要赢利点：苗木种植、销售；运动、游乐、亲子等。

发展愿景：在中国大地上每一个国家级的苗木产业基地都应该构筑一个美丽中国生态城项目。如图 5-9 所示。

图 5-9　美丽中国生态城项目

2. 林业＋游乐项目＝树上穿越游乐公园

产业依托：林业种植产业

规模要求：200 亩至上万亩不等，根据不同规模进行不同设计。本项目主要是针对经济林以外的林业资源

项目定位：树上穿越·创意游憩森林公园

客群市场：森林游乐游憩市场

创意内容：针对林业资源的开发，可提出"树上穿越游憩公园"的独特发展理念，针对除了经济果林以外的林业资源，创设"树顶木屋、树中穿越、林下游憩"的三维空间开发理念，即依托树冠可以开发树顶温泉 SPA、树顶度假木屋、树顶休闲书吧、树顶瑜伽健身台、树顶观光餐厅等项目，对观光与休闲度假项目进行整合发展；树中依托树干通过空中吊桥、藤索、栈道和各种拓展运动相结合，打造适合儿童、团队的拓展训练项目；树下利用陆地空间打造度假帐篷营地、森林氧吧、林下采摘等项目。

主要赢利点：游乐、运动、度假、养生、林下经济等。

发展愿景：在中国广大的林业资源广袤的地区，一定要做好对现有资源的利用整合，让森林除了生态价值外产生更大的经济价值。如图 5-10 所示。

3. 牧场＋牧场生活体验＝勇士狩猎乐园

产业依托：畜牧家禽养殖产业

规模要求：需具备一定的规模，或者是依托草原、荒地、山林的养殖产业，或者养殖场周边有可利用的空地资源

项目定位：勇士狩猎公园·回归大自然最真实的体验

图 5-10　树上穿越公园项目

客群市场：特色畜牧产品美食和体验游乐

创意内容：这里所指的牧场不仅仅局限于真正的草原牧场，还指所有具备一定规模的养殖基地。养殖产业本身就是农业产业一个重要的组成部分，针对类似资源依托的项目，要充分释放人类对于动物的天然感情，除去要对养殖技术、环境和品质进行稳步提升外，如果可以依托空地资源的话，应建立一个勇士狩猎乐园。该狩猎不等同于传统狩猎，而是让游客赤手空拳去抓我们放养的各种特色动物、去捡散养的鸡鸭鹅下的蛋、去挖山地野菜等等。而且游客获得的动物及蔬菜等，一方面可以就地交由餐厅进行定制化烹饪，进而享受美食，另一方面还可以定制化包装成具备独特创意的特色旅游纪念品。

主要赢利点：养殖、延伸加工、特色美食、体验狩猎等。

发展愿景：人类最初的本性就是善于从自然界中获取各种生活必需品。此类项目一方面可以丰富养殖产业盈利方式，另一方面也可以提升畜牧产品的价值和品牌知名度。如图5-11所示。

图 5-11　勇士狩猎乐园项目

4. 果业＋创意体验设计＝创意瓜果王国

产业依托：水果种植产业

规模要求：一般是在知名的水果产地，水果自身的采摘农业旅游基本已经有一定的市场知名度。

项目定位：创意瓜果王国·让瓜果旅游更上一层楼

客群市场：水果采摘近郊休闲游憩市场

创意内容：瓜果是目前乡村主导产业之一，在广袤的中华大地上不同的地域都拥有自己地方引以为傲的瓜果品种。针对瓜果产业的发展，创意化象形设计与动漫相结合的创意瓜果王国乡村旅游项目。

即一方面运用瓜果采摘观光等传统的旅游发展模式，丰富瓜果种植品种，提升瓜果种植技术，引入现代科技大棚，实现一年四季、不同地带的瓜果采摘游乐；另一方面对瓜果进行创意化设计，形成以瓜果果实、果树、花朵及其吉祥寓意为原型的各种创意性景观、休闲空间、动漫体验项目，比如可以打造苹果创意小镇，在苹果采摘园中有苹果小屋、苹果城堡、苹果乐园、苹果垃圾桶、苹果路灯、苹果休闲座椅等等，甚至其中的服务人员也都打扮成苹果形态，游客在用餐的进程中所使用的餐具、座椅、房间的装扮打造也将苹果的元素运用到极致。

所谓创意瓜果王国，其实就是对一个地方最突出的瓜果进行极致化的创意打造，使之成为地方特色瓜果的展示窗口，推动瓜果产业的进一步优化发展，让游客享受全感官的游憩体验。

主要赢利点：瓜果种植、休闲采摘、创意游乐、特色度假等。

发展愿景：每一个地方都有自己引以为傲的瓜果产品，华汉旅将致力于为每一个地方特色的瓜果品种打造一个形象展示窗口，提升其在市场上的知名度和产品的体验度。如图5-12所示。

图 5-12　创意瓜果王国项目

5. 渔业＋多元化渔乐体验＝百渔乐园

产业依托：水产养殖产业

规模要求：一般依托特色的水产养殖基地

项目定位：百渔乐园·虾兵蟹将王国

客群市场：休闲鱼乐市场

创意内容：渔业水产养殖是在地表水比较丰富的乡村地区常见的农业产业依托，也是这些地方乡村旅游开发的主要资源和产业依托，通过对该类项目的总结提出"百鱼乐园·虾兵蟹将王国"的创意旅游开发思路。

百渔乐园·虾兵蟹将王国是指首先要丰富水产养殖品种的多元化，特别是用作旅游开发部分；其次要丰富体验游乐方式的多元化，在传统垂钓的基础上，引入摸鱼、掏螃蟹、钓青蛙、抓大虾、粘知了等各种娱乐方式，将鱼的各种玩法（钓鱼、抓鱼、网鱼、摸鱼、打鱼）做到极致。同时引入相关联的其他乡土游乐方式，构筑出一个乡土田园游乐游憩方式的综合体。

在做好各种游乐方式的同时，还应对各种水产养殖产品进行创意化设计，对鱼、虾、蟹、蛙、贝等进行象形设计，使之成为各种小屋、休闲座椅、景观设施、生活用具，真正让你走进水产养殖的王国。

主要赢利点：水产养殖、渔乐体验、特色餐饮、特色度假等。

发展愿景：在每一个水产养殖产业发展比较突出的区域，都应该形成自己的一个休闲游憩体验部落，这样既可以丰富水产养殖的收益来源，又可以进一步扩大和提升水产养殖的知名度和影响力。如图5-13所示。

图5-13　百渔乐园项目

6. 民俗技艺＋情景化体验设计＝梦回十八坊

产业依托：传统民俗技艺、劳作方式

规模要求：作为单独的项目10～50亩皆可

项目定位：十八坊·步入即梦回千年

客群市场：民俗文化、传统技艺文化体验

创意内容：每一个乡村旅游地，在其漫长的发展过程中都会形成极具地域特色的民俗技艺、耕作方式和传统工坊。这正是乡村地域文化的经典所在，也是其独特吸引力所在，针对如此资源的旅游化开发提出"十八坊·步入即梦回千年"的理念。

整理出每个地域最具特色的传统劳作作坊，在一个区域内作坊内部摆设、工具、工艺流程等都要进行场景化、情景化的再现。游客既可以观看传统的劳作方式，又可以参与其中亲身体验劳作方式，比如酒坊、油坊、磨坊、染坊等等。

主要赢利点：参与体验、手工纪念品销售等。

发展愿景：对传统技艺的保护不应该只是通过静态化的博物馆展示来实现，十八坊项目的出现将成为传承乡村传统文化的重要方式。如图5-14所示。

图5-14　梦回十八坊项目

跟着《爸爸去哪儿》看乡村旅游娱乐产品设计

《爸爸去哪儿》中一系列寓教于乐的亲子互动体验项目引领了乡村旅游的新潮流，为乡村旅游项目的开发提供了新思路，为旅游者带来别具一格的旅游体验。我们可以跟着《爸爸去哪儿》，学习一下当地是如何对乡村娱乐体验产品进行创意性设计的。

1. 农事体验类产品

在《爸爸去哪儿》节目中，我们经常可以看到爸爸和孩子们一起体验农家生活的场景。比如，第一季的第一站在宁夏回族自治区中卫市沙坡头区腾格里拉沙漠，晚上五位爸爸下湖捕鱼作为晚餐食材，并通过在当地农家抓捕家鸡为各自的孩子做一道晚餐食物。

第二季中，在武隆的时候，爸爸有个主要任务就是修猪圈，而孩子的任务就是赶猪。

在怀化靖州的时候，爸爸和孩子都要学习当地人做糍粑，摘杨梅、卖杨梅并给老奶奶买礼物；在呼伦贝尔大草原，还有挤牛奶、抓羊的任务。

当观众看到他们心中的明星偶像也像寻常农村人一样需要抓鸡捕鱼才能做晚餐，并且十分接地气地修猪圈、赶猪赶羊时，顿时觉得十分亲切，而寻常的乡村农事活动也变得更加有趣，进一步激发了广大群众进行农事体验的欲望。

这些农事体验项目开发的要点就是要设计体验情景，让游客能像当地人一样生活，并像当地人一样下田、找食材、做饭、赶羊、抓鱼，从而充分融入当地的文化。此外，这些体验项目的设计最好有一个动机，如给孩子做一餐原生态的有机晚餐、为孩子做玩具、给老奶奶买礼物。

2. 工艺体验类产品

《爸爸去哪儿》中也有许多传统手工 DIY 的活动，比较典型的是第三季中在福建河坑村，爸爸需要上山砍竹子给孩子做一个竹子玩具。其中各位老爸使出了浑身解数，分别做出了竹子水枪、竹子蜻蜓、竹子车等玩具，充分展现了爸爸们的艺术和手工细胞。

在四川都江堰要求萌娃画全家福；第五季还有爸爸们跟着布依族师傅学习做乐器的体验活动。工艺体验类产品是天然的文化 DIY 产品，强调游客参与到整个工艺的制作过程，使游客通过动手、动脑进行创意，从而创造一种个性化的体验，充分激发游客的想象力，是现在旅游中最受游客欢迎的项目之一。

3. 消闲游乐类产品

在《爸爸去哪儿》节目中，各式各样的任务层出不穷，各种各样的游戏活动让人捧腹大笑，都属于消闲游乐类项目。但为了方便研究，我们将消闲游乐性质比较突出的项目归为游戏、游乐园、棋牌、特色户外活动等。

在《爸爸去哪儿》中，最为经典的游戏娱乐有在黑龙江雪乡的丢手绢和萝卜蹲，在陕西榆林黄土高坡的抢凳子比赛，还有袋鼠宝宝游戏、小狗赛跑比赛、寻找宝藏、掰玉米等趣味游戏。

此外，在《爸爸去哪儿》中还有人们十分喜欢的烧烤、篝火晚会、围炉夜话等娱乐活动，这些活动无疑激发了乡村旅游夜晚的活力。

4. 趣味体育类产品

户外运动旅游由于具备时尚、健康、休闲的特质，近年来也越来越受到人们的欢迎。而乡村趣味体育不仅满足了人们追求户外运动刺激性的需求，同时还能使人们充分感受当地人的体育文化，这在未来无疑是乡村旅游的一大亮点。

乡村体育类项目不像正式的体育竞赛那么严肃和强调竞赛性，它可以是当地人们的户外运动习俗，或者一种户外生存能力，通过简化和趣味化，成为一项参与性很强的旅游项目。

如《爸爸去哪儿》到腾格里拉沙漠玩滑沙项目，到呼伦贝尔大草原举行射箭比赛、滑草活动，到湖南邵阳关峡苗族乡参加苗乡运动会，到陕西榆林市参加掰玉米、合力穿裤子、抢椅子的运动会等等，一个个都成为经典的趣味运动活动项目。

除了一些富有当地文化特色的户外项目外《爸爸去哪儿》还有改良版的现代体育运动项目，如到台北花莲玩的3、7米花样跳水，到武隆玩泥地足球赛，到浙江新月古村玩铁人五项（系鞋带、打保龄球抱冬瓜＋孩子抬轿子包粽子＋划船）等，十分有趣，原来现代的竞技运动还能这样玩。

5. 文化表演类产品

在乡村旅游开发中，表演类产品十分重要。好的文化表演能吸引大量的游客，并能很好地展示当地的文化。

《爸爸去哪儿》中的民俗表演类节目也十分丰富，除了当地一些传统民俗表演活动外，还有更多是爸爸和孩子们创作的即兴表演，因参与性强、趣味性足而十分受观众喜爱。

在新月村，一场无节操的舞台剧、一场寻找搭档的走秀将现代的时尚娱乐文化带入乡村中，轻松幽默又接地气。而在台湾的花莲，爸爸和孩子们需要边烧烤边唱歌，一个活脱脱的烧烤演唱会就这么诞生了。

到福建漳州，爸爸和孩子们还要学习编一场木偶戏，然后轮流表演，在爸爸和孩子参与到表演木偶戏的过程中，木偶这种传统的艺术文化也被更多人了解。而在吐鲁番，爸爸和孩子们需要用葡萄打扮自己，并走一台别开生面的葡萄时尚秀。

可以说，《爸爸去哪儿》中的很多表演类节目都十分别开生面，原来乡村艺术表演还可以这样，可以不那么严肃，可以很幽默很随性的方式表达出来，但需要人们的广泛参与和配合。而这种高度参与式的表演恰恰是乡村表演类项目需要借鉴和学习的，也是比较难以设计的。

6. 节庆类产品

节庆活动是指在固定或不固定的日期内，以特定主题活动方式，约定俗成、世代相传的一种社会活动。从节庆内容上，可分为祭祀节庆、纪念节庆、庆贺节庆、社交游乐节庆等。

在乡村，除了全国比较统一的节庆日外，还有很多富有地域特色的节庆活动，如彝族的火把节、傣族的泼水节、侗族的六月六等都十分具有当地文化特色。不同地方的节庆只要通过挖掘和策划，都能形成一个不错的旅游吸引点。

如爸爸和孩子们到云南普者黑，彝族父老乡亲的欢迎仪式，隆重而盛大。

《爸爸去哪儿》虽然是一个大型生活情感综艺节目，但是其以乡村为载体，并通过一系列富有当地乡土文化特色的任务、游戏、比赛等活动的设计，让乡村娱乐体验项目散发出前所未有的吸引力，并被广大乡村旅游目的地学习模仿。

学习《爸爸去哪儿》的游乐体验项目设计，无疑是将体验性、乡野性、趣味性、寓教于乐等特点做到极致。

（资料来源：微信公众号）

 技能训练

内容：寻找3个乡村旅游娱乐项目实际案例，分析其设计内容及优缺点。

步骤：

（1）4～5人为一个小组，进行项目分工。

（2）查询乡村旅游实际案例，开小组讨论会，分析其设计内容及优缺点。

（3）制作成PPT，在全班进行汇报。

钱江弄潮动感乡村旅游带

（一）地理位置

宁围镇、新街镇、南阳镇、河庄镇、义蓬镇、新湾镇。

位于萧山区北部，围垦区靠近钱塘江南岸的区域，与杭州城区隔江相望，钱江二桥、六桥和九桥的建成将极大地增强杭州市进入该地区的便捷性。

（二）开发定位

以钱塘江和花木为主打产品，以围垦文化为精神，着力打造以"潮韵钱江、娇艳花木"为主题的"S型"动感钱江体验、科技农业观光乡村游，使之成为萧山乡村旅游的品牌区域。

（三）依托条件

已有杭州神博乐园、传化大地、浙江（中国）花木城、钱江国际观潮城、萧山明朗休闲农业开发公司、萧山瓜沥跃腾垂钓休闲生态园、萧山乐开心农庄、萧山伟林农业开发有限公司、杭州萧山秋琴农业发展有限公司、钱塘江观潮节、沙地文化节等景区点和节庆资源。

（四）重点发展项目

——钱江渔乐城

充分利用钱塘江的知名度，于北岸南阳镇、河庄镇的鱼塘区建设开敞式带状钱江渔乐城。渔乐城以"住江边、玩江面、吃江鲜"为主题，可开发下列"渔"乐项目：(1) 休闲渔业基地观光：引领游客欣赏休闲渔船码头、休闲渔屋、休闲渔排、渔博馆、渔家乐、江上"威尼斯"、江岸渔村、休闲鱼塘、渔家特色购物街等等。(2) 沿江各镇的渔文化展示：渔诗（歌、舞蹈）、渔俗、渔画、涉渔剪纸、涉渔童话传说、反映各地渔业生产和渔民生活变化情况。(3) 休闲渔业旅游产品展示：贝雕、贝画、特色水产生物标本、特色水产食品等。(4) 休闲渔业节庆展示：开渔节、捕鱼节、钓鱼节、观潮节、渔人节、鱼饰节、螃蟹节、江鲜节等等。(5) 特色观赏鱼图片、标本、活体展示。(6) 休闲游艇、休闲渔船乘坐；休闲渔家住宿。(7) 休闲渔业设备、材料、工具、用品展示。(8) 各镇休闲渔业发展成就展示。同时鼓励渔民开展渔家乐，游客可以食江鲜、织渔网，和渔民一起下江捕鱼，观赏和体验渔家乐趣。

——极限水世界

于宁围镇中国水博览园附近建设乡野水上极限运动馆，陆上占地面积1000平方米。此处可提供世界上最新最惊险的水上极限挑战项目，如高空水上蹦极、水上滑板、香蕉艇、花生艇等惊险刺激的水上运动项目，以及相应的水上运动培训。

——野地沙雕园

于河庄镇围垦区建设野地沙雕园，面积20000平方米，长期展示各国精品沙雕，每年举办国际沙雕文化艺术节。游客可以亲自体验参与沙雕制作，也可以购买或制作沙雕纪念品。

于沙雕园旁建设沙地运动场，面积20000平方米，提供各类沙地、沙漠运动。建设10座人造沙丘，供游客开车沙漠冲浪及滑沙游乐。同时，运动场内还可举办沙地排球赛、沙地足球赛等各种沙地比赛。在沙地运动场每年还可举办长三角风筝节，以丰富项目内容。

——万众生态农庄

于河庄镇南沙大堤，充分利用商周文化、围垦文化，重点开发集蜀山商周文化、历史陈列和学习、教育、娱乐、休闲等多种功能于一体的园林化、高科技现代休闲农业园、商周文化保护区、无污染蔬菜基地、苗木果树观光区、高新农业养殖区等。

——中医沙浴馆

在河庄镇建设中医沙浴馆，使用面积5000平方米。沙浴，是中国古代的一种保健疗法，是以漠沙、河沙、海沙或田野沙作为媒介，可用沙子中含有的多种微量元素和矿物质，在医生的指导下，将身体相关部位埋于沙中，通过沙温向人体传热，以达到促进血液循环、改善亚健康状况、疗养祛病的目的。沙疗无副作用，对风湿、关节炎、腰腿痛、脉管炎、女性痛经等疾病有很好的疗效，尤其对于减肥有显著效果。萧山可以从国外引进先进沙浴设备，利用江沙、田野沙建立中医沙浴馆，配备相关医生指导乡村游客针对身体情况进行沙浴，并提供包括药膳餐饮、健身、娱乐等在内的配套服务。

——农垦博物馆

于水博园内（垦区22工段）建设萧山农垦博物馆，全面、真实地记录萧山围垦创业50余年的历程。建筑总面积4000～5000平方米，展览面积需达到2000～2500平方米，分为"围垦岁月"、"青春年华"和"改革创新"三个分馆。"围垦岁月"分馆，主要记载老围垦围江造田建场开荒的历史；馆内可以用大量的历史照片、实物和艺术场景再现50多年来萧山历次围垦增加上万亩土地的壮举，讴歌老围垦"艰苦奋斗，勇于开拓"的精神。"青春年华"分馆，主要记载萧山各农场安置知识青年的历史；馆内可以用照片、实物、纪录片、影像等表现方式展现知识青年劳动、生活、学习的情景，以及知识青年中涌现的各行各业的人才。"改革创新"分馆，主要记载围垦区在改革开放后所取得的成就；可用来展现垦区农业龙头企业的风采和垦区今天的新面貌。萧山农垦博物馆要集教育、科普、旅游、休闲于一体，介绍萧山围垦文化，体现萧山"敢为天下先"的围垦精神。

——花卉农家乐

在新街镇开发花卉农家乐旅游项目，每个挂牌接待服务的农家做到一家一花、一家一品，形成各自的特色。每户农家配备10～20张标准床位，有相应的餐厅和琴棋书画等文化休闲娱乐设施；同时有设计新颖的花园式庭院和足够的采摘农田果园，使游客驻足享受农家风情、庭院芬芳。

——钱江农艺带

于钱塘江岸边大面积围垦农田区，建设平坦广阔，一望无垠"春之油菜，夏之秧苗，秋之稻谷，冬之沃野"乡土气息浓郁的农艺观光带，使之成为观光感受农村风貌的绝佳之地。沿江岸在适当空地建设生态休闲茶座，设置草坪、竹制装饰吊灯、休闲凉伞和竹制座椅等。游客在此可获得无与伦比的乡野感受，视觉上体验稻田风光，一览无垠；听觉上感触江水潺潺，鸟叫蝉鸣，味觉上体验特色糕点，地方茶饮；嗅觉上尽享时令花香，乡土气息。

——跑马场

规划在钱塘江岸边围垦区建造一个占地30亩的乡村跑马场，应用地埋式喷洒防尘降温设施，采用可践踏草坪作跑道、PVC塑料管作护栏，为来此跑马的乡村游客提供一个安全的马术活动场所。乡村跑马场可采用会员制方式经营，设置主跑道、会员练习场、马匹训练场、儿童练习场等场地。马场可聘用多名专业教练，根据游客的骑乘水平提供度身定制的骑术课程。市民可带孩子来此，或在田野间散步，或和马场温驯的马儿和乖巧的狗儿交朋友，或在教练的指导和陪护下骑乘专门的儿童用矮种马，全家一起亲密接触大自然和动物。

课外活动

学生分小组进行，对自己选择的某项目进行乡村旅游娱乐项目开发设计，包括项目设计思路、项目设计程序、项目设计内容、影响因素分析等方面，编写项目设计报告。

项目六
乡村旅游设施开发与设计

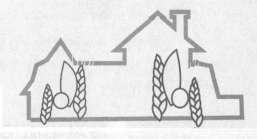

项目目标

技能点：通过本项目的学习，学生能够对乡村旅游设施进行开发与设计、分析与评价。

知识点：了解乡村旅游设施包括的主要内容；熟悉乡村旅游设施开发与设计的总体要求和基本原则、升级的方法和要点；掌握乡村旅游交通、景观、标识等设施设计的方法和要求。

验收点：要求学生能够学会乡村旅游设施开发与创意设计。

课程导入

桂林鲁家村的厕所改造

2014年11月26日，桂林市召开全市旅游厕所建设提升动员大会，全面启动旅游厕所建设提升工作。短短的三个月时间，桂林掀起了一场轰轰烈烈的"厕所革命"。在此次首批改造的厕所中，鲁家村就有2座旅游厕所得到改造，分别位于鲁家村码头和村中心。

鲁家村以整齐划一的桂北古民居风格建筑为主要特色，其码头厕所也保持了这种桂北古民居建筑风格，与周围的风景和鲁家村其他建筑和谐相融。码头厕所在两江四湖二期游船下船处，正好方便游客下船后的如厕需要。这座新建的四星级厕所分为两层，一层为男厕，二层为女厕，设计上运用了环保节水的理念，将引入桃花江水冲厕，使用自来水供游客盥洗，所有污水将入城市排污管道，决不污染环境。由于这里风景宜人，将厕所二楼的一部分楼体规划成游客中心和观景平台，使得厕所具备了多种功能，打造成了"看得见风景的厕所"。鲁家村村中心旅游厕所外部也进行了绿化，受地理位置制约，村中心旅游厕所不作扩容，专注于内部改造和装修，改善厕所内部设施设备，以更加方便游客。如图6-1所示。

图 6-1 桂林鲁家村改造后的厕所

（资料来源：广西生活网）

"工欲善其事，必先利其器"。设施是乡村旅游项目的重要组成部分，也是乡村旅游服务的物质载体。但从目前我国乡村旅游发展的现状来看，设施设计滞后、管理混乱、危害环境的问题仍普遍存在。

任务一　乡村旅游设施体系及开发与设计原则

（一）乡村旅游设施体系

1. 乡村旅游交通设施

乡村旅游交通设施包括乡村外部交通、乡村内部道路、停车场、服务驿站、特色风景道、指引系统等。在所有的乡村旅游设施中，配套方便快捷的旅游交通设施是前提。交通关系着乡村旅游各个景点的通达性，决定着乡村旅游吸引的游客量。

2. 乡村接待服务设施

乡村接待服务设施包括住宿、餐饮、娱乐、购物等，是游客使用量最大，也最能够带给游客旅游体验的设施，并且这类设施的安全问题直接关乎着游客的人身、财产安全。

3. 乡村环卫设施

乡村环卫设施包括村落内部的污水垃圾处理、旅游厕所、供水、供电、通信网络、ATM机、救护系统等。这些设施是乡村旅游便利性的保证，每一个环节的缺失都会导致游客的满意度下降。

4. 乡村信息服务设施

乡村信息服务设施包括导览标识系统、通信设施等。信息服务设施是游客及时了解乡村旅游信息的重要方式，涉及旅游过程的自主性和便捷性。信息服务设施的提升，是信息时代乡村旅游必须进行升级的设施体系。

（二）乡村旅游设施的重要性

1. 乡村旅游设施是旅游舒适度的重要基础

乡村旅游设施与游客旅游中的基本需求息息相关，基础设施不完善所带来的安全、供水、卫生、通信等方面的问题，导致许多乡村旅游景点游客重游率及入住率均下降、旅游收入减少。2015 年年初，"旅游厕所革命"席卷全国，乡村旅游地作为旅游厕所的重灾区，普遍存在数量不足、质量不高、布局不合理、管理不到位等突出问题。乡村旅游基础设施的升级，是乡村旅游舒适度提升的重要保障。

2. 乡村旅游设施是"乡土味"的重要展现

乡村旅游设施遍布乡村旅游各个角落，是乡村旅游整体形象和细节特色，即"乡土味"的重要展现。乡村旅游设施与乡土特色的结合，对于展现乡村旅游风貌具有重要作用。

3. 乡村旅游设施是乡村旅游品质的重要载体

乡村旅游设施包括餐饮设施、住宿设施、基本接待设施、配套设施、环境卫生、安全防范、服务质量、从业人员技能等方方面面，是乡村旅游品质的重要载体。功能性强及个性独特的乡村旅游设施，展现了乡村旅游的高端品质。

（三）乡村旅游设施开发与设计的总体要求

1. 重环境营造，轻设施建设

乡村旅游产品的核心是自然生态，厌烦了城市喧嚣的城市居民到乡村旅游就是为了亲近自然、享受自然。因此，应当善用农业资源，重视乡村环境营造，设计出有特色的乡村旅游产品，与环境融为一体，保持耐看、持久与城市生活极度反差的乡村体验。相反，高耸的水泥设施物，艳丽的人工水景、外来植物，过于表现的景观设计，与乡间景观格格不入，破坏了乡村田野的景观效果，因而不再可能吸引到都市居民。如一些乡村的"山庄"频频修建高楼饭店，豪华程度直追都市。走进这些"山庄"，处处是发动机的轰鸣、摩托车的奔驰，都市的文明符号都被移植并揳入山沟，破坏了乡村的质朴与宁静，也破坏了乡村旅游的自身优势。

乡村旅游场景犹如一幅农耕图画，每一构图元素都应体现田园特色，在环境营造上应精选构图符号，明确表达出农耕寓意，增强乡村旅游吸引力，这是乡村旅游产品的高级阶段。事实上，种田犹如绘画设色，在收获农作物果实的同时，也收获田园风光的缤纷色彩。如具有旅游知识的种植者种植"迷宫田"，将田埂渠道设计成迷宫线路，使游客在青纱帐内游走；有的将菜园种成"迷宫园"，各路段设瓜果蔬菜等奖品以增加旅游者的兴趣，在田园适宜处设石凳、石桌、遮阳伞，不仅增加了游憩功能，同时营造了极佳的乡村环境。

2. 多做"减法"，少做"加法"

在旅游开发实践中，一谈到建设，人们首先想到的往往是新建些什么建筑、房舍、道路等设施内容，而很少想到要适当拆除、删去什么。其实，在乡村旅游设施的建设中，应适度考虑多做些"减法"，少做些"加法"。在乡村原有环境中，做"减法"是减去污浊求"净化"、减去异质求"纯粹"、减去繁杂求"自然"、减去烦嚣求"宁静"，努力追求"大自然"的意境。因此，"减法"比"加法"更经济，更利于资源的保护及产业的可持续发展。

3. 以单纯朴实为基调，不求都市的浮华

乡村旅游所用的各种设施，避免豪华与富丽堂皇，简约而不失整洁，睡的床、用餐的桌、坐躺的椅，或木或竹，散发出自然的清香。有些地方在乡村旅游开发建设上脱离了朴素、自然与协调，贪大求洋，追求豪华，不仅与乡村旅游内涵相悖，而且还破坏了当地的资源和环境。有的地方不对本地乡村资源优势和风土人情进行认真调查和研究，不切实际，生搬硬套，效果自然不会理想。

乡村旅游追求的是淳朴、自然，是身处钢筋水泥楼群、行色匆匆的人们所向往的，是时尚、清新、返璞归真的概念。

（四）乡村旅游设施开发的基本原则

1. 建设要体现乡村特点，强调乡村基调

乡土建筑是历史的记忆，它的每一块砖、每一片瓦、每一处细微的雕琢修饰，都蕴藏着人类祖先的影子，反映出先辈生活的足迹。乡村旅游设施全然不同于城市景观、文化古迹与风景名胜，不是刻意雕琢的人工景观，而是把乡村风貌与乡土文化融合在一起，展示出人与自然互惠互利、和谐共处的自然法宝。

乡村旅游设施可以借鉴乡村老房子的建筑方式，成本低，能耗少，建筑材质的取得与加工也很方便。乡村旅游设施位于乡土气息浓郁的乡村，是以乡村环境为依托，营造出以中国传统农耕社会为特点，外有田园，内有书香，衣食富足的农家闲情逸趣的意境。游客到乡村来体验，主要是为了寻找与城市生活完全不同的"农"味、"野"味、"乡土"味，体验乡野之趣、田园之乐。如果过于追求城市化建筑，模仿城市住房建造火柴盒形状的砖楼，并用五颜六色的瓷砖完全"包裹"起来，就会与乡村环境格格不入，从而破坏乡村整体环境的和谐美感，让寻找和休验"回归自然"感觉的城市居民大为扫兴，让乡村旅游失去独特魅力。因此乡村旅游设施，"洋"则洋不过国外，"豪华"也比不过高级饭店，优势就在于一个"农"

字。农村风光、农舍民情、农家饭菜、农事活动,以及建筑、住宿的城乡差异和地方色彩,都可以充分体现当地特色和农家氛围。

2. 师法自然,使用材料取之自然

乡村旅游设施应师法自然,天人合一,体现出人与自然的高度和谐。乡村旅游设施的使用材料取之自然,通常采用农民可自己生产或就地取材的自然材料,如木头、砖块、稻草、麦秸、芦苇等,即使被破坏也可以回收再利用。其中青砖比红砖结实,土木结构具有更好的抗震性能,禁止或避免使用石棉、有毒、腐蚀性和感染性物品,以及不可回收的一次性产品的塑料容器。建筑施工达到生态环保标准的乡村旅游设施,经营大打"生态牌",作为乡村旅游设施的一大特色。

3. 尽量利用闲置空间

乡村旅游设施可以减少不必要的人工设施,尽量利用闲置空间和设施。乡村地域广阔,变化缓慢,至今仍保留着大量社会变迁、历史更替的文化遗存,如宗祠、农舍、田埂道、水塘、水井、沿河岸边的摆渡码头和生活简易设施,现代人的回归心理使他们乐于到乡村去寻根问祖。乡村处处有闲置空间,从而大树绿荫下、水塘旁、野花小径、荷花池畔、茶园里,只要用心创造,这些地方都有可能成为浪漫空间,从而让人能舒适地感受到阳光、雨水等自然气息以及满眼都是乡村优美的景观。

由于农村劳动力大量转移,留下许多能满足游客需求的设施物,如对外联系的道路、路标与排水系统、餐厅、厕所、步道、铺面、休憩座椅、凉亭、平台栏杆及垃圾桶等。如果新建这些设施物,不但会有人工化之嫌,而且花费大;但如果能充分利用闲置空间加以改善,就可以减小对乡村环境的冲击,如将仓库改作服务中心或利用田埂作为步道等。

(五)乡村旅游服务设施升级方法与要点

1. 乡村旅游设施升级的三个原则

(1) 功能性升级

乡村旅游设施,应该首先满足游客和村民的功能需求,展现乡村旅游的舒适性。

(2) 乡土性升级

乡村旅游设施应突出乡土特色,选取乡土材质进行构建、采用乡土语言作为解说、提炼乡土元素进行装饰,对乡土韵味进行极致的表达。

(3) 时代性升级

乡村旅游设施的升级,还要与时代相结合,满足人们的时代生活需求。建设乡村WIFI覆盖系统,开发乡村旅游APP,成为乡村旅游升级的必备设施。

2. 乡村旅游设施升级的方式

(1) 乡村旅游交通设施升级

首先是实现道路通达升级,指乡村旅游交通要以绿道理念为指导,实现内外通畅,在强化乡村交通功能性的同时,注重保护乡村生态平衡,展现乡村特色风貌。

其次是道路景观升级,建议将乡土动物、植物融入道路景观营造中,比如海南万宁兴隆热带花园的绿道两旁,除了种植有大量的树木外,还培育了本土花卉及爬藤、阴生、兰科、蕨类、地衣等植物,让微生物、昆虫和野生小动物都能找到繁衍生息的栖息地,蜂蝶招展,蝉鸣蛙叫,一路起伏变化,很好地展现了热带乡土风貌。

再次是道路设施升级,指乡村道路上配备的停车场、服务驿站、道路标识等设施要容量适宜且生态环保。以停车场为例,按集中和分散两种方式进行停车场的配置,村庄主入口或游客接待中心附近区域应设置大型生态停车场,村庄内可根据需要设置小型生态停车场,注意停车场要与周边环境协调。

最后是乡村旅游道路既有交通运输功能，又具观景休闲功能。因此，我们提出加大文化比重的方式，具体是指在乡村道路上设置乡村文化主题小品、特色标识牌、文化景观墙等方式，使道路成为展现乡村历史文化、田园风光、民俗风情的乡村风景线。

（2）乡村环卫设施升级

第一是数量质量升级，实现数量充足、卫生方便的基本需求。

第二是建筑风格升级，倡导环卫设施的乡土格调、朴实品质。乡村厕所、垃圾桶的风格要与当地的民居建筑、村庄环境相融合，采用乡土材质进行建设，内部装饰体现民俗文化元素。

第三是管理方式升级，为乡村旅游环卫设施的管理制定标准化流程，实行厕所、垃圾桶等的公益广告和"企业赞助冠名"相结合的办法，对厕所有关醒目位置的广告位进行出租转让，广告收入则作为管理者的收益和公共设施维护的投入。

（3）接待服务设施升级

接待服务设施升级，包括住宿、餐饮、购物设施的升级。

1）乡村住宿设施升级

首先要丰富乡村住宿类型，开发乡村酒店、乡村客栈、休闲农庄、乡村会所、乡村度假公寓、原生态民宿以及森林小木屋等，形成功能齐全、布局合理的乡村旅游住宿体系。

其次要求环保升级，住宿建筑要充分考虑生态效益，减少对生态系统的干扰和对自然环境的破坏，采用环保型建筑材料及建筑技术，利用太阳能、沼气等清洁能源，争取自然通风采光，注重节能节水。

最后要求乡村建筑要体现地域个性，合理利用当地建筑材料，具有较强的识别性。

乡村住宿设施升级如图 6-2 所示。

图 6-2　乡村住宿设施升级

2）乡村餐饮设施升级

第一要进行乡土美食品质的升级，满足游客对安全卫生及不同档次的需求。

第二要实现乡土风味的极致展现，加强特色菜、农家菜、山野菜等菜品的开发，重点突出当地生态特色、文化特色、民俗特色，形成自身的餐饮品牌。如图 6-3 所示。

3）乡村购物设施升级

第一是丰富乡土商品种类，打造土特产、民俗手工艺品、文化创意产品等乡土商品体系。

第二是将乡土元素融入乡村商铺的建筑中。

图 6-3　乡村餐饮设施升级

第三是在购物方式上向自助购物升级。如图 6-4 所示。

图 6-4　乡村购物设施升级

（4）乡村信息服务设施升级

第一，乡村信息服务设施在造型上要突出乡土性，在设施材质、造型设计、字体类型上必须与乡村环境相协调，兼具导览功能、美感以及乡村特色。

第二，引进电子触摸屏、电子导览系统等，实现乡村信息服务设施的科技升级，实现乡村旅游信息服务设施的智能升级。

第三，实现信息管理升级，成立乡村旅游网络咨询服务中心，开通游客咨询、预订等相关服务；建立旅游投诉平台，通过智能设施加强对乡村旅游的监督，通过对旅游大数据的管理形成乡村旅游的有效反馈机制，进而针对性地完善乡村旅游建设。

WIFI 免费全覆盖　添彩乡村旅游

"万万没想到，这美丽的小山村竟然 wifi 信号全覆盖。打开 wifi 把乡村生活的点点滴滴发到朋友圈里，让游玩的心情更爽快了！"一位来自上海的游客说道。

今年 5 月，雷峰乡黄家塘村与县广播电视台签订了无线网络建设协议，在全村设有 10 个基站，信号覆盖到每一个角落，用美景吸引游客，用 wifi 为游客助兴。现在，来黄家塘村游玩的游客打开手机搜索附近 wifi 热点，都能搜索到 "I-zhejiang" 的信号，点击登入就能免费上网。

免费的 wifi，在让游客方便的同时，对村民来说也是一项不错的福利。"原来我们村有宽带的人家不多，经常要跑到别人家屋檐下去蹭网，现在在自己的院子里就能享受免费 wifi，真不错！"村民金永江说。

"近几年，随着美丽乡村建设和乡村旅游的发展，来黄家塘游玩的客人越来越多了，免费 wifi 全覆盖是实现全域景区化的第一步，让村民共同享受信息化带来的便利，同时也拓宽了乡村旅游的宣传渠道，让越来越多的人通过互联网知道了我们村，进而来我们村游玩。"黄家塘村村委会主任罗迅雷说道。

下阶段，村里将在 wifi 登入界面开设农家乐、民宿和土特产展示区，让游客通过无线 wifi 了解村里的农家乐、民宿情况，方便游客进行选择；同时也可以帮助村民在网上销售土特产，进一步推动乡村旅游驶上"互联网＋"快车道。

（资料来源：2016-6-29 天台报）

技能训练

内容：学生分小组搜集乡村旅游案例，分析其在旅游设施建设中的优点和存在的问题，并提出设施升级改造的建议。

步骤：

(1) 5 人为一小组。

(2) 搜集资料，确定分析案例。

(3) 讨论案例在设施建设各方面的优点和存在的问题，提出改造建议。

(4) 小组采用 PPT 进行汇报。

任务二　乡村旅游交通设施开发与设计

对普通的游客来讲，不论乡村旅游地的景观如何优美、资源如何丰富，若无法顺利进入旅游地开展游憩活动，以获得体验，那么该旅游地将毫无意义。便利的交通是乡村旅游成功经营的重要因素，也是乡村旅游设施的重要一环。那么在乡村旅游交通设施开发设计中，如何设计出"旅速游慢、旅短游长、旅中有游、游旅结合"的交通设施呢？

乡村旅游交通设施是指游客出入乡村旅游区以及在其内完成游览、体验服务时所利用的各类道路网络、交通工具及配套设施。

（一）乡村旅游交通工具

乡村旅游交通工具的选址应考虑当地的地形地貌、游览主题、旅游产品设计以及游客安全、环境保护等因素，可分为常规性交通工具（包括汽车、船舶、缆车、自行车等）和特色旅游交通工具（包括滑竿、黄包车、皮筏、雪橇等）两大类。

1. 常规性交通工具

（1）汽车

汽车是最常见的游赏交通工具。如根据舒适程度，可划分为普通客车、中级客车和高级客车；根据座位数，可划分为小型（15 座以下）、中型（16～30 座）和大型客车（31 座及以上）；根据运营方式，可划分为客运班车、出租车、包车等。近年来，电瓶车、太阳能车等一些新型能源汽车已开始被广泛应用于乡村旅游景区的内部交通。节能环保是这类交通工具最大的优点。专用汽车则是指除了运输功能外，还有食宿、休闲娱乐功能的汽车，主要包括流动旅店汽车和宿营车。

(2) 船舶

船舶是水域型乡村旅游景区（湖泊、水库、景观河段、海滨）所普遍采用的一种水上运输和观光工具。按船舶类别，可以划分为轮船、游艇、脚踏船等。船舶最显著的特点是航速较低，便于游客对水陆景观进行细细的欣赏。

(3) 自行车

自行车是乡村旅游景区交通工具中游客自主选择较强的一种，不仅能够锻炼游客的身体，磨炼其意志，还能节约能源，避免污染环境，所以为大多数游客所喜爱。目前，一些平缓的山地乡村旅游景区，自行车已成为经营方提供给游客的重要代步工具，是拓展旅游项目的重要设备。对于自行车的选置，一是考虑质量，要具有良好的骑行舒适性和承重性；二是考虑娱乐性、趣味性，要提供多种类别的自行车让游客选择。除单人自行车外，还可以增加一些双人或多人自行车等。

2. 特色旅游交通工具

与常规交通工具相比，特色旅游交通工具具有更强的趣味性、娱乐性和参与性。可供利用的特色旅游交通工具比较多样，大体上可以分为传统（民俗）型、现代型两种。其中，传统（民俗）型有滑竿、黄包车、皮（竹）筏、乌篷船、独木舟、狗拉雪橇、马车等；现代型包括热气球、水底观光船、直升机、飞艇等。以下主要介绍乡村旅游比较常见的传统（民俗）型旅游交通工具。

(1) 滑竿

滑竿是一种由人抬行的交通工具，多见于山地型乡村景区，比较适用于身体状况不佳的老弱病残游客。它常是用两根结实的长竹竿绑扎成担架状，中间架以竹（藤）质躺椅或是绳索结成的坐兜，前方垂有踏脚板。游客在椅中或兜中可半坐半卧，而两轿夫则一前一后肩抬而行。滑竿上坡时，乘坐者由于后仰角度加大，显得十分稳当；滑竿下坡时，乘坐者仍呈正常坐姿，不会因倾斜而产生恐惧感。因此，滑竿具有较强的安全性。另外，由于竹竿具有弹性，滑竿在平路行进时，会出现上下颤动的现象，发出"吱呀"的声音，在某种程度上给游客一定的新奇感。在旧时长江以南地区（特别是西南山地），滑竿十分流行。现在，滑竿已成为当地开展乡村民俗旅游的重要工具。如图6-5所示。

图6-5 滑竿

(2) 皮筏

皮筏是一种简易的渡河、运载工具，流行于中国青海、甘肃、宁夏境内的黄河沿岸，兰州一代最多。它体现了当地民间交通的特色，为外来游客所喜爱。皮筏构造简单，拆装方便。其上部为框架，由结实的圆木或木棍以绳子捆扎而成，呈方形；其下部为充气皮囊（亦称皮袋），由柔韧、轻便、大小适中的皮革经防腐处理后缝制而成。皮筏是漂流专项旅游经常用到的特殊交通工具，其质量方面非常注重安全可靠性，要符合《特色设备安全监察条例》等相关标准的要求。如图6-6所示。

(3) 雪橇

雪橇是冰雪景观地较为常见的交通工具。它的主要构造是在两条前端翘起的木质滑板上装上木架，用以载货或供人乘坐，一般是用狗、驯鹿和马等畜力拖动。就中国地区而言，雪橇主要适用于北部寒温带的乡村旅游，例如中国雪乡、三江口景区等。雪橇有很多类别，例如有用发动机做动力的单人座摩托雪橇，有不设任何动力装置的单人座滑坡雪橇，也有可用于比赛活动中传统的狗拉雪橇。景区在选择时，具体应视乡村民俗旅游的文化对应时段和特点来进行。如图6-7所示。

图 6-6　皮筏

图 6-7　雪橇

（二）乡村旅游道路设计

1. 设计的基本要求

（1）功能性

功能性是乡村旅游道路交通的基本要求，能够便利通达各景点和服务点，以保证旅游者可充分游览。

（2）安全性

要根据不同道路的性质和特点，合理选择道路平面线形式、断面形式、路面结构、材料等，保证车辆、行人交通的安全和畅通。

（3）舒适性

在空间位移的过程中，保证游客乘坐的舒适性。

（4）景观性

道路设计要强化自然和文化特点。注意道路的景观设计与沿线自然条件和建筑物协调，同时注意道路绿化的整体性和连续性。

（5）可持续性

应重视道路设计和建设过程中的生态要求，充分考虑道路建设近远期结合的问题。

2. 机动车游览道路

机动车游览道路是乡村旅游的动脉，其功能除了乡村旅游景区交通集散外，还承担了部分游览观赏功能。

（1）线形设计

机动车游览道路平面线形应直捷、连续、顺适，与地形、地物相适应，与周围环境相协调。除满足汽车行驶的基本要求外，还应满足驾驶者和旅游者在视觉和心理上的要求，做到线形连接、指标均衡、视觉良好、景观协调、安全舒适。为满足道路排水需求，机动车游览道路的最小纵坡度一般应大于或等于0.5%，困难时可大于或等于0.3%。当遇特殊困难纵坡度小于0.3%时，应设置锯齿形偏沟或采取其他排水措施。在山地型乡村景区，机动车游览道路应控制平均纵坡度。当越岭路段的相对高差为 200～500 米时，平均纵坡度宜采用 4.5%；当相对高差大于 500 米时，宜采用 4%，任意连续 3000 米长度范围内的平均纵坡度不宜大于 4.5%。

（2）横断面设计

机动车游览道路的横断面形式（图 6-8）主要有单幅路和双幅路两种。单幅路适用于交通量相对较小的路段和道路用地扩展困难的盘山路段。这种断面形式是将所有的车辆组织在同一车道上，靠道路标线划分快慢车道，使车辆分道行驶。在不影响交通安全和交通秩序的情况下，快慢车道之间可以相互调剂使用。双幅路适用于机动车交通量双向较大的路段或由于特殊地形而双向车道不在同一高程上的路段以及需利用中央分隔带设置绿化的路段，与单幅路的区别在于将双向行驶的机动车分为上下两道，使交通运行更安全。

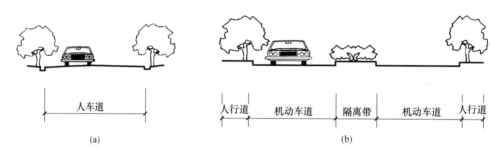

图 6-8　机动车游览道路横断面形式

（3）路面材料选择

机动车游览道路必须建设平整，符合行车安全要求。结构上必须能适应车辆的荷载以及风、雨、寒、暑等气候的影响，面层坚固、平稳、耐磨，有一定的粗糙度，并且少灰土、便于清扫，一般采用沥青混凝土、黑色碎石加沥青砂封面、水泥混凝土铺筑或预制混凝土块等。

3. 自行车游道

自行车可谓具有中国特色的交通方式，有着费用低、无污染、占用面积小以及节省能源等优点。在乡村旅游景区中，特别是在以度假为主要产品的乡村旅游景区中，常以自行车取代机动车交通，为旅游者提供一种游赏观光与休闲健身相结合的旅游交通形式。

（1）线形设计

自行车游览道路应根据景观资源、自然地形、气候条件等来设置。结合地方特色，强调安全性、生态性、休闲性和健康性。自行车游览道路的设计应遵循以下原则：尊重环境，避免破坏生态环境，避免穿越地质不稳定、重要动植物栖息地等环境敏感区；应尽量配合地形，沿等高线规划配置，以减少对地形地貌的破坏；设置在安全性高、景观资源丰富的地区；尽可能形成环路，以避免原路返回的单调感；具备完善的引导设施、服务设施、交通管制设施。

自行车游览道路应尽量沿着地形等高线走向选定，其曲率可大于机动车道。长斜坡道路必须尽量寻找适当腹地地点，设置休憩平台或水平车道以供游客休息。坡度以小于 5 度为宜，最好不要超过 8 度，其中坡度超过 2 度的路径不宜超过 4 公里，坡度超过 4 度的路径不宜超过 2 公里，若有特殊高差必须克服也尽量不超过 12 度。

（2）横断面设计

自行车游览道路面宽度应按车道的倍数计算，车道数应按自行车高峰每小时的交通量来确定。为保证道路的整体性，同一乡村景区的自行车游览道路应采取相同的宽度标准。一般每条车道宽度宜为 1 米，靠路边的和靠分隔带的一条车道侧向净空宽度应加 0.25 米。自行车道路双向行驶的最小宽度宜为 3.5 米，混有其他非机动车的，单向行驶的最小宽度应为 4.5 米。曲线转弯处则应考虑其曲率半径，自行车道转弯的内侧予以加宽。

完整的自行车游览道路，应包含车道空间、休憩停留空间、自行车停放空间等。入口广场空间应配置有大众运输工具的转运停靠点、休憩等候集合的广场、各式车辆停放空间、紧急联络设施及必要的环境说明等。自行车游览道路的设置除道路本体之外，还包括边坡、护栏、排水、照明、绿化、停车等相关设施，除提供安全的骑乘环境外，也应考虑提供舒适、具有景观美质的行车空间。休憩停留空间应配置有休憩座椅、遮阴植栽，必要时可设置简易的自行车停放架。

（3）路面材料选择

自行车游览道路路面材料优先考虑透水性铺设材料，在透水性不佳的地方，于碎石层下增设过滤砂层，并增加碎石级配厚度达 15 厘米以上。为避免车轮打滑，路面铺设应避免与车行方向平行的勾缝，垂直方向的勾缝宽度不得大于 12 毫米，且道路表面的平整度上下之差不得大于 20 毫米。路面材料要具有耐久性、经济性，容易维护，可选用当地现有或当地惯用材质或现地开发之回收材质，如开挖碎石、拆除建筑物的回收砖再利用等。表面的质感与原始色泽应与环境相融合，不能突兀于自然环境中。

4. 游步道

游步道在乡村旅游开发设计中不可或缺，可以是导入穿越特定户外空间使用的林荫道、广场和绿地。设计一条好的步道首先要考虑安全因素，即要有足够的宽度、适当的斜度和具有耐久性与防滑性的表面装饰材料。此外，还需有良好的景观、供行人休闲的座椅，游步道周边的植物、铺面、水池、喷泉等景致也需精心考虑，以增强基地各要素间动线的美感。

（1）线形设计

从旅游心理学的角度来看，游步道的线路设计要做到有入景、展开、高潮、结尾部分。入景要新奇，引人入胜；展开指在景象特征、景观类型、游览方式和活动上不断变换，起伏跌宕，使游客流连忘返；高潮是在游览中使游客感受最集中、最突出、最有特色的景观，应利用游览线路对主景进行泄景，使之若即若离，待成熟时达到高潮效果；结尾，使游客感到回味无穷。

从具体建设施工的技术环节来看，平地游步道的线形设计注意以下几点。

第一，宜曲不宜直，宜险不宜夷，宜狭不宜宽，宜粗不宜平。根据景观的自然特点，保持自然风貌，使游客在游览线路上有登山、有越涧、有穿林、有涉水，不断变换空间、变换视线，从而使其体会到游览线路上的游览乐趣。

第二，线路应尽量为环形，使游客不走回头路，保持新奇感。每个景点的游览线路需要有进口和出口，以利于游客进行疏散。

第三，步道要注意做坡度及台阶设计。在保证路基稳定的情况下，步道应尽量利用原有地形以减少土方量。坡度超过 12% 时，要做防滑处理；坡度超过 18% 时，为了便于行走，需设适合游客步履的台阶。一般室外踏步高度设计为 12~16 厘米，踏步宽度为 30~35 厘米，低于 10 厘米的高差可以做成坡道。台阶计数宜在 8~11 级，最少不少于 3 级，最多不超过 19 级。台阶长度超过 3 米或需改变攀登方向的地方，应设置休息平台，供游客中途休息。

在水面风景的游览中，桥和浮桥是必不可少的步道设计元素，它们具有联系景点、组织路线、点缀景色、增加风景层次的作用。其中，桥的架设应取决于水面的形式和环境的特点。例如，小水面者，所架桥型应轻快质朴，通常为平桥或微拱桥；水面宽广或水势急湍者，应设高桥并带栏杆，利用桥的倒影或曲折的桥身来增添水面景色；水面平缓者，应使桥体造型多变，一般可不设栏杆，或一边设栏杆，架桥低临水面，以增加亲近水面的机会。

浮桥是一种活泼、简洁的"桥"，常用于我国南方溪流和小水面，为桥梁雏形，雅称提梁桥。线形设计要能表现出韵律的变化，使作品具有生机，富有音乐律动美。这就要求浮桥之间的距离必须合理，一般以 8~15 厘米为宜。另外，石块大小以 40 厘米×40 厘米以上为宜，石面以高出水面 6~10 厘米为好。

（2）横断面设计

景区人行步道的宽度取决于道路功能、沿路景观性质、人流密度以及地上杆线、地下管线、景观绿化等的要求。一般而言，单人行的道路宽度为 0.8~1.0 米，双人行为 1.2~1.8 米，三人行为 1.8~2.2 米。

（3）路面材料选择

步道的表面应纹理平滑、坚固耐磨，并具有防滑的功能。其材料可分为柔软的、坚硬的和多样的三类，每类材料各有其优缺点。

表面柔软的材料通常前期建造费用较低，但后期维护费用较高，且残疾者使用不易、表面容易磨损等，因此可应用于行人流量不多的地方。例如，碎石、草皮、木材、卵石对于乡村旅游地区的铺面也比较适用。

表面坚硬的材料如沥青、混凝土、预制板等，因其建筑费用较高，但维护费相对较低，同时提供了平滑、坚实和规则的表面，可供车辆必要时通行，但对于乡村旅游区的铺面不太合适。

因此，在乡村旅游景区核心地带，可考虑多样化的铺面设计，以满足农业生产、旅游观光、景观美化等多方面的需要。

5. 停车场

停车场的设置以邻近乡村活动地点为原则，停车场的绿化造景是停车场设计的重要课题。为避免因空旷单调的铺面而破坏整体景观，停车场的绿化造景除具备吸热及绿化效果外，风格设计也需要与乡村旅游区（点）的整体造型协调并融合。

停车场的铺设宜采用透水软底铺面材质，以增加土壤的含水量；在基础处理上，应注意游览车位的基础层厚度须大于小型车；供旺季使用的弹性停车空间，可为当地平坦的空间，不需再经由人工施筑处理。

停车场的铺面材质在不同功能的车道、车位及步道上，应以不同铺面材质加以区隔，选用时应考虑耐候性、耐压性、耐磨性及易维护性等。铺面材质多以天然材质如石材、回收材质（碎石、废弃枕木）等为宜，并应容许自然植被的稳定，这样就应以挡土墙加强其边坡稳定处理。对于边坡平缓、土质尚稳定的还可利用砌卵石护坡，并在护坡上种植蔓藤植物，以加强绿化作业。

停车场的设置应与交通路线配合，考虑车辆进出的安全性，避免影响主要交通路线的流畅。尽量选择坡度平缓、排水性良好的地点设置；同时考虑游客可接受的步行距离，避免设置于眺望视野轴线上、自然资源脆弱处、生态保护区或坡度太陡的地区。此外，还需要考虑游憩地点、景观点击交通动线互动配合。

由于乡村旅游景区内一般很难把握停车场的使用率、停车空间的周转率，以及需考虑停车场的设置和周边农业景观的融合与协调问题。对于乡村旅游区，停车场的设计除以上所及的路外停车，还有路边停车。路边停车的形式可依道路的宽度、交通量、出入所需的操作宽度等条件，分为平行停车、斜角停车和直角停车三种。其中平行停车占用的路幅宽度较直角停车方式少，但在长度相同的情况下所能规划的车位数则较少。至于直角停车在驶离车位时，驾驶人视界所受的阻碍大，较平行停车危险，对车流运行的干扰亦较大。而斜角停车的特性，正好介于两者之间。

此外，停车场的配置还应随地貌加以调整，如遇大树、大石应予以原地保留，也可在停车场周边设置缓冲线带，以降低其对周遭环境的冲击，并可配合使用需求配置入口标志、指示标线设施、全区告示牌、遮阴及隔离植栽、照明、垃圾桶，甚至简易供水、消防设施等附属设施。乡村生态停车场如图6-9所示。

图6-9　乡村生态停车场

寻找江西最美乡村旅游路之一井冈山自行车骑行绿道

位于革命圣地井冈山黄坳乡，近年来着力发展乡村旅游，在农村公路的基础上打造16.8公里山地自行车赛道和绿道，拉动当地体育事业和旅游业发展，穿过青山竹林小溪木桥栈道险坡，在骑行中既能体验刺激，又能感受乡村的美丽风景。

2012年井冈山市黄坳乡政府在水黄线至洪石通村组公路的基础上，通过招商引资，邀请美国IBMA专家克里斯实地勘测设计，在原混凝土路面上加铺彩色沥青改建成该自行车骑行绿道。经过一年的时间，形成了一条长16.8公里的自行车乡村骑行绿道。

绿道的建成使得黄坳乡旅游景点毛泽东旧居朱砂冲哨口圆墩岭红军墓千亩茶叶基地竹荪基地等有机地串联起来。国际山地自行车赛道吸引了国内外众多自行车爱好者来到井冈山，从而有效拓展了井冈山国内外旅游消费市场，带动当地产业发展，带领当地群众致富。

井冈山乡村自行车骑行如图6-10所示。

图6-10　井冈山乡村自行车骑行

（资料来源：井冈山旅游网）

技能训练

内容：请学生分小组搜集本市的主要乡村骑行路线，调查线路周边旅游资源，设计1～2日的乡村骑行游旅游产品。

步骤：

（1）5人为一小组。

（2）收集资料。

（3）小组讨论设计主题乡村旅游产品。

（4）采用PPT进行汇报。

任务三 乡村环境景观设施的开发与设计

乡村景观是乡村为游客提供游览、休憩、照明、展示等功能的小型建筑设施。乡村景观设计是在当地景观的基础上，结合本土特色和资源加以发掘、建立及塑造，将乡村杂乱无章的景观资源，利用专业的设计加以改造、整合，以彰显当地风貌的一种手法。在设计中采用不同的手法、理念与风格，会呈现出不一样的风貌。

乡村环境与景观设施共同构成了乡村旅游景区旅游环境景观系统，旅游区环境是景观设施存在的条件和背景，景观设施是旅游区环境的点缀与升华，二者相辅相成。按照设施的服务功能，可分为休憩、照明、植被、水体、雕塑等。

（一）乡村景观休憩设施

乡村景观休憩设施是供游客观景及休息的建筑物及坐具，它们的存在可以使游客在旅游环境中停留的时间更长、精力更充沛。

1. 观景亭廊

（1）位置选择

观景亭廊的设置一方面是为了观景，即供游客驻足休息，眺望景色；另一方面是为了点景，美化景观。从自然地势看，建亭常选择山上、水边和平地三种地段。

（2）造型设计

观景亭廊的体量不大，但造型上的变化却非常多样和灵活，具体可以从平面形式、布局形式、建筑层数、屋顶形式等几个方面加以讨论。从亭的平面形式看，有半亭、四角亭、五角亭、六角亭、八角亭等，廊的平面形式主要有直线形、曲线形、折线形等；从布局形式看，有单体式、组合式、亭廊结合式等；从建筑层数看，有单层和双层之分；从建筑风格看，有现代式和古典式；其中古典式的亭廊按照屋顶形式，有单檐亭、重檐亭、攒尖亭、盖顶亭、歇山亭之分。观景亭廊的具体造型，应根据景区的地形地貌特点、景区的设计主题以及景区的整体建筑风格等来选择。

（3）材料选择

亭廊建材的选用，中国传统上以木构瓦顶居多，也有采用木构草顶及全部石构的。20世纪50年代后，一些景区用水泥、钢材等多种材料制成仿竹、仿松木的观景亭，看上去也别有情趣。但无论造亭采用何种建材，都应达到如此效果：或与环境相映，视若天成；或与环境相反衬，互表情趣。如图6-11所示。

2. 休息座椅

座椅是供游客休憩最直接简单的物品，也是乡村旅游景区内环境结构的另一元素。若要

图 6-11 趴在农庄地上的亭子

为游客提供舒适愉快、干净稳固的座椅环境，无论是外观设计、位置安排还是材质选择都需要妥善考虑。

首先，从外观设计而言，座椅的高度、宽度、靠背及表面处理等均应有正确尺寸，才能为游客提供舒适的乘坐环境。一般座椅的平均高度都设计为离地面约 46 厘米，宽度 30～46 厘米，若有靠背，其座椅表面与靠背应配合人体曲线需稍微弯曲。近年来，许多打破传统座椅造型的产品层出不穷，唯有为游客提供舒适的乘坐环境的原则没有改变。

其次，从座椅配置而言，方位上应采用面对面或垂直排列，以增加交谈及互动机会；区位上应选择在乡村旅游区内的步道、广场旁设置适当座椅。此外，这些座椅若能搭配适当的树木或墙壁等元素则可给游客带来较为安稳的感觉。座椅最好能选择设置在树荫底下，为游客提供遮阳的选择。

最后，从座椅材质而言，应尽量配合乡村旅游区内自然环境的特性，采用木材构建的座椅，因为木材除在材质上与自然环境比较融合外，还不容易受气候影响而出现发烫或冰凉的现象，且在下雨后表面能迅速沥干，不至于让游客在游憩过程中产生不舒服的感觉。如图 6-12 所示。

图 6-12 乡村创意座椅设计

（二）乡村植物绿化建设

1. 植物绿化乡村旅游景区的功能

植物绿化不仅是美化环境的素材，还具有维系大自然生态平衡、调和自然环境以及美化环境、引导视线、形成私密空间等环境规划设计功能，主要表现在以下 3 个方面。

（1）视觉景观上的应用

植物绿化对于乡村旅游景区环境规划视觉景观上的应用包括美感、季节与时间上的表征、框景以及多层次景观的视觉感受等。

（2）空间营造上的应用

植物绿化除能为乡村旅游景区营造出不同的视觉感受外，透过适当的空间配置方式还可为乡村旅游景区带来不同的气氛与惊喜，包括可引导游客动线、为游客提供私密感觉，或是对乡村旅游景区内的地标物及主要代表进行柔化及美化乡村旅游区环境的作用。

（3）乡村旅游景区生态平衡上的应用

植物绿化除能营造出乡村旅游景区在空间上、视觉上的趣味性及情境气氛，为游客提供更多的游憩体验等外在价值外，其功能还体现在对大自然环境的内部效益方面，包括调节气候、涵养水源、增加生物多样性、减少能源耗损、降低天然灾害危险等。

2. 植物绿化乡村旅游景区的原因

（1）因乡村旅游景区的发展目标

乡村旅游景区的发展定位及特色与整个乡村旅游景区的绿化建设计划息息相关，也是影响乡村旅游景区品质以及左右游客到访意愿的关键。因此，必须事先确定乡村旅游景区的发展目标，即以何种模式作为诉求，如有以花草类型为主、有以乔木或果树类型为主。在以花草类型为主的乡村旅游景区内，栽种大量及大面积四季花草作为乡村旅游景区的发展特色，甚至区内餐饮食材也会标榜以当地植物为主，植栽计划以花卉为主，少量乔木及灌木为辅，诉求特色在于满足游客的视觉观感。在以大量乔木或果树为特色的乡村旅游景区内，能够让游客享受如森林般的清静与自然，并体验亲自采果的乐趣。

（2）为解决乡村旅游景区的环境问题

乡村旅游景区的环境问题主要由区内与区外一些必不可少的建设所造成，亟须透过绿化建设加以解决。所谓的"区内问题"是指乡村旅游景区本身不可避免或是因特殊原因而必须透过绿化建设作为修饰、阻隔或美化的地区，包括乡村旅游地因地理条件欠佳、建设后产生不良的景观（如挡土墙、排水沟等），或是为了避免游客破坏乡村旅游景区内部分设施等问题，使用的植物种类以开花、具香气的植物或是悬垂性植物居多。"区外问题"则是指乡村旅游景区外的环境所造成的负面因素，其中包括自然环境因素、某些视觉角度景观不佳等问题，这些则更需要透过绿化建设来进行适当阻隔，如用乔木或灌木减缓自然因素及遮蔽掩饰，以确保乡村旅游区内的各项环境品质。

3. 乡村旅游开发植物景观配置要点

乡村植物景观与城市中的景观是完全相反的类型，乡村植物景观可以是漫山遍野开满鲜花，可以是一望无际的稻田、大片的草丛，还可以是蜿蜒崎岖山路旁的自然花溪等。乡村植物景观是一种毫无人工修饰的植物群落，是自然、野趣、田园式的景观，结合旅游将更具趣味性。乡村植物景观应具有以下特征。

（1）"野味"十足——充分发挥乡村植物的野趣

乡村植物景观利用植物质感粗犷这一特点，营造出不同场景、富有野趣的自然景观。可以选用刺猬草、须芒草、芒、狼尾草类、发草等植物，着重凸显野趣风格；也可以选择不同野花相互搭配，结合山、石、水、茅草屋等元素，打造出精致的野趣植物景观，如咸丰草、昭和草、藿香蓟、黄花酢浆草等。如图 6-13 所示。

（2）趣意盎然——无处不在的趣味性

乡村旅游中植物景观的营造不仅仅可以起到保护生态、美化环境的作用，而且具有多样的趣味性。这在某种程度上超越了其自身的生态价值，成为吸引游客的一种重要方式。在乡村,大面积的景点可以用大地景观的方式呈现,如大片的油菜花田、大地图案,以极具视觉冲击力的形式展现在游客面前;而小体量的景点则可以是一条花溪、一个组团,也可以是一个绿色雕塑,甚至是一个盆栽。如图 6-14 所示。

(3) 自然纯粹富有浓郁的乡土气息

乡村旅游植物景观最好选择乡土植物,选择才能最自然地保留纯粹的乡土气息,形成自己独特的风格,这是城市中植物景观所没有的特质。如图 6-15 所示。

图 6-13 乡村植物配置 1

图 6-14 乡村植物配置 2

图 6-15 乡村植物配置 3

(三)乡村景观服务性设施

1. 垃圾桶

垃圾桶是一种储存垃圾的器具,是一种文化的载体,也是一种文化和景观的传播方式,更是处理垃圾、保障景观的重要一环。

(1) 功能性垃圾桶

1) 固定式。固定式垃圾桶是安放在固定位置的垃圾桶,通常在人流量小的地方或农场的周边。值得关注的是,垃圾桶的口子一定要大,以方便游客存放垃圾。

2) 活动式。活动式垃圾桶移动方便,机动性强,适用范围广。在设计这种垃圾桶时,应尽量考虑套放塑料袋、清洗是否方便等因素。

3) 依托式。依托式垃圾桶一般放在比较狭窄、不宽阔的地方,并且是固定安放的。

(2) 艺术性垃圾桶

1) 几何造型。几何造型主要由圆体、方体等形状变化而来,适合人流量较大交通较为复杂的地方。几何造型垃圾桶可以帮助游客迅速识别垃圾桶所在的位置。

2) 仿生造型。仿生造型种类繁多,用来设计以乡村周边景观为特点的仿生造型垃圾桶,如各种水果和蔬菜的造型。仿生造型垃圾桶应和环境结合在一起,如在玉米地旁边可以设计玉米造型的垃圾桶、在果园旁边可以设计水果造型的垃圾桶。

需注意的是,如果周边人流量较大就不适合这种类型的垃圾桶。首先,在人流量较大的情况下,游客需要快速找到垃圾桶,而仿生造型垃圾桶在识别度上要比几何造型垃圾桶低。其次,人流量大,垃圾量也就大,仿生造型垃圾桶相比于几何造型垃圾桶来说卫生较难清洁。

3)组合式。造型来源于生活中的一些意向,并且具有很好的景观效果。垃圾桶的造型很多,但乡村景区要根据当地的特点进行设计。一物多用的概念同样适用于乡村景区的垃圾桶,可以将垃圾桶和路灯结合在一起设计,也可以将垃圾桶和植物结合在一起设计。例如,将垃圾桶和花箱合二为一,在内部结构上将垃圾桶分为上下两部分,上面的部分种植当地的野花,下面的部分设计成垃圾桶,这样在满足实用功能的基础上,又添加了趣味性。同样,组合式垃圾桶在造型上也可以分为单通和双通两种。如图6-16所示。

图6-16 乡村垃圾桶

2. 乡村厕所

(1) 设计原则

① 设于旅游景点下风处,以免异味散发;

② 设于非主要景观的眺望范围内,以免影响游客视觉感受;

③ 有指示标识引导;

④ 尽量附设于主要建筑物内,避免独立式厕所零星散布,破坏景观,同时要有通风设施,解决气味问题;

⑤ 尽量远离水源,避免化粪池破裂渗漏污染水源;

⑥ 地坪材料应具防滑效果,尽量不采用坐便器,以蹲坑为宜。

(2) 重点考虑因素

1) 景观化。乡村厕所的设计在满足功能需要的基础上,应具有景观效果,与地景相融合。

当景区的厕所美成一道风景的同时,市民和游客都惊讶地发现,南宁乡村的厕所也悄悄地变了。

上林县的一些旅游厕所外观白墙灰瓦设计简洁,两块影壁上分别绘着身穿民族服装的男女卡通人物,既起到醒目的标志作用,又具有民族特色。这些充满设计感的厕所无疑提升了游客的旅游体验,成为宣传景区形象的良好载体。如图6-17所示。

四季花果生态农庄是广西星级农家乐，厕所均为"生态厕所"，充分结合了花果飘香的环境，建筑风格多为树桩式的外观，将厕所的建筑融入果树繁茂的环境中，成为生态景观的一部分，不但简约实用，而且干净美观。如图6-18所示。

图6-17 上林县乡村厕所　　　　　　　图6-18 四季花果生态农庄厕所

厕所多了、环境好了，上厕所不再是一件让人头疼的事了。一座座干净整洁美观的厕所，提高了广西乡村旅游的整体形象，也收获了游客的好评。

2）水冲式。城市居民习惯用水冲式厕所，清洁又环保。

3）地点选择。在乡村主要建筑物或重要活动区内，或供游客休闲、解说以及较长游步道的途中，为方便游客使用并防止污染环境，可适当设置公共厕所。

（3）数量安排

对卫生设施数量与面积的估计，往往是以乡村旅游区的高峰时日接待游客量为基础，并预估使用的周转率，予以推求高峰每小时的活动人数；同时依据男女不同的使用特性与需求，估算男厕及女厕的需求量。

3. 健身游戏设施

在设计健身游戏设施时要考虑到安全性，尺度上要做到人性化。设计儿童游戏设施时，还要考虑到家长的需求。健身游戏设施不仅要求具有功能性，而且要求具有艺术性。

（1）功能性

乡村旅游景区健身设施的造型与城市健身设施的造型有一定区别，必须符合乡村"土"的氛围，但它们的功能基本类似。常见的乡村健身设施可以分为单功能和综合性多功能两大类。单功能的健身设施有：划船器——主要增强手臂的力量以及两个手臂的协调性；梅花桩——主要用于增强人身体的平衡能力以及腿部肌肉的训练；秋千——可以利用有机材料和植物相结合，让人最大限度地得到休息和放松；跷跷板——主要是利用了杠杆原理，使两头的人可以一上一下，在循环的过程当中锻炼人的腿部肌肉。

健身区应划分出运动区、休息区，并保持适当的通风透气。同时，应采用防滑材料，建筑材料则选择耐磨和防腐蚀的材料为佳。此外，在休息区还应该多种树木。

（2）艺术性

和城市健身设施相比，乡村健身设施大部分都是手工制作。农庄健身设施在造型上应尽量结合当地的整体景观，同时在满足功能性的基础上尽可能地选择木材、竹材等天然材料。除此之外，也可以制作一些有别于城市健身游戏区的设施。例如可以在沙坑里放置高矮不　的梅花桩，或在秋千旁边利用一些废旧的树枝制成各种各样的动物。如图6-19所示。

图 6-19　乡村健身游戏设施

（四）乡村照明设施

夜景设计在农庄设计中有着非常重要的作用，可以说为乡村的安全工作保驾护航。夜景设计主要依赖于灯具，灯具也是一种将功能性和艺术性有机结合起来的小品设计。小品化的灯具是一道独特的风景，不仅可以营造夜景效果，还具有景观性。

1. 功能性

单、双挑路灯或使用泛光灯具的组合灯，是乡村照明设施中最为常见的样式。灯具的立足点是照明，所以应尽可能地考虑到灯具照明的范围和强度。由于灯具利用光的强度比较高，所以使用灯具有益于节约成本，达到更好的照明效果，而且维修也极其方便。

（1）照明为主

一般的路灯以照明为主，还具备了造景效果，给农庄添加的几分精神。路灯阵形排列时会给人一种不一样的感觉，从而区别于那些常规的、易雷同的路灯。

（2）兼具美观

通常在乡村景区的广场或其他带有娱乐性质的地方可使用高杆路灯，凸显出气势。一般不建议采用常规路灯，以免造成灯杆林立，给人一种杂乱的感觉。

庭院灯小巧精致，且有着不同的特色。庭院灯大多将中国传统元素和环境紧紧融合，首先是建筑物风格与街道之间的统一，其次是庭院灯和建筑物之间的统一，最后是满足了小庭院内对照明的要求。

2. 艺术性

（1）一物多用

可对小品进行打破和整合。例如，将垃圾桶和常规路灯或将指示牌和常规路灯结合在一起设计，这样不仅可以节省空间，而且可以满足路灯的功能性需求。农庄中到处可见各种各样的花花草草，因而应充分利用植物来美化路灯。例如，将花钵和常规路灯结合在一起设计，不仅可以打破常规路灯在道路侧机械的节奏感，也可以带给游客一种新颖的感觉。

（2）造型多样

可以借鉴中国古典元素和中国田园乡村元素，如将路灯的主干刷成树干的颜色、竹子的颜色等，而灯头可以做成灯笼的造型、鸟笼的造型、中国结的造型等，同时结合路灯的指示牌可以做成圆形、方形、扇形等，充分体现出路灯和农庄周围景观融合的特点。如图6-20所示。

图6-20　乡村照明设施

知识拓展

一个优秀的农庄，需要什么样的大门？

1. 有主题文创元素，能突出农庄特色

每个庄主都希望自己的农庄大门做得个性有特色，但事实是全国各地的农庄大门风格都差不多，没有太大的区别。原因就是这些农庄是围绕核心产业进行的设计，大门也是基于"门"的概念进行设计，这样思维就陷入了小圈圈。要想大门设计得有特色，就要以主产业为依托进行文创设计，既能避免"撞门"，也能和农庄内部的设计风格保持一致，从而强化游客对农庄的特色记忆。加拿大一家南瓜主题的农庄，院墙由玉米秆做成，门口两个巨大的南瓜造型颇为吸引人眼球。如图6-21所示。

2. 能让用户主动拍照，并植入农庄卖点

中国人有一个根深蒂固的爱好，就是去哪儿玩去哪儿吃都喜欢拍照晒微博、刷朋友圈，各景点大门更是其拍照的必选点。在当今这个媒体社交时代，每个人都是潜在的传播者，口碑宣传比广告宣传更能影响游客的消费决策。因此，很多互联网新锐企业就利用这个潮流来宣传自己。

目前，乡村农庄还普遍缺乏这个意识。例如，用户拍照时都喜欢把景点名字带进去，以证明自己来此一游

图6-21　农庄大门

过。但是许多农庄都把名字放在高高的大门顶部，用户绞尽脑汁地调节角度，仍然无法全部拍进镜头。如果我们能把大门的名字放低一些，让用户可以轻松在旁边摆POSE拍摄；把文创作品放到大门的镜头中，让用户朋友圈的好友一看到照片就知道这个农庄的特色是什么，也就变相地有了潜在客户。

（资料来源：微信公众号）

内容：学生分成小组搜集乡村旅游案例，分析其在旅游设施建设中的优点和存在的问题，并提出对设施进行升级改造的建议。

步骤：（1）5人为一小组。

（2）搜集资料，确定分析案例。

（3）讨论案例在设施建设各方面的优点和存在的问题，提出改造建议。

（4）小组采用PPT汇报。

任务四 乡村旅游标识系统的开发与设计

旅游标识系统是乡村旅游景区信息浓缩的载体，也是游览环境中最容易被游客感知的元素，肩负着塑造旅游目的地形象和最大限度地方便游客及服务游客的使命，对树立乡村旅游景区品牌形象起着重要作用。一个有益于体现景区文化地域特色、保障高效有序的游览行动的标识导视系统，不仅能满足游客的观光需要并直接影响其观光情趣，更能让游客的观光体验变为一场"心动"的行动。

（一）乡村旅游标识系统设计内容

乡村旅游标识系统由景区介绍标识牌、农业景观介绍标识牌、文化遗产介绍标识牌、服务设施解说标识牌、导向标识牌和环境管理牌六种类型构成。如图6-22所示。

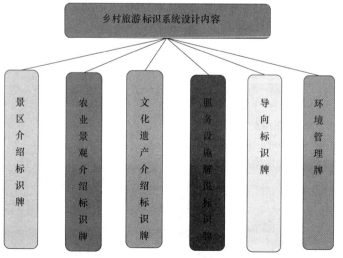

图6-22 乡村旅游标识系统设计内容

1. 景区介绍标识牌

景区介绍牌又称全景牌示，它的作用是对景区的旅游资源、服务事项、道路交通、景点布局等相关信息进行概括说明，以便游客根据自身爱好合理安排游程。它通常设置在景区的出入口处，帮助游客在未进入景区之前对景区的基本情况有个大概的了解，其内容包括位置、面积、地形地貌、气候、动植物、产业特色、文化景观等。如图6-23、图6-24所示。

图6-23　村子介绍标识牌

图6-24　景区介绍标识牌

2. 农业景观介绍标识牌

游客之所以青睐乡村旅游，是希望能更多地接触当地居民，体验他们的生活，感受原汁原味的乡村氛围。农业景观是乡村旅游中一项重要的旅游资源，包含规模化农作物形成的大地景观效果、当地居民的农业耕作方式和游客参与的休闲农业活动等内容。农业景观介绍标识牌对产业规模、农产品特征、农业劳作等多方面的信息进行集中介绍，使游客能够全面了解农业活动。如图6-25所示。

图6-25　农业景观介绍标识牌

3. 文化遗产介绍标识牌

每个村落的兴建、发展和衰退，都有其历史根源，也都会留下许多具有历史价值的文化和艺术品。村落的文化遗产包含两个方面的内容：一是显露在外、人们可以直接观赏到的"物质遗产"，如民居建筑群、建筑装饰、木雕、砖雕、彩绘等。二是隐藏在内，由思想、价值观、风俗民情等构成的"精神遗产"，如戏曲、传说、题词等。文化遗产介绍标识牌在解说时，要注重对历史真实与趣味性的结合。如图6-26所示。

图 6-26　文化遗产介绍标识牌

4. 服务设施解说标识牌

服务牌示主要是对各类旅游配套服务设施的解说,以便游客能快捷地找到并使用这些设施。解说对象包括游客中心、餐厅、停车场、厕所等。功能指示牌应采用国际通用的公共标志符号,做到简洁、醒目,以便中外游客能快速识别。功能指示牌大部分位于服务区或服务点,由于所处环境已有较大的人为改造,因而风格可以略为精细。如图 6-27 所示。

图 6-27　服务设施解说标识牌

5. 导向标识牌

导向标识牌在景区中的使用比较广泛,会标示所在位置周边重要的景点、出入口、重要的建筑物等方位,以便游客能迅速识别景区环境,顺利到达各目标位置。导向标识牌通常分为两种形式:一种是指示目标方位的指示标识牌,引导游客沿着正确的路线行进;另一种是明确位置的环境地图导览标识牌,标示出当前所处景区的位置,显示周边的景点、服务设施位置、道路等信息。二者通常搭配设置。如图 6-28 所示。

6. 环境管理牌

大多数乡村旅游地都位于城市的边缘地带,人口密度高,游客数量多,生态环境脆弱,容易受到人为的破坏。环境管理牌主要提醒游客注意行为规范、保护资源与环境,使游客在开心游玩的同时提高环境保护意识,自觉加入村落环境保护的行列中。如图 6-29 所示。

(二)乡村旅游标识系统设计原则

为了使标识系统更符合乡村旅游的要求和满足旅游者的需求,结合乡村旅游景区的特点,乡村旅游标识系统的设计应以下列原则作为指导。

图 6-28　导向标识牌

图 6-29　环境管理牌

1. 地方特色原则

标识系统的设计要从旅游村落当地地方文化中汲取精华，体现地方特色，从而使标识系统的某些特征具有不可替代性。比如，标识牌的造型设计可以取材于当地特有的装饰符号、生活生产用具、建筑形式等；材料可以选取具有地方特征的原材料，以更好地融入环境，体现乡土气息；标识内容则要尽量反映当地的历史、文化等。如图 6-30 所示。

2. 综合性原则

标识系统的规划设计是一项综合性的工作，而向游客介绍村落环境与文化传统是乡村旅游标识的一个重要作用。要想让游客全面而深刻地认识与感受乡村生活，就需要多学科的合作，包括生态、建筑、旅游、地理、艺术等各方面专业人员的通力配合；涉及地方民俗方面的，还需要当地居民提出意见。这样，多学科背景下的标识系统才能是科学而全面的。如图 6-31 所示。

3. 系统性原则

乡村旅游地标识系统是一项系统工程，其构成要素之间有一定的层级关系和组织构架，以整体形象展示在旅游者面前。因此，在规划设计时要有全局观念，把个体特征统一到整体的风貌形象中，达到整体上的最佳状态，实现对乡村旅游目的地的最佳形象设计；同时，还要在内容和功能上相互补充，构建一个类型多样、功能完备的乡村旅游标识体系，实现标识系统整体效能的优化。如图 6-32 所示。

图 6-30 非洲民宿标识

图 6-31 乌镇民宿区的整体地图

图 6-32 乌镇民宿统一标识

4. 生态美学原则

生态美是近些年才出现的一种新的美学观点,是建立在生态人文观基础上的一种具有生态哲学意义的美学概念。生态美包括自然美、生态关系和谐美和艺术与环境融合美,与强调对称、规则的人工雕琢形成鲜明对比。乡村旅游标识设计以自然生态规律和生态美法则为指导,效法自然并尊重乡村旅游地自然风貌,力求使标识系统成为乡村景观的一部分。如图 6-33 所示。

图 6-33 国外民宿标识

对点案例

乡村旅游标识主要看"气质"

有人说:"如果商业建筑是低调的贵妇,那商业标识就是抢眼的荡妇。"那么乡村旅游标识呢?

乡村旅游标识是一种具有特殊交际功能的公示语,是乡村旅游地信息浓缩的载体,是个乡村绅士——主要看"气质"。一套有"气质"的乡村旅游标识会符合乡村旅游的要求和满足旅游者的需求,并结合乡村旅游景区的"气质"。

案例一:乡村标识系统的个性化要从旅游村落当地地域文化中汲取精华,体现地方特色,从而使标识系统的某些特征具有不可替代性。比如标识的造型设计可以取材于当地特有的装饰符号、生活生产用具、建筑形式等;材料选取具有地方特征的原材料,以更好地融入环境,体现乡土气息;标识内容也要尽量反映当地的历史、文化等。

利用当地生活生产用品——米筛、篓筐、篾席为设计元素的虞宅"茜溪悠谷轻度假区"的村落旅游标识如图6-34所示。

图6-34 茜溪悠谷轻度假区标识

案例二:乡村旅游标识的包容是指规划设计中的综合性。比如,向游客介绍村落环境与文化传统是乡村旅游标识的一个重要作用。为了让游客全面而深刻地认识与感受乡村生活,就需要多学科的通力配合,包括生态、建筑、旅游、地理、艺术等多方专业;涉及地方民俗方面,还需要当地居民的意见。这样,包容多学科的标识系统才是有气质的。

利用倒塌的老建筑石料结合生态、建筑、旅游、地理、艺术设计的郑宅镇"江南第一家"景区标识。如图6-35所示。

案例三:乡村旅游地标识系统是一项系统工程,其构成要素之间有一定的层级关系和组织构架,以整体形象展示在旅游者面前。因此,在规划设计时要有全局观念,把个体特征统一到整体的风貌形象中,达到整体上的功能作用,实现乡村旅游目的地的最佳形象气质;同时,

图 6-35　郑宅镇"江南第一家"景区标识

还要在景观造型和信息功能上相互补充，构建一个类型多样、功能完备的乡村旅游标识体系，实现乡村标识系统的整体气质。

嵩溪古镇利用暗溪与石灰窑为元素的形象符号统一整个形象，通过标识的材料利用、景观造型和信息功能互补来弥补空间狭窄和游览线路复杂的白马镇"嵩溪古镇"景区标识。如图 6-36 所示。

图 6-36　"嵩溪古镇"景区标识

（资料来源：微信公众号）

夷陵农谷道路交通规划

一、出入口

旅游区设置两个一级出入口、三个二级出入口和两个三级出入口，具体位置如下图所示。

一级出入口主要针对大量外地和本地客源进出该规划区块；

二级出入口主要针对本地客源进出该规划区块；

三级出入口主要方便规划区块内原住村民通行。

二、道路系统

区内的车行道路分三级，分别如下。

主要道路：为旅游区的骨干道路，宽20米。

次要道路：连接主要道路与各景区，宽10米。

支路：连接各级景点的道路，宽约6米。

三、停车场

为营造良好的游览环境，旅游区内部限制车辆进入，外来车辆将被要求停于旅游区的外围停车场中；在规划区域内，游客需换乘电瓶车进行游览。电瓶车站设置原则为每200～400米设置一座，服务半径为300米，以便游客乘坐。如图6-37所示。

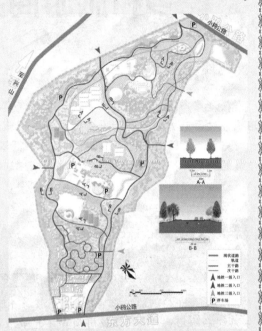

图6-37 夷陵农谷道路交通规划图

学生分小组对你所在城市的某一乡村旅游景区旅游设施进行调查，分析其开发设计的优缺点，并结合项目实际情况进行旅游设施策划，写出策划方案。

项目七
乡村旅游商品开发与设计

项目目标

技能点：通过本项目的学习，学生能学会从大量的乡村旅游商品开发设计案例中去学习、总结经验，培养创新思维，掌握乡村旅游商品开发的基本方法。

知识点：了解乡村旅游商品的基本特征以及常见类型；掌握乡村旅游商品在开发设计上所应该遵循的原则以及如何体现出乡村旅游商品的创意；学习乡村旅游在包装设计上应注意的问题。

验收点：要求学生能够在实际案例中，结合乡村旅游特点想出有创意的乡村旅游商品。

课程导入

旅游商品开发应特色"特"做

当下，正值旅游旺季。阿坝州的旅游资源丰富多样，可谓得天独厚。然而，一些游客在人头攒动的购物点却显得比较纠结——想带点旅游纪念品回去，却发现这类产品在其他地方也有，缺乏阿坝本土特色。在九环线等重要节点的旅游购物点，一些旅游商品销售人员表示，因为"千物一面"，缺少本土特色，旅游商品生意不好做。想卖点特别的新鲜货，却难以找到。

虽然阿坝州成功入选国家全域旅游示范区，但就蓬勃发展的旅游产业而言，该州旅游纪念品市场特色产品不多、模样雷同、粗制滥造、缺乏特色的确是不争的事实。作为旅游的六大要素之一，购物是旅游吸引力的重要组成部分，能带动许多相关行业的发展。而旅游纪念品是吸引游客购物的重要着力点，其作用不容小觑。因此，开发富有特色的旅游纪念品，既是实现旅游业可持续发展的市场要求，也是产生更大更长久效益的手段。

其实，买旅游纪念品就是买文化、买特色、买创意。化同质化为本土化，融合地域特色、文化特色、景点特色，创造出不可复制、特色鲜明、具有文化底蕴的旅游商品，是旅游业一个亟待解决的课题。负有"示范"责任的阿坝州，在打造具有特色的旅游纪念品上，也理应走在全国前列。

那么，开发有本地特色的旅游产品，该如何精准发力？记者建议特色"特"做。众所周知，阿坝州在旅游产品开发上并不缺乏好的载体，比如藏羌文化、红色文化、历史文化、生态文化、宗教文化等，具有鲜明的地域特征和民族特色，还有南坪曲子、卡斯达温等众多非物质文化遗产，这些都是能激发创意的有效载体。阿坝的应该加强与高校、科研院所、文创单位以及民间手艺人之间的合作，让其参与产品研发，围绕建筑、音乐、服饰、婚俗、节庆等民族传统文化元素，打造出"离开阿坝州就买不到的特色纪念品"。此外，当地政府还应该出台旅游纪念品行业的指导保护意见，形成可持续发展的设计、生产、流通的旅游产品产业链条，实现互利共赢。

（资料来源：中国国家旅游局）

旅游者在旅途中或者行程结束后，总是想买些旅游商品，以便能在日后回忆起这段愉快的旅程或者在馈赠亲友时，足以表现这段富有意义的旅游经历。因此，具有纪念意义是旅游商品区别于普通商品的一个显著特点。我国是一个以农业为主的多民族国家，各地不尽相同的风土人情、传统工艺和土特产品，为乡村旅游商品开发提供了得天独厚的有利条件。但如何将这些古老传统，富有民族和地方特色的物产打造成深受国内外游客喜爱的乡村旅游商品，是需要我们进一步学习和思考的问题。

任务一　乡村旅游商品开发与设计的原则

（一）体现旅游商品特性

旅游商品开发要体现出旅游商品的共有特性，如纪念性、便携性、艺术性、地方性等。对于乡村旅游商品而言，还要在此基础上尽可能地表现出乡村特色及其环境、文化传统、风俗习惯、生产生活等相关特征，如乡村旅游商品应具有原生态的环境、更加突出的乡土特色、更加鲜明的民族性和地方性。传统的生产工艺技术和手工生产占有重要地位，对于文化传统的体现更加原汁原味，乡村旅游商品应充分体现绿色、环保、天然、传统、原生的主体特性。

（二）满足旅游市场需求

乡村旅游商品开发成败的检验标准是看商品是否满足了市场需求。市场销售满足旅游市场需求量是衡量商品开发成败的重要尺度，可以说没有销售市场的开发是失败的开发。为此乡村旅游商品开发要充分了解旅游者对乡村旅游商品的偏好，同时要注意旅游者消费取向的变化形式和变化方向等，只有充分把握乡村旅游市场需求，并将这种需求很好地融汇到开发、设计、生产之中，乡村旅游商品的销售才能取得成功。

（三）追求艺术、美观、时尚

这是旅游商品的共性要求，因为旅游商品具有纪念性特征，应尽可能地长期保存和使用，同时又要具有观赏性，且比一般性商品具有更强的纪念意义、更好的观赏效果、更优秀的艺术水平、更丰富的知识内涵、更高的收藏价值，还要追求时尚，满足市场发展变化的需求。乡村旅游商品在开发过程中，要注意历史传统悠久、地域性强、原料丰富的工艺商品的开发，以及手工艺商品的开发。对于旅游商品的艺术、美观、时尚，不仅要求体现在一些工艺类商品的开发中，也要求体现在一般的旅游商品中。旅游者对他们在旅游目的地所购买商品的要求是很高的，这些要求实际上就是商品的美观、艺术、时尚、纪念等特性。

（四）加强创新拓展开发

乡村旅游商品还要有很强的乡村气息，这就要求旅游商品在开发上要有独特性。这种独特性一方面来自于历史传统的继承，另一方面来自于创新设计。一些地方的历史传统特色经过长时间的发展有所减弱，这就充分体现出创新设计的重要性。开发一个具体的乡村旅游商品时，要集中力量开展"一村一品"活动，创造出独特性强且具有一定程度不可替代性的商品，通过其功能、造型、工艺、款式等方面的创新，及规模、品牌、优质等市场战略的实施，得到市场的认同。很多乡村旅游商品在开发初期具有相同或类似的开发条件、资源和特色，但往往只有少部分地区开发成功，这就是品牌、规模等方面竞争的结果。有时特色创新和优势形成就是在竞争下发展壮大的，因而地方特色是可以创新的。

（五）保证经济效益可行

乡村旅游商品开发中虽然存在着一些艺术、文化价值，但要清楚地认识到其核心是一种经济行为，即应考虑市场需求量、成本效益、规模化生产以及技术上的可行性等，因为只有符合经济学规律的旅游商品生产才能够实现持续的发展。如果工艺水平、艺术价值均很高，却不可以批量生产，那么其生产就会受到限制。而一些产品的生产如果达不到应有的规模，其成本就会很高，从而不具备经济学上的开发意义，这样其开发可行性就会大打折扣。因此，从经济角度审视乡村旅游商品设计开发是十分重要的。经济可行性是保证旅游商品实现成功开发的必要前提，甚至一些艺术效果相对较差、地方特色不是最为突出、生产优势不是最为明显的旅游商品，由于其具有更高的市场需求量、更高的附加经济价值和经济效益而应得到优先开发。

乡村旅游商品开发困局

目前我国乡村旅游商品同质化严重，特色不鲜明。旅游者通常会发现，无论他走到哪一个乡村旅游景点，所购买的乡村土特产基本都是走地鸡、腊肉、鸡蛋、番薯、当地水果、包装茶叶、蘑菇等，若无独特的品牌支撑，基本没有太大的区别。而那些打着当地手工制作旗号的工艺品，实则为工厂规模化的产物，大多是些没有辨识度的手链、老虎鞋、玉石，甚至是在全国各大超市都可以买到的儿童玩具。而旅游生活用品也是如此，不管是少数民族村落还是汉族村落，几乎每一个古城古村都卖相同的丝巾，既没有突出当地文化特色，也缺乏创意。

大多数乡村旅游商品的包装都比较粗糙，甚至完全不包装。在乡村旅游中购物基本是一个塑料袋拎着就走，土味十足，登不了大雅之堂，给人以比较粗糙低劣的感觉。另外，是生产工艺的落后。生产工艺落后导致乡村生产的旅游商品质量较差，或与时代明显脱节，不能满足现代人对商品质量和特色的追求。

评析：乡村旅游之所以开发不出富有特色的旅游商品，跟一个地方缺乏政府战略规划引导、策略推动密不可分。很多乡村旅游都是重旅游开发，而轻旅游商品开发。因此我们发现大多数乡村旅游目的地的旅游商品，都是村民自发组织、自发生产、自发销售的，缺乏必要的引导和规划，形成不了规模，品质更是良莠不齐，也就是我们常说的散小弱差。另外，因为缺乏必要的战略引导，很多地区的农民根本不知道发展什么旅游商品才是具有竞争力的，因此陷入了互相模仿、互相复制的怪圈，导致旅游商品高度雷同，没有特色，更无品牌可言。

技能训练

要求：以小组为单位，实地考察周边区域某一乡村旅游点，找出该乡村旅游在商品开发过程中存在的问题并提出合理化建议。

步骤：

（1）根据参观内容，将全班分成3个组（A、B、C），明确各组的任务分工，并阐明参观的各项事宜。

(2) 以小组为单位，参观考察某乡村旅游点，并搜集整理该乡村旅游点的基本情况，找出乡村旅游在开发过程中的优势与不足。

(3) 各小组进行资料的归纳、总结。

(4) 撰写参观报告。要求：格式规范；分析有理有据；语言表达准确、清晰；以小组形式提交报告。

任务二 乡村旅游商品的特征及类型

（一）乡村旅游商品的特征

乡村旅游商品开发要牢牢把握旅游商品的特征，如乡土性、地域性、民族性等，并了解农产品和农副产品的突出地位，传统工艺产品、民间工艺产品，特别是手工艺品的较高比例。只有掌握了这些特性，才能够开发出更具市场前景的乡村旅游商品。界定旅游商品的性质可以从众多方面入手，针对乡村旅游商品的个性特征，结合旅游商品的共性特征，乡村旅游商品大致具有如下基本特性。

1. 乡村性

乡村旅游商品应尽量体现出乡村性，这种特性主要表现在绿色环保特征、传统工艺特征、手工制作特征和民间原始特征等方面。乡村旅游商品正是通过这些特性来表达乡村特质的。

2. 纪念性

纪念性是旅游商品所具有的共性特征。乡村旅游商品同样要很好地体现出旅游目的地景区、景点的地方特色，如风景物产、历史文化、风俗习惯、传统工艺、名人大事等，同时商品中要有显著的地区文化符号和标志，商品设计要蕴含地方文化内容，并通过文字、图片等显现地域文化的内容。

3. 民族性

我国绝大部分少数民族乡村地区都保存有许多原生态文化，旅游者身临其境会有不同寻常的体验。旅游者总是想购买一些富有民族文化特征的商品作为纪念，如新疆维吾尔族的小花帽、云南纳西族带有东巴文的T恤衫或手工艺品、贵州苗族安顺的蜡染等民族特色鲜明的商品，都会成为旅游者选择的对象，因为其中蕴含了浓郁的民族文化。这样的乡村地区开发的具有浓郁民族文化特征的旅游商品，其民族性将成为市场导向下旅游商品应该具有的重要特征。

4. 地方性

地方性与民族性是相关的，因为民族分布就具有鲜明的地方性特征。但也要看到二者的区别，那就是一个民族可能会分布在非常广大的地域范围，由于其分布在不同地区又有不同的地方特色，多民族分布地区也可能呈现出不同的地区特征。这就要求在旅游商品的开发过程中，在注意体现民族性特征的同时还要注意体现地方性特征。地方性也是旅游者购买商品的重要着眼点，当同类商品到处都可以买到，在种类质量上各地差别不大或区分意义不明显时，旅游者购物的主要动力就是具有所旅游地区的概念符号内涵和一种心理上的感应。可见，突出商品的地方性意义是十分重要的。

5. 艺术性

在乡村旅游商品中占有很大比重的是旅游纪念品。这些旅游纪念品除具有一般商品设计的艺术美观等基本特征之外，还要表现出很高的艺术价值和美学价值，并通过良好的艺术手段和独特的表现方法体现出地方特色。其商品在具有实用价值的同时，还具有一定的收藏价值，可以长期作为艺术品或装饰品摆放在居室中或是展示给公众。可见，乡村旅游商品开发中的艺术性是乡村旅游商品发展的生命力所在。如许多少数民族地区具有浓郁民族风情的各式挂毯、挂画，不是因为其使用功能，而是因为其民族文化艺术内涵备受旅游者青睐。

6. 实用性

实用性是乡村旅游商品所应具有的基本功能。在艺术化地表达地方文化特色的前提下，要充分认识到旅游者对旅游商品的使用功能是满怀期待的。旅游者希望在具有相对良好的使用功能的商品上，能够承载通过艺术手法所表达的鲜明地方特色和信息内涵。一方面，如果只是观赏型的艺术品，它的销售是不会覆盖全部市场的，也就是说只有艺术而没有使用价值的旅游商品市场会大大缩小；另一方面，对实用型旅游商品的开发也应该力争具有很强的艺术性和纪念性。艺术性和纪念性是实用型乡村旅游商品开启旅游购物市场大门的钥匙，诸如制作精美、图案丰富的挎包、太阳伞等商品。

7. 便携性

乡村旅游商品销售以旅游者为对象，因此要充分考虑这类商品的可携带性。特别是那些旅游者需要带回到出发地或居住地的商品，就更应重视其携带性。比如，所能携带商品的体积、重量、包装安全性（防破损、防变质）、保质时间等。在旅游商品设计开发或包装过程中要充分考虑到这些因素，如体积大、重量重的商品购买数量可能会受到限制；易于变质的商品可能对包装和携带时间要求会更加严格。另外，包装的形式材料也会影响到携带性能，如目前国内不少旅游商品在包装上过于追求豪华，导致旅游商品的体积增大、重量增加、便携性变差、价格提高，进而导致旅游商品的销量下降，这一现象在乡村旅游商品生产中应尽量避免。

8. 创新性

旅游商品的创新性是乡村旅游商品开发中需要加强的一个重要方面。目前我国各地旅游商品存在着严重的趋同现象，即便是具有地方特色的商品也存在着模仿性，这使得大部分旅游商品给人的感觉是似曾相识，也就不能很好地体现出地方特色，当然也激不起旅游者的购买欲望。因此，如何创造性地设计出别具一格的乡村旅游商品，就成为旅游商品开发成败的关键所在。湖北恩施地区利用当地土壤中富含硒元素，开发出富硒茶等富硒类健康生态旅游食品就是较为成功的例证。

9. 时代性

在我国广大的乡村地区存在着众多的传统工艺和加工技术制作而成的产品，许多传统产品已经成为旅游商品，有的还成为地方名产品、百年老字号产品等，且已成为各个地区旅游商品开发的重点内容。但其中一些产品与现代旅游市场需求产生偏差，从商品经济发展角度来看，产品特性亟待改进。这就要求我们在旅游商品设计开发中既要沿承传统又要顺应时代变革，从旅游者的消费习惯、价值取向，从商品生产工艺、设计技术、内容主题、使用材料等角度进行商品的创新发展，赋予商品以新的时代性内涵。如一些传统工艺品主题的转变、设计艺术的创新、工艺技术的改进与批量生产工艺的开发等，有的传统食品还要从符合健康卫生的角度进行改造、拓展功能等。

（二）乡村旅游商品类型

乡村旅游商品是旅游者在乡村旅游过程中所购买的具有鲜明地域、民族特色，体现乡村地方文化，在具有审美、实用价值的同时还具有较强纪念意义的商品。目前，我国乡村旅游商品开发范围十分广泛，主要有以下几种类型。

1. 工艺美术品

这类旅游商品种类繁多，是旅游者购买的重要旅游商品之一。我国广大乡村地区人口众多，散布着大量的民间艺人，有更多的劳动力支持劳动密集型的工艺美术品生产。工艺美术品在乡村有着悠久的设计、生产的传统和历史，并积累了丰富的经验；同时乡村地区有着丰富多样的工艺美术品创作物质材料和文化主题，因而发展空间很大。工艺美术品主要包括以下种类。

(1) 雕塑工艺品

雕塑是一种造型艺术，包括雕刻和塑造两种制作方法。其工艺品种类繁多，分类体系多样。按照雕塑材料划分，主要有牙雕、石雕、木雕、核雕、煤精雕、发雕、玉雕、米雕、竹雕、装饰工艺品、塑类工艺品以及其他类型的雕塑工艺品等。如河南栾川县重渡沟镇开发出的竹雕手工艺品、甘肃银川市的石雕、甘肃两当县的根雕、甘肃省酒泉市的玉雕、湖南省邵阳市的竹雕、湖南省洞口县的墨石雕、福建省惠安县的石雕、新疆维吾尔自治区和田的玉雕等都有悠久的历史，在相应地区的广大乡村广泛分布，开发潜力巨大。如图 7-1 所示。

甘肃两当县的根雕

新疆维吾尔自治区和田的玉雕

图 7-1 雕塑工艺品

(2) 漆器工艺品

漆器是经过制胎式脱胎，再加底漆，经扫磨、推光、装饰等各工序形成的，具有色泽鲜艳、防腐、防酸、防碱等特点。制作工艺技术在我国已经有 2000 多年的发展历史，许多地区都已形成了一些著名品牌，如甘肃天水的雕漆、贵州毕节的漆器等，在其乡村有广泛的生产基础和经验。如图 7-2 所示。

甘肃天水的雕漆

贵州毕节的漆器

图 7-2 漆器工艺品

(3) 陶瓷工艺品

陶瓷工艺品包括陶器和瓷器两种。邯郸的陶瓷、石嘴山的瓷器、宜兴的紫砂茶具、唐山的陶瓷、洛阳的唐三彩、临汝的汝瓷、我国著名的四大瓷都之景德镇的景瓷、醴陵的彩瓷、德化的白瓷、龙泉的青瓷等都已经形成了影响较大的旅游商品品牌,在相应地区的农村广泛分布。以宜兴的紫砂茶具为例,其生产开发主要集中在丁蜀镇和所辖范围内的各个村子中,具有典型的乡村特性。在乡村中也有众多手工艺人从事紫砂生产销售等工作,紫砂产品不仅成为著名的乡村旅游商品,还是地方形象的代表和地区的代名词;同时,紫砂生产和销售经营及其配套行业也成为当地乡村经济重要的产业部门。如图7-3所示。

宜兴的紫砂茶具　　　　　　　　洛阳的唐三彩

图 7-3　陶瓷工艺品

(4) 编织工艺品

编织工艺品指以草、竹、柳、藤、棕、麻、麦秸、玉米皮等为原料经手工编制的民间工艺品。编织工艺品在我国乡村地区制作历史悠久,种类繁多,工艺精巧,造型优美,具有投资少、成本低、可行性强、市场广阔等特点。如山东费县的草帽、湖南安仁县的军山竹篮、临武县的草席、山东莘县的芦席、天津武清区的柳编、山西岚县的苇席工艺等,都已经成为地域特色鲜明的旅游工艺商品。如图7-4所示。

柳编　　　　　　　　　　　　　竹篮

图 7-4　编织工艺品

(5) 金属工艺品

金属工艺品是指以金、银、铜等金属为主要原料,经各种特殊工艺加工制成的工艺品。

在我国西藏、云南、贵州、新疆等少数民族地区有大量的金属工艺品传统工艺留传,开发前景广阔。如青海湟源的银器工艺品,西藏昌都的金、银、铜、铁工艺品的加工发展,都是比较典型的,在旅游商品的开发上已经取得了初步的成绩。如图7-5所示。

铜器工艺品

铁器工艺品

图7-5　金属工艺品

（6）花画工艺品

工艺花主要包括绢花、绒花、纸花、羽毛花、塑料花等；工艺画主要包括贝雕画、羽毛画、麦秸画、牛角画、软木画、竹帘画、棉花画、彩蛋画、树皮画、蝴蝶画等。这一类商品在广大乡村地区具有制作材料广泛、传统工艺深厚和劳动力丰富的优势,特别是最后一点对于这类需要手工制作的商品来说优势更加明显。如常熟沙家浜利用丰富的芦苇资源开发的芦苇工艺画,工艺精湛,主题鲜明,地域特色显著,市场销售良好；黑龙江省汤原县大亮子河国家森林公园开发出的蝴蝶工艺画也属于这一类型。如图7-6所示。

芦苇工艺画

蝴蝶工艺画

图7-6　花画工艺品

（7）织绣工艺品

织绣工艺品包括刺绣、织锦、抽纱、花边、绒绣、地毯、挂毯等。如新疆乌恰花毡、和田地毯与小花帽、河北滦县的金丝绒毯等广泛分布在乡村地区,开发条件优越。如图7-7

所示。

刺绣

地毯

图 7-7 织绣工艺品

（8）其他工艺品

手杖、伞、扇、工艺蜡烛、面塑、蜡染、泥塑、剪纸、风筝、玻璃工艺品、水晶工艺品、玉石等众多类型的工艺品都有大量留传，还有新的种类在不断涌现，发展潜力巨大。如新疆和田玉器、无锡惠山泥人、陕北剪纸、潍坊风筝、苏州组扇等，都已经成为重要的地方性旅游纪念品。如图 7-8 所示。

剪纸

蜡染

图 7-8 其他工艺品

2. 土特产

土特产指的是具有浓郁地方特色，以地方原料或地方具有一定垄断性技术历史悠久的传统工艺为支撑而生产加工的产品。我国广大乡村地区的土特产种类丰富，且发空间广大。茶叶、中药材（灵芝、人参、雪莲、草药等）、保健产品、食品、饮品等种类众多的农副产品、地方性名特产品等，都可以开发成乡村旅游商品。如新疆的瓜果蜜饯、河北沧州的金丝小枣、北京的板栗、河南陕县的观音堂牛肉、山西汾阳的汾酒、安徽祁门的红茶、宜兴的阳羡茶等都已经被开发成地方旅游商品。此类土特产在我国广大的乡村地区种类可谓数不胜数，是我国乡村旅游商品开发的重要内容。如图 7-9 所示。

新疆和田的玉枣　　　　　　　　　安徽祁门的红茶

图 7-9　土特产

3. 民俗用品

在广大乡村地区，特别是一些少数民族聚集的乡村地区，人们在日常生活中所佩戴的珠宝首饰，诸如金饰、银饰、玉饰、项链、耳坠、手镯、头钗、玉佩等，都可以开发成旅游商品。以服装为例，南通的蓝印花布、新疆的小花帽、绍兴的乌毡帽的开发就很成功。在广大农村，一些生产、生活用品工具也都可以开发成旅游商品。如一些地区将乡村孩子们玩的羊关节骨开发成旅游商品出售，它是中国北方乡村地区女童游戏的工具之一，对于健脑益智、提高儿童的反应能力很有帮助。诸如此类可用于旅游商品开发的例子，可谓非常丰富。如图 7-10 所示。

南通的蓝印花布　　　　　　　　　新疆的小花帽

图 7-10　民俗用品

4. 文化类商品

介绍地方历史、景物等的相关书刊、图片，地方景物、文物的艺术复制品，地方文化历史风光景物等的光盘图像、音乐资料、字画金石、文物古董、文房四宝等，如湖州的湖笔、安徽宣城的宣纸、嘉峪关的石砚、贺兰山的石砚等均属于此种类型。如图 7-11 所示。

湖州的湖笔

江西婺源的龙尾砚

图 7-11 文化类商品

对点案例

桃园蒙阴巧做桃开发

以地处沂蒙山腹地的山东蒙阴县为例，蒙阴县素有桃园之称，立足资源优势，着力开发旅游文化产品。这里所产蜜桃个大味美，驰名中外；桃树木质细腻，木体清香。桃木在我国民间文化和信仰上有极其重要的位置，几千年来就有镇灾避邪之说，被称为神木。《辞源》："古代选桃木枝刻桃木人，立于户中以避邪。"汉时，刻桃木印挂于门户，称为桃印。《后汉书·仅志》中"仲夏之月，万物方盛，日夏至阴气萌作，恐物不想……"以桃印长六寸方三寸，五色书如法，以施门户。宋代刻桃符挂于门上意为压邪。现东南亚国家民间还以桃木剑置于户中用于辟邪。蒙阴县根据观光需求，采用传统手工雕刻，生产出中华牌桃木宝剑，设计独具匠心，图案吉祥，雕刻精细，极具观赏和收藏价值。产品出口韩国、东南亚国家和地区。另外，还根据市场需求制作出几百种桃木工艺品，如人物（关公、观音、财神、寿星等）、动物（龙、凤、鹿、象、十二生肖）、风景挂件（汽车挂件、生活用挂件）、摆件等。不仅满足了顾客的观光与购物需求，同时也为当地桃木综合利用开辟出新路。

技能训练

内容：以小组为单位，搜集国内外某一乡村旅游商品开发的案例，分析该商品如何体现出当地的特色。

步骤：

（1）5人一个小组为单位进行讨论，并汇总讨论结果。

（2）每组选出一名代表发言，交流分享学习成果。

（3）教师点评。

任务三　乡村旅游商品开发创意

（一）从产品层面上说，以市场为导向，开发特色乡村旅游商品

乡村旅游商品开发必须首先了解和研究乡村旅游者的需求，然后根据乡村旅游者的需求和

购买行为来开发乡村旅游商品。现在的乡村旅游者大多是都市中青年，具有较高的文化素养和审美能力，更偏重于旅游的文化感知，追求特色化、个性化的旅游商品。同时，提供乡村旅游商品不仅仅需要注重产品和服务，还需要注重售后服务和口碑。具体来说，包括以下几个方面。

1. 注重商品"原汁原味"与新内涵"双管齐下"

纯真质朴的乡土风情，生态绿色的果蔬、独家秘制的美食、独特的民间工艺，或者取自大地的天然材质，是乡村旅游商品的核心吸引力。这就要求乡村旅游商品的开发尽可能做到"就地取材"，强调其"原汁原味"的特征。在土特产方面，果蔬以生态绿色为主要卖点，食材以当地独特口味、独家秘制为亮点，用来吸引消费者。在特色工艺方面，强调其传承的传统工艺技术，富有文化内涵，如传统剪纸、根雕、陶瓷。在生活用品方面，以取自乡村的材料为主，并融入传统工艺，打造木制家具，竹编篮子，草鞋、蜡染围巾等。

同时我们也应注意到旅游业的发展，需要通过不断开发新商品来满足游客日益多元化的需求。乡村旅游商品亦是如此。"原汁原味"是乡村旅游商品同一般旅游商品的竞争优势，但如果一成不变，人们会逐渐降低对它的购买欲望，由此需求量将日趋萎缩，最终不得不退出市场。所以面对市场经济的残酷竞争，"原汁原味"是第一代乡村旅游商品的卖点，那么"融入新内涵、新创造"则是第二代乡村旅游商品开发的重点。

2. 提高工艺水平，打造工艺精品

乡村旅游商品不求高端奢华，但求极富特色、工艺考究。但大多数经营者对乡村旅游商品的认知存在偏差，认为乡村旅游商品就是追求低成本，不注重品质，因此也没有必要去精心打磨，导致做工粗糙。提高工艺水平一方面要提高工艺的设计水平，另一方面则要提高工艺的生产水平，只有这样才能满足现代人追求产品品质和审美的需求。

3. 重视体验，参与式的旅游商品开发

乡村旅游商品开发需要旅游者体验，而旅游者最直接的体验就是参与到旅游商品的制作中来，即旅游商品生产的体验化。乡村旅游商品可以以"前店后厂"的模式制作，前面为展示销售场所，后面为生产作坊。游客可以现场参观商品的制作过程，并与手艺人互动，激发自己对商品的浓厚兴趣。同时这里也可为游客提供 DIY 的机会，让他们亲自参与制作，与大师同台竞艺，从而更加体会乡村旅游商品的独特之处。此外，游客亲自动手做的旅游商品还是一份独一无二的旅游纪念品，为自己的乡村旅行画下完美的句号。

（二）从战略层面上说，做好科学规划，树立品牌意识

1. 强化乡村旅游商品发展规划

过度分散的、点状分布的农家乐、民宿难以吸引大量游客，也难以实现较大的乡村旅游商品销售量。一个地区要形成大规模的乡村旅游客流，不是某个农家乐、民宿单独可以做到的，而需要有科学规划的乡村旅游集中地或乡村特色旅游综合体。在乡村特色旅游综合体的规划中，可以有较大一点的主题，便于游客得到差异化的享受，也利于周围的农家乐、民宿形成联动，共同发展。相对集中的、成规模的乡村旅游游客也使得旅游商品销售量得以提高，有利于当地乡村旅游商品的创新发展。

2. 树立乡村旅游商品品牌意识

从战略层面树立乡村旅游商品品牌的意识，打造自己独特的品牌。在我国，成功的旅游商品品牌不胜枚举，如阳澄湖大闸蟹、赣南脐橙、信阳毛尖、延川剪纸、新疆和田玉等。这些区域型的大品牌靠单打独斗是很难成功的，关键在于不同的县镇要形成一个合力实现技术共享，制定质量标准，共同把乡村旅游商品的品质提上去，严防挂羊头卖狗肉，以次充好的行为，这样的品牌才可持续发展。当然，品牌的打造还需要在商标、包装上下功夫，制定防

伪标志，体现品牌特色。此外也需借助营销推广的力量，由政府、企业、村民合作，推出媒体广告，举办大型的营销推广活动等，让乡村旅游商品广为人知。

> **对点案例**
>
> 　　太原市上兰村：土雕不土还值钱。土雕是用以普通黄土为原材料，经过加工硬化而成的类似焙烧砖的雕刻材料来雕刻各种主题的造型，从而建成大规模的土雕艺术园。土雕是世界范围首次将普通黄土作为雕刻材料，与冰雕、沙雕一样，具有易雕、快速、低成本的特点，是继冰雪雕、沙雕之后又可制作大型和大规模雕塑群的新的雕塑材料与雕塑模式。
>
> 　　太原市上兰村农民用土雕建景区，开展乡村旅游，获得了成功。他们的经营之所以成功主要在于：一是借鉴邻村汉代土雕保存至今的先例，大胆试验。成功后筹集资金，选聘能人，用土雕建成千佛洞，成为旅游新景区；二是在景区附近找到客源，主动多次拜访旅行社，通过旅行社扩大客源；三是在景区建成后，延伸经营，掏窑洞，让游客白天看土雕、晚上住土窑，体验乡土气息。景区得到开发后，上兰村名气越来越大，为30多个村民提供了就业机会，还带动本村的果品销售。
>
> 　　评析：在发展乡村旅游中，不仅要注意已有的旅游资源，而且要创造性地开发旅游资源。上兰村的村民借鉴邻村汉代土佛保存至今的先例，用本村的土、荒山搞土雕，建成新的旅游景区的做法应当肯定。当然，土雕群的内容多种多样，可以雕成山西古今名人，也可以雕成山西各地名景缩影。在雕塑方面，可以延伸产业：优惠接待美术院校师生，用原土让他们实习，挑选出有价值的精品予以陈列展示；可以请泥人张传人左习庭教授泥塑、土雕给村民，泥塑、土雕产品作为旅游纪念品出售。这样，就使得上兰村的土雕更值钱。

技能训练

　　内容：以小组为单位，以某一旅游商品为例，讨论分析该商品为何有创意，以图片和文字形式进行展示。

　　步骤：

（1）5人一个小组为单位进行讨论，并汇总讨论结果。

（2）每组选出一名代表发言，交流分享学习成果。

（3）教师点评。

任务四　乡村旅游商品的包装

　　旅游商品的包装是指依据商品属性、数量、形态及储运条件和消费需要，采用特定的包装材料和技术方法，按设计要求创造出来的造型和装饰相组合的实体，具有技术和艺术的双重性质。包装通常由包装材料、包装技法、包装结构造型和表面装潢四大因素构成，目的是保护商品、方便储运、促进销售。其中包装材料是包装的物质和技术基础，包装结构造型是包装材料和包装技术的具体形式，表面装潢是利用包装材料、技术、结构造型并通过画面和文字美化来宣传和介绍商品的主要手段。

　　包装的保护功能是其基本功能，也是最重要的功能。商品在流通过程中会受到各种外界因素的影响，为防止这期间发生物理、化学、机械、生理学的变化，造成商品损失或损耗，如在储运和流转过程中光线、气体、温度、湿度等因素导致的商品老化、氧化、锈蚀、干裂、脱水、霉变、融化和腐烂及在运输中的颠簸、冲击、震动、碰撞等造成商品的破损、变形、损伤、散失等，可根据商品的特性和储运销售的环境条件选择合适的包装材料，设计合理的包装容器，加强对商品的保护，以减少商品的质量变化和损耗。包装这一方面的功能在乡村旅游商品中也有着十分重要的意义，如乡村旅游商品中有大量食品、鲜活商品和需要特殊保护的工艺品等，这些对于包装的保护性功能有着较为严格的要求，需要在包装设计上给予充分考虑。包装在产品保护上所体现出的技术与方法各不相同，表现出诸如防潮、防水、防霉、防虫、防震、防锈、防火、防爆、防盗、防伪、保鲜、安全、透气阻气、压缩、真空、充气、灭菌等技术类型。不同的商品要求采取的技术与方法各有不同，如水果蔬菜要求保鲜包装、工艺品要求防震包装、食品要求真空包装等。黑龙江省伊春市林区采用压缩包装形式包装木耳、真菌菇、猴头书等蓬松类山珍干货产品，使产品的体积大大缩小，增强了商品的便携性能，从而增加了游客的购买数量。注意，压缩包装需要根据商品的特性在不对商品实用功能产生负面影响的前提下有选择地采用。

包装的方便流通功能是指包装可为商品在流通领域的流通和消费领域的使用提供便利。如在商品流通领域实施合理包装，运用恰当标志可以方便运输、装卸、储存、分发、清点、销售，在消费使用中便于识别、开启和携带，同时可以方便商品使用后的包装及其废弃物的回收。

良好的商品包装是促进商品销售的最佳广告，也是无声的推销员。它能够引起消费者的注意，唤起消费者的共鸣，激发消费者的购买欲望，进而促进商品销售。包装有传达信息、表现商品功能、美化商品功能的作用。商品的包装同时也是商品品牌塑造和宣传的重要手段，也是商品品牌的延伸。商品的品牌一旦形成，就会给消费者以安全和信誉保证。商品的包装是商品品牌最直接的形象，对包装的识别也是对品牌的一种认知和认可。塑造品牌形象有利于消费者与其展开深度的交流沟通，从而产生心理认同。包装是品牌的形象外化，能够影显商品的文化特色。包装传达商品信息主要是通过包装上的文字、说明，向消费者介绍商品的名品牌、产地、成分、功用、使用方法、产品标准等信息，起到宣传商品、指导消费的作用；包装表现商品功能主要是通过包装上的图案、照片及开窗包装透明包装所显露的商品实物，把商品的全貌展示出来，给消费者以良好的感觉印象；包装美化商品功能则主要是通过整个包装设计、造型安排，突出商品的性能和品质，达到美化商品的目的。旅游商品销售的包装标志与其他类商品的包装一样，首先要严格按照国家相关标准执行，然后根据商品的特性，在此基础上再凸显宣传美化商品的功能。商品包装上一般应该具有的标志，诸如商品名称、商标规格、数量、成分、产地、用途、功效、使用方法、保养方法、批号、品级、商品标准代号条形码、文字标志等要齐全，对于一些重要的商品还要使用国家的强制性标准。如国家在食品标签通用标准中，规定了食品标志的具体内容：食品名称、配料表、净含量和固形物质量、厂名、批号、生产与保质日期标志及储存指南、食用方法、质量等级、商品质量标准代号、使用方法和注意事项、产品性能指示标志、特有标志、产品原材料成分标志等。这类商品要严格按照国家相关标准执行。

乡村旅游商品的包装除上述三个方面之外，还应有如下几点考虑：包装材料、文字说明、彰显特色、体现品质、图片展示、表现文化、呈现人文关怀等方面。包装材料的运用应充分考虑材料的文化属性，不同的材料能体现出不同的地域特色和民族特色。传统的自然材料，如纸、竹、木、藤、泥、皮革等天然材料，应成为乡村旅游纪念品包装材料的主体。制作各种包装物品要因地制宜，量材施用。传统的天然包装材料，包装时以原始状态、简单加工、精心装饰三种形态出现；同时可以选择更具有乡村地方民俗特色的材料，力争使消费者看到包装材料就能够体会到地方特色。包装材料种类很多，如纸包装、塑料包装、金属包装、玻璃陶瓷包装、木包装、纤维包装和复合材料包装等，其中纸、竹、木、泥、植物等天然材料最能体现出乡村自然原始的状态，再加上简单加工和精心装饰设计，就可以通过包装材料渗透出浓浓的乡村自然原始气息来。如福建旅游商品中用竹笋壳包装茶叶、海南用椰子壳装饰纪念品、采取小包装麻袋形式包装杂粮稻米等，就使旅游商品在包装上凸显了乡村主题特色。而且，这种包装要比常用纸质和塑料等包装材料更能体现出乡村的绿色环保特性。全国农业旅游示范点河南省川县重渡沟镇开发出的用竹筒作为包装的竹筒米饭、竹筒老酒等旅游商品，市场效益明显。旅游商品的包装具有浓郁的地方乡土特色，同时通过包装材料又赋予商品以新的文化内涵。在乡村旅游商品包装的文字说明设计中，除按照相关要求体现出商品的性质内容外，还要根据商品的特点力图体现并表达出原始、野生、绿色、环保、传统、手工、特产等内涵来。这与城市体现高科技、现代化、机械化、国际化特征的旅游商品有着本质的区别。在商品的质量标志中要说明商品所达到的质量水平标志，如优质产品标志、产品质量认证标志、商品质量等级标志、绿色产品标志等都是旅游者对商品品质认同的重要标志。商品包装上的图片、照片或商品显露出的实物要尽可能地展示出商品的特征，并将文字表达出的主题含义或内容通过图片辅助解释、深化认识、强化刺激、提高认同。如体现地方性标志图案、商品出产的环境、商品生产的工艺与商品的设计艺术等，乡村旅游商品包装上可以体现出优美的自然环境、天然绿色的原料、传统的加工工艺、手工制作技艺、鲜明的乡村特色和地方特色等。包装要彰显地方文化特色，与产品的地方特色、民族风格相符。一些共性的日用品巧妙地融入地方文化元素特点的包装设计中，就可以成为地方性的旅游商品。如在我国许多地方都有一种被称为老婆饼、老公饼的食品，从制作工艺商品的口味与形状、商品的原料与色泽上看各地差别很小，但是由于各地不同的具有强烈地方性文化标志或色彩的包装，还是赋予了商品鲜明的地方特征；而一些地方性本来就非常突出的商品，由于包装设计中对地方文化因素体现不够突出，因而商品的地方性特征不能够被旅游者充分认识到。

最后，包装还要注意人性化设计，如注意便携性、方便开启和使用等，处处传达出人文关怀，进而增加商品对旅游者的感染力，增强旅游者的购买欲望。

知识拓展

让旅游商品包装插上传统和时尚的翅膀

随着我国旅游产业的迅速发展，传统旅游产品包装做工粗糙、缺乏创意、不能反映旅游地文化特色，已经影响到旅游形象，无法刺激游客的购买欲望。旅游产品包装是游客接触和认识旅游品牌的重要媒介，是塑造旅游品牌形象的关键环节。因此需要通过对旅游文化的提炼、升华、创新，让旅游产品包装设计真正发挥既富有传统文化，又结合时尚美化产品、增加产品附加值和提高旅游产品销量的作用。请欣赏以下几例设计。如图 7-12～图 7-14 所示。

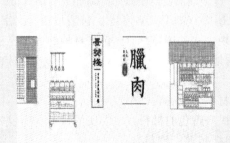

图 7-12　景然楼腊肉

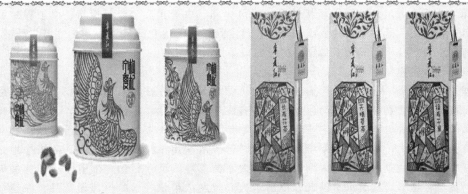

图 7-13 宁夏枸杞

图 7-14 悦未央茶叶

内容：以小组为单位，搜集国内外乡村旅游商品包装设计的经典案例，分析案例中乡村旅游商品的形式、设计理念，总结可借鉴的经验。

步骤：

（1）搜集案例的相关背景资料、图片展示。

（2）以小组为单位，采用PPT形式汇报成果。

（3）教师点评。

乡村旅游商品怎么搞：济南拔槊泉乡村精品民宿旅游商品开发之路

随着我国旅游市场向休闲度假旅游过渡，我国旅游业进入产业融合发展的新阶段，乡村旅游迎来了重大的发展机遇。与乡村旅游发展相伴随的民宿，近年来发展迅猛，已逐渐成为游客出游住宿的新选择。旅游商品作为民宿发展的重要组成部分，发展乡村民宿旅游商品，对推动乡村旅游消费升级，促进当地农民增收有着重要意义和作用。

济南拔槊泉位于济南南部近郊山区，是济南市海拔最高的行政村。拔槊泉乡村旅游区是由山东蒙山旅游集团和杭州赛石园林集团共同打造的精品乡村旅游示范项目，整个旅游区面积约134.5万平方米,分为游客接待区、唐风小镇、中心景区、东征传奇、生态养生五大区域。其中,民宿片区对原有的乡土居舍、村落空间进行了优化改造,使乡土性与品质感兼具,整体打造成为定位于中高端旅游市场的乡村精品民宿度假区。

一、资源挖掘

拔槊泉可挖掘、整合的物产资源和文化资源十分丰富。拔槊泉村内不仅拥有海拔最高天然泉,属济南水源涵养地区,而且泉水区拥有优质富硒土壤,是小米之乡,还盛产苹果、核桃、山楂、板栗等。但目前,这些当地的农特产品还没有作为旅游商品进行开发和销售。此外,在文化资源上,相传唐太宗李世民东征时曾被敌军追杀至此,兵败匮乏欲拔插地之槊自杀之际,喷涌出的泉水使士气大增,成为唐太宗的福地。至今村内仍保有数百年的古树和石屋,村民自古也有尚武之风。因此,提出了核心开发拔槊泉民宿特产旅游商品,并整合济南传统手工艺资源,以文创思维,打造拔槊泉乡村精品民宿符号性、文化性、精品化的主题旅游商品。

二、塑造"拔槊优品"品牌

针对拔槊泉乡村精品民宿定位于打造济南,乃至整个山东地区具有示范意义的精品民宿品牌,提出塑造"拔槊优品"的旅游商品品牌,传达"拔槊度假,优选精品"的综合概念,体现拔槊泉精品民宿"优质精品,品位出众"的旅游商品特质。标志以唐代门窗的纹样作为主要创意元素,将纹样的形状变形为拔槊优品的首字母大写来释义,将无可替代的拔槊泉文化与唐代文化元素合二为一,具有独特性、唯一性和经典性。如图7-15所示。

三、主题系列商品开发

在市场调研的基础上,项目组对拔槊泉乡村精品民宿未来的目标受众和潜在市场,尤其是华北及长三角地区核心城市客群对旅游商品的消费特征进行了详细的分析,将拔槊泉旅游商品的目标受众细分为:中高端消费者、游客、送礼人群及特定团体。最终将拔槊泉旅游商品定位为核心开发高品质、高品位、强文化属性的旅游商品。结合民宿主题定位和项目布局,确立了拔槊优品·特产、拔槊优品·养生、拔槊优品·奇趣、拔槊优品·唐风四大主题的旅游商品系列,做主题系列化的产品开发。其中,拔槊优品·特产系列商品主要包括当地盛产的小米、苹果、核桃、山楂、板栗等农特产品,在包装设计上我们采用了水墨简笔画的形式,将当地的乡土民俗景象呈现在产品包装上,赋予了产品特有的乡土文化和情怀,将该系列打造成游客必买的伴手礼。

图7-15 "拔槊优品"标志

(资料来源:读道文旅)

阅读案例,回答以下问题。

旅游商品如何创新:国外乡村旅游商品分析

1. 乡村旅游商品通过多种渠道传递给旅游者,大大增加了其销售量——以英格兰为例

在英格兰,他们的营销渠道策略有助于提高本国的乡村旅游商品消费。游客可以在中心大街商店、传统礼品店和独立精品屋里享受一流的购物体验,而对时尚敏感的购物者可以直

奔市郊新建的名牌折扣卖场。乡村旅游商品通过多种渠道传递给旅游者，大大增加了其销售量。

2. 商品及其销售均具特色——以法国为例

法国的乡村旅游，不得不提葡萄酒、烤面包、黄油、牛奶、鸡蛋，这些都是他们极具特色的乡村旅游商品。游客通过参观农村的葡萄园和酿酒作坊，参与酿造葡萄酒的全过程，了解酿酒的工艺，学到品尝美酒的学问和配酒菜的知识，仅购买葡萄酒这一项，就为当地的乡村旅游商品消费加足了筹码。

3. 特色美食的新鲜组合与另类创意大受消费者欢迎——以瑞士为例

瑞士主要的乡村旅游商品同样是特色美食，但通过营造就餐环境与食物本身相协调、统一的做法，来赢得消费者。例如手工制作、香草装饰，带给旅游者别样的意境。番茄肉酱手工香草面疙瘩是瑞士乡村的独家料理，为中国北方常规面食面疙瘩融入马铃薯，以意大利面手法料理上桌，借助面疙瘩的咬劲，为洋味十足的意大利面创造出前所未有的新口感，这种新鲜组合与另类创意当然大受消费者欢迎。

4. 借助活动、打造品牌、推出乡村旅游商品——以美国为例

美国，如威斯康星州以世界的"汉堡之乡"著称，并且人们于1998年在该州烹制出了重达2.5吨的汉堡包，同时被记入了吉尼斯纪录，从此该州每年都要举行享誉全球的"汉堡盛宴"，吸引了大量的旅游者。现在越来越多的地区已经开始依赖于由年度节日所带来的品牌效益，而这也成为众多地区宣传旅游特色、吸引游客的有力工具。

5. 推出观光旅游农场的计划，农产品在农场直接商品化，为传统农场的经营开辟了创新之道——以法国为例

法国农会推出的观光旅游农场的计划，将农场分为九类，其中的点心农场和农产品农场是以生产和销售乡村旅游商品为主营的。

(1) 点心农场

"点心农场"的经营时间一般为下午3—6点（部分农场的开放时段为早上到中午12点），只允许提供农场自产的点心，不能卖正餐，也不能在正餐时间将点心当作正餐来卖。"点心农场"的活动目的是提高农场产品的价值，所以制作点心的主要材料必须出自当地农场，但是副材料不在此限（面粉、糖等），同时也禁止农场提供工业化制造的饮料及汽水。

(2) 农产品农场

持有"农产品农场"的农业生产者，可同时生产农产品并经营公司进行营销，这与其他类型的农场规定有着本质的差别。但是申请"农产品农场"的生产者所生产农产品的主要原料必须以本身农场养殖的动、植物为主，副材料可以来自农场以外的产区，例如农场生产肉酱（猪肉、兔肉、野兔肉、野猪肉），则这些动物都必须是农场自身饲养的，或其农场中生长的野生动物。另外，其生产加工流程必须在农场内部进行。

为了保证这些农产品不是经过大规模工业化生产的产品，农场必须向农业及旅游接待服务处提交"技术表"，技术表中限制某些农产品可以在农场以外加工的操作次数及数量，其余都必须遵守在农场生产的原则。技术表中的准则特别规定：动物饲养的时间、情况及动物饲料的来源与种类；农作物卫生的处理、农作物生产的改良。除了在技术表中的说明以外，在农产品的外部包装上也必须标示清楚材料来源及制作方式，证明该产品不是经过工业化生产所得，违者即取消农场资格。

在农场将农副产品商品化，可直接提升农场竞争力；间接控制农场产品质量；增加农民收入，有利于经济发展。

6. 畜牧业的体验产品经营，提高乡村旅游产品的附加值——以日本为例

日本北海道的农业、畜牧业发达，那里的人们开展挤牛奶、挖土豆、剪羊毛等产业体验活

动,以提高农畜产品的附加值。

7. 乡村旅游劳作的亲身经历与其乡村旅游商品的销售相融合——以韩国为例

在韩国的 Gwangyang Dosunguksa 村,人们注重将乡村旅游劳作的亲身经历与其乡村旅游商品的销售相融合。春季:采摘野生绿茶和庆祝收获茶叶的仪式,采摘山药和李子,制作木水和豆浆。夏季:采摘韩国李子,精心雕刻李子核。秋季:采摘栗子和柿子,编草帽、做米糕托。冬季:炒栗子,生火,家里做的(本国制的)tofu。

Chulwon Odaemi 村是最早的大米的故乡,游客可以亲手种植水稻,放生蜗牛,收割,打谷,制作 Odaeju Odae 合一的米糕。

问题:(1)试分析总结国外旅游商品是如何体现出创新的?

(2)你认为国外在乡村旅游商品开发上有哪些经验是值得国内借鉴的?

项目八

乡村旅游市场营销

项目目标

技能点：通过本项目的学习，学生能对乡村旅游客源结构进行细分、对乡村旅游目标市场进行选择、对乡村旅游形象进行设计，并给出乡村旅游营销策略。

知识点：了解乡村旅游客源结构进行细分的标准和步骤，熟悉乡村旅游目标市场选择的原则和策略，掌握乡村旅游形象定位的方法和内容，学习乡村旅游形象提升策略及营销策略。

验收点：通过本项目的学习，学生能够了解乡村旅游客源结构进行细分的标准和步骤，并通过调查研究过程撰写乡村旅游营销对策报告。

课程导入

湖北民俗旅游带动农产品销售　乡村年货吸引城里人抢购

2017年春节临近，年味越来越浓，湖北各地纷纷推出以"去乡村打年货"为主题的各类民俗和节会活动，吸引着大批城市居民前往参与并采购年货。

1月11日，2017年湖北乡村美食购物游在黄石大冶正式启动。同时启动的大冶市年货节，也将在接下来的8天时间里举行现场土锅炒花生、蚕豆、炒米和现场打糍粑、堆粑山、捕鱼、抓鱼及登山寻宝、音乐烧烤篝火晚会等体验活动。

2016年12月31日，恩施市第一届土家新春庙会在该市梭布垭石林景区开幕，地方文化特色浓郁的土家庙会加上千人"土豪"（土法养殖的豪猪）盛宴，吸引了近4000名省内外游客前来赴约。

2017年元旦小长假期间，在宜昌市夷陵区官庄村举行的宜昌首届乡村旅游年货节暨第二届官庄庙会也吸引了来自武汉、荆州、荆门、宜昌城区及各县市区的3万多名游客及市民来此逛庙会，杀土猪赏民俗，共享露天年猪宴。现场美食消费和购物成交金额达60多万元，4000多游客共享年猪宴，带动全村农家乐餐饮接待、农特产品售卖、草莓采摘等收入近40万元，整个活动拉动消费达150多万元。

洪湖市螺山镇的"年货赶集会"也将于1月15日举行，游客只需通过旅行社交纳60元的活动费，就可参与包括杀年猪、品香猪宴、打糍粑、打豆腐、摘脐橙等在内的活动。此外，还有襄阳南漳首届（有机）农产品年货会、十堰乡村赶大集、荆门钟祥莫愁村年货大集、仙桃市沔街年货节等乡村年货赶集会。

这些乡村年货节活动，都是依托乡村旅游集镇、村或农庄，以丰富且参与性强的乡村民俗活动来吸引游客和市民，带动当地和周边农副产品的销售。这些农副产品，由于离产地近，或者现场制卖，都很新鲜，且"土"味十足，让游客更有信任感。游客在体验乡村民俗的同时，更深入了解这些农产品的生产过程，甚至能品尝到它们的味道、了解它们的品质，因而销售情况较好。

旅游行业的市场营销和其他行业不同,销售的是一种不可见的产品或服务,销售的是一种思想、一个梦想或一种体验,是看不见、抓不住、摸不着、闻不到的。乡村旅游管理者要正确认识市场营销,走出"营销无用,自然增长"的观念误区。

近几年,国内旅游市场发展迅速,尤其是黄金周时期,再普通的乡村旅游点也是门庭若市,以至于有人对旅游业的市场营销嗤之以鼻,过于自信,等客上门,认为自己这么好的地方不愁没有客源。其最大的问题来自于旅游业管理者对市场营销的错误看法,认为一旦实行促销策略,就会有立竿见影的效果,而忽视了促销效果的滞后性,对旅游项目的形象提升、品牌塑造等长远潜在回报缺乏认识。乡村旅游的市场营销是一门学问,从调研分析、确定目标、制订计划、实施执行,每一个环节都需要认真对待,不能大意。

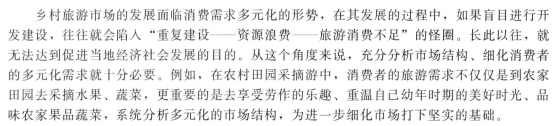

任务一 乡村旅游客源结构分析

乡村旅游市场的发展面临消费需求多元化的形势,在其发展的过程中,如果盲目进行开发建设,往往就会陷入"重复建设——资源浪费——旅游消费不足"的怪圈。长此以往,就无法达到促进当地经济社会发展的目的。从这个角度来说,充分分析市场结构、细化消费者的多元化需求就十分必要。例如,在农村田园采摘游中,消费者的旅游需求不仅仅是到农家田园去采摘水果、蔬菜,更重要的是去享受劳作的乐趣、重温自己幼年时期的美好时光、品味农家果品蔬菜,系统分析多元化的市场结构,为进一步细化市场打下坚实的基础。

目前,我国乡村旅游规模已经形成,属于产品的上升期,如何经营与营销是非常重要的问题,首先必须进行市场细分。所谓"市场细分",就是从旅游者的需求出发,根据不同的标准将客源市场划分为若干子市场,以及从中选出目标市场的过程。细分市场不是根据产品品种、产品系列,而是从消费者角度进行划分的,即根据消费者的需求、动机、购买行为的多元性和差异性来划分。每一个消费者群体都是一个细分市场,每一个细分市场都是由具有类似需求倾向的消费者构成的群体。

(一)乡村旅游市场细分

1. 旅游市场细分的概念

旅游市场细分就是从旅游者的需求出发,根据不同的标准将客源市场划分为若干子市场,以便从中选出景区营销市场的过程。

2. 旅游市场细分的标准

(1)地理细分

常见的地理细分变量有地区、城市、气候等。

(2)人口细分

按照旅游者的年龄、性别、家庭人口、家庭类型、收入、职业、受教育程度、宗教、种族等人口统计变量来对客源市场进行划分。

(3)心理细分

按照旅游者的个性、兴趣、爱好等心理因素来划分市场,常见的标准有社会阶层、生活方式、个性等。

(4)行为细分

通常采用的行为细分标准有旅游动机、价格敏感度、品牌敏感度、旅游方式、旅游距离、旅游时间等。

(5) 其他细分

1) 访问群体的构成。按照旅游者单独出游还是举家出游或是参加团队等进行市场细分。

2) 访问的类型和目的。将市场细分为不同的团体类型，例如学生团体、企业团体游客等。

3) 旅行方式。按照人们前来的旅行方式（私家车、旅游大巴、自行车、步行或火车等）进行细分。

3. 旅游市场细分的步骤

旅游市场细分的步骤包括：列举潜在旅游者的基本需求、分析潜在旅游者的不同需求、细分市场的初步调整、为细分市场取名。

(1) 列举潜在旅游者的基本需求

可以从地理、人口、行为和心理等几个方面，初步预计潜在旅游者的需求。

(2) 分析潜在旅游者的不同需求

在初步了解市场需求的基础上，有目的地选取市场细分变量，进行整体特征的市场细分。

(3) 细分市场的初步调整

首先应去掉现实中不存在的子市场，再去掉一些无利可图的市场，对剩下的一部分细分市场要进一步分析各市场的特征，以明确有没有必要对各细分市场再作细分。

(4) 为细分市场命名

结合其中潜在旅游者的特点，为它命名。

燕山湖乡村旅游区客源市场细分

- 按地域划分
- 省内旅游市场

朝阳市内部区域市场：朝阳市两市（北票市、凌源市）、三区（双塔区、龙城区、开发区）、三县（朝阳县、建平县、喀左县）。

省内其他地区：葫芦岛、锦州、阜新、盘锦、沈阳、大连、鞍山、抚顺、本溪、营口、丹东、辽阳、铁岭。沈阳、大连是全省经济发展的龙头城市，特别是在省委、省政府"突破辽西北"的战略措施中，大连与朝阳对口帮扶，在旅游业扶持方面，可以由接受资本的援助转变为积极投资、客源的输入；锦州、葫芦岛等市与朝阳地域相近，资源互补，是可以发展的潜在市场。

根据其他旅游地经验，省内市场规模大，重游率高，数量一般会占到整个旅游市场的50%以上。

- 国内旅游市场

主要是我国32个省、市、自治区、直辖市（不包括香港、澳门两个特别行政区）。根据与朝阳市的距离与交通便利度，可分为周边近距离市场（吉、黑、内蒙古、京、津）与远距离市场；根据各省经济发展水平不同，可分为经济发达的上海、江浙、东南沿海城市以及其他近期发展较慢的地区。

- 国际旅游市场

依据我国入境旅游市场传统划分为：日本、韩国、港澳台、欧美经济发达国家和地区。

- 按职业划分
- 国家公务员/科教单位旅游市场：收入高，公费比例大，习惯于单位组织出游或出差。

> - 企事业单位管理人员旅游市场：消费高，更侧重于品质的享受。
> - 个体经营者旅游市场：闲暇时间比较自由，追求时尚、个性的旅游方式。
> - 学生旅游市场：出游欲望强烈，时间集中在周末、节假日，但期望消费水平低。
> - 退休人员旅游市场：闲暇时间多，经济收入是决定其外出旅游的重要因素。
> - 工人旅游市场：出游规模大，青年比例高。

（二）乡村旅游目标市场选择

在细分乡村旅游市场的基础上，还要准确进行乡村旅游目标市场的选择。目标市场选择是在市场细分的基础上进行的，即选出能为旅游地所利用，通过满足该部分旅游者的需求实现自身发展目标细分市场的过程。

乡村旅游市场主要是选择城市区域或者经济发达地区中由于生存、工作压力较大，想要回归自然，享受自然的城市年轻人作为主要的旅游消费者。事实上，由于乡村旅游产品所处地理位置的不同，会有环境的差异。旅游资源特性的不同，当然也包括知名度的高低、所具有的服务内容不一样以及可提供休闲的时间有所差异，更包括经营者的能力有多不同，在具体选择目标市场时一定是不一样的，采取的策略也有一定的差别。因此在实际的操作中，要根据各地方的经济状况、发展水平、自然资源、交通状况等来确定目标消费者区域和所需要开拓的相关市场之间的顺序问题。可以将与乡村旅游产品距离近的市场和富裕起来的地区及人群都作为潜在目标市场。

1. 目标市场选择的原则

乡村旅游目标市场选择的原则包括以下方面。

（1）可测量性

市场的规模、市场的购买潜力以及市场的未来发展走向都可以测量。

（2）可进入性

选定的目标市场应该在经济上、政策上、文化上都具有可进入性，这个是目标市场有效性的重要前提。

（3）可盈利性

选择的目标市场应该保证景区在长时间内能够收到经济利益。

（4）可操作性

景区制定的市场营销策略能够付诸实施，有效吸引该市场。

2. 目标市场选择的策略

（1）无差异市场策略

忽视子市场之间的差异，而把整个市场看作一个具有相同或近似需求的大目标市场，并以单一的市场营销组合去满足该市场的需求。

（2）差异性市场策略

景区针对目标市场的特点，分别制定出有针对性的市场营销组合，并尽可能地满足目标顾客的不同需求。

（3）集中式市场策略

景区选择一个或少量几个细分市场作为目标市场，以便集中全部精力，凭借有限的人力、物力、财力取得较高的市场占有率。

（三）乡村旅游市场发展特点

1. 形式的多样化

当前的乡村旅游市场正处于高速发展的时期，各地的乡村旅游出现多元化发展的趋势，诸如民俗风情游、农村田园采摘游、民间古居游等都如雨后春笋般繁荣起来。在此过程中，旅游者可以认识不同的民俗风情、体验农民劳作的辛苦、感受古代文明的伟大。

2. 发展的高速化

乡村旅游归属于旅游产业的范畴，其产生具有两个方面的原因，一是产业转型的需要，在旅游产业发展中，市场的竞争日趋激烈，为满足旅游消费群体多元化的需求，乡村旅游成为旅游产业的一支新生力量，赢得了都市旅游者的欢迎；二是现代都市群体的心理需求，对于现代都市人来说，收入的增加使之具有参加更多休闲活动的经济实力，加之"绿色"与"生态"业已成为 21 世纪社会发展潮流的原因，乡村旅游在旅游者心目中的地位得以迅速提高，乡村旅游市场成了一个最具发展潜力的新兴市场。

3. 开发的初级化

从乡村旅游产生的时间来算，乡村旅游市场发展的时间仅仅为二十多年，真正的繁荣发展起于本世纪之初。也就是说，乡村旅游市场只是在近十年间才获得世人的青睐。

但是从总体上来说，乡村旅游市场还处于初级发展阶段，基础设施滞后、人力资源建设亟待加强、整体规划不够完善等问题比较突出。尤其是一些地方的乡村旅游出现一哄而上的现象，同质化的问题降低了乡村旅游的内在魅力，严重阻碍了乡村旅游的健康发展。

4. 地区的边缘化

乡村旅游市场的开发空间范围较为狭小，大多是处于具有观赏旅游价值的乡村或山区。之所以如此，就是因为只有这一地区才可以使旅游者摆脱都市繁华的喧嚣，才能够使旅游者享受到休闲娱乐与清净。值得一提的是，许多乡村旅游将一些具有远古气息的民风民俗也纳入乡村旅游的范畴，从而使得乡村旅游具有了更为丰富的内容。

从总体上来看，乡村旅游市场开发的地区都具有边缘化的特点，而只有地域的边缘化才可以与现代都市相隔离，才可以自己的特色满足现代人的心理需求。乡村旅游区（点）必须分析研究客源市场，了解消费者的需求，根据自己的经营思想、方针及生产技术和营销力量确定自己的服务对象，即目标市场。针对较小的目标市场，便于制定特殊的营销策略。同时，在细分的市场上，信息容易被了解和反馈，一旦消费者的需求发生变化，可迅速改变营销策略，制定相应的对策，以适应市场需求的变化，提高乡村旅游区（点）的应变能力和市场竞争力。

燕山湖旅游区目标市场选择

- 省内目标市场选择（如图 8-1 所示）
  - 一级目标市场：朝阳、大连、沈阳、锦州、葫芦岛、盘锦、阜新等地的企事业单位管理人员、国家公务员、自由职业者旅游市场。
  - 二级目标市场：朝阳、大连、沈阳、锦州、葫芦岛、盘锦、阜新等地的退休人员、科教人员、学生旅游市场；营口、鞍山、铁岭、辽阳、丹东、本溪、抚顺等市的企事业单位管理人员、国家公务员、自由职业者旅游市场。

➢ 三级目标市场：营口、鞍山、辽阳、铁岭、丹东、本溪、抚顺的退休人员、科教人员、学生旅游市场。
- 国内目标市场选择

➢ 一级目标市场：环渤海经济圈中与朝阳距离近且经济水平发达的城市，如北京、天津、河北，以及地缘相近的内蒙古自治区。根据燕山湖旅游区未来能够提供的旅游产品，可分为高级休闲市场、家庭旅游市场、单位组织旅游市场等。

➢ 二级目标市场：黑龙江、吉林。

➢ 三级目标市场：经济水平发达的珠三角、长三角经济圈。

- 国际目标市场选择

国际目标客源市场方面，燕山湖旅游区在近期发展空间较小，远期可考虑对朝阳市入境旅游市场的分流。

图 8-1　燕山湖省内客源市场定位图

技能训练

内容：以小组形式，分析讨论在乡村旅游目标市场选择的过程中，如何体现"可测量性、可进入性、可盈利性和可操作性"？写出具体的实施步骤。

任务二　乡村旅游形象设计

（一）乡村旅游形象解析

旅游形象是指旅游区域内各种旅游资源、设施、服务、管理、环境以及区域内的社会、经济、文化等给予旅游者的综合感知和印象。伴随着旅游经济发展的热潮，旅游市场的竞争经历了由产品导向到形象导向的转变，旅游形象成为消费者旅游产品购买决策中的重要因素。

乡村旅游形象是乡村旅游目的地在游客头脑中的总体印象，是人们对乡村旅游目的地的总体认识与评价。乡村旅游主要依托于乡村旅游目的地。游客欣赏乡村美景、享用乡村美食、与当地居民建立感情、参与当地民俗活动等乡村旅游的全部构成都是在乡村旅游目的地进行的，因此乡村旅游形象也是乡村旅游目的地形象。旅游者在受到各种信息媒介的影响后对旅游地形成初步的形象概念，然后通过在目的地的实际体验形成更深层次的形象，最后将这两种形象综合起来得到旅游地的最终形象。

乡村旅游形象的塑造与传播，同样离不开当地的自然地理环境这一大的背景，离不开对当地区域文化、乡村文化的挖掘，离不开区域旅游开发总体形象的带动。区域总体旅游形象作为乡村旅游形象塑造的基点，对乡村旅游发展具有重要的影响。区域的自然地理环境为本旗乡村旅游的发展提供了背景条件，区域旅游资源的富集状况及其组合状态对区域乡村旅游的开发产生了重要影响。针对乡村旅游的乡土性、地方性等特征，对乡村旅游形象的解析主要应从地脉、文脉、乡脉、市场感应四个要素进行分析。

（二）乡村旅游形象定位

1. 旅游形象定位的意义

形象定位是进行旅游目的地形象设计的前提，能为形象设计指出方向。这是因为设计旅游形象，主要目的是帮助旅游目的地树立起一个鲜明的形象，以便游客能够识别并对他们产生强大的吸引力。

要树立鲜明的形象，首先就必须进行科学、合理的形象定位。这意味着需要全面掌握旅游目的地的资源状况，深入挖掘其中最具特色的旅游资源。为此，需要对乡村旅游目的地的地脉和文脉进行客观全面的分析。这里的地脉，主要是指地理环境；文脉，即在旅游目的地的地域环境中形成并发展着的历史文化传统和社会心理积淀的文化观念。对地脉和文脉进行分析时，应重点分析旅游资源特色。

2. 旅游形象定位的原则

乡村旅游地旅游形象的定位在遵循整体性和差异性总体原则的基础上，还必须反映市场需求，体现乡村自然与文化资源价值，同时应与乡村旅游产品的策划相结合。

（1）市场需求原则

旅游地形象是影响目标市场购买决策的主要驱动因素。作为旅游企业运营的一个环节，其本质是一种旅游市场营销活动，而旅游地旅游开发一般是以其整体形象作为旅游吸引因素推动旅游市场，因此旅游地整体形象的塑造也必须紧扣旅游市场的发展趋势和需求。此外，乡村旅游地形象的定位除了把握定位的目标市场外，还必须作进一步的市场细分，目的是与共享相同目标市场的乡村旅游地在市场方面实行差异化策略，以分流竞争力。

（2）体现乡村自然与文化资源价值原则

乡村的自然和文化旅游资源是乡村旅游地旅游形象定位策划的基础和前提条件。乡村性是乡村旅游的基本属性，这一基本属性决定了乡村旅游地的基本范围和区域特点，同时也体现了交通、信息沟通以及物质能量流通缓慢等因素的制约使得乡村地区的民间文化、传统习俗、自然环境等资源保存较为完好、古朴，并极大地满足现代旅游者的审美需求和心理欲望，为乡村旅游开发提供坚实的基础条件。

在进行乡村旅游地形象构建时，地方文脉分析是必不可少也是极为重要的。地方文脉研究包含了区域乡村的自然和文化价值研究，因此形象的定位必须体现乡村旅游地的自然和文化资源的价值。例如，贵州是一个集聚众多少数民族的省份，由于其独特的喀斯特地貌条件和多山的制约，交通网络不发达，也因此孕育了多姿多彩的民族文化及习俗，而且其保存相当原始古朴，为乡村旅游开发提供了高质量与高品位的旅游资源。因而贵州在其乡村旅游产品策划中，主要推出以乡村文化体验为龙头的体验型旅游产品，并以此带动其他乡村旅游产品的开发。因此，在贵州乡村旅游总体形象的定位上，应体现以高品位文化体验为主的体验型形象定位。

（3）与旅游产品策划相结合原则

旅游产品策划在总体上反映了旅游地的形象，看似空泛的旅游产品由大量特色旅游产品作支撑。旅游产品策划是旅游区策划的重要部分，一个区域旅游策划的成功与否，除了市场开拓、定位成功外，很大一部分因素取决于产品策划。另外，旅游产品的不可运动性决定了产品需要旅游形象的传播为潜在旅游者所认知，并引导旅游者要获得一个什么样的旅游经历来影响旅游者的购买决策。旅游地的旅游吸引物也是一种旅游产品形式，各种吸引物形象的叠加形成旅游地的基本形象。在构建乡村旅游地形象时，必须与旅游产品策划相结合。

（4）旅游消费者可接受原则

旅游地形象的传播对象是旅游者。在定位旅游地形象时，受众调查和市场分析是必不可少的环节。旅游地形象的构建目的是更大限度地开发潜在旅游市场，让游客更清晰、方便地了解旅游地的特点及其独特之处，从而诱发旅游动机。乡村旅游地形象的定位，应当考虑旅游者是否能够接受的心理。

3. 旅游形象定位的方法

（1）领先定位法

强调率先在游客心目中的某项类别中占据首要位置的定位方法。例如，"五岳归来不看山，黄山归来不看岳"，"九寨归来不看水"。

（2）攀附定位法

一种"借光"的定位方法，借用著名景区的市场影响来突出、抬高自己。例如，"东方巴黎""东方威尼斯""辽南小桂林""东北九寨沟""东方小瑞士"。

（3）心理逆向定位法

打破消费者的一般思维方式，以相反的内容和形式标新立异地塑造市场形象。例如，"宁夏的沙坡头""内蒙古的响沙湾"。

图 8-2　象牙山村旅游形象定位

（4）差异定位

树立一个与众不同并且从未有过的主题形象。例如，"浪漫之都，时尚大连"。

（5）狭缝市场定位

旅游景区不具有明显的特色优势，而利用被其他旅游景区忽视的旅游市场来塑造自己旅游产品的市场形象。例如，"象牙山村"。如图 8-2 所示。

（6）变换市场定位

一种不确定的定位方法，主要针对那些已经变化的旅游市场或者本身就是一个易变的市场而言。例如，"迪士尼乐园""深圳华侨城"。

(三)乡村旅游形象设计

1. 乡村旅游形象设计的过程

吴必虎先生认为,区域旅游形象的建立一般包括前期的基础性研究和后期的显示性研究。基础性研究包括地方性研究、受众调查和分析、形象替代性分析等;显示性研究主要是讨论、创建旅游形象的具体表达,如理念识别、视觉符号以及传播口号等。在乡村旅游地旅游形象的实现过程中,地方文脉分析占重要地位。形象建立的基本过程,同样包括前期的基础研究和后期的展示。

地方文脉分析主要是对乡村旅游地的资源特色和传统的民俗民间文化或后期形成的乡村社区文化等进行分析,试图寻找区别于其他地区的乡村环境氛围特性并具有代表性的旅游地本质。文脉分析在旅游地形象建立的基本过程中具有基础性和重要性,因为形象的内容源自文脉。同时,在乡村旅游形象的设计中,地方文化的渗透是关键,也是旅游形象的灵魂所在。

市场调查分析是为了在通过文脉分析得出旅游地基本形象后通过对旅游者关于目的地认识与感知来确定旅游目的地的总体印象,它是选择旅游地形象宣传口号的基础和前提,因为旅游地形象传播的对象是旅游者,通过调查确定形象,目的是满足潜在旅游者的预期心理。

旅游地竞争分析是为了体现旅游地的个性化与差异化。旅游地难免存在竞争,同时旅游者对旅游目的地认知过程中,存在"先入为主"的效应,因此,策划定位旅游地形象时必须进行竞争性分析,以免处在其他同类旅游地的形象遮蔽中。

2. 乡村旅游形象设计的模式

在乡村旅游迅猛发展的背景下,各乡村旅游地的竞争趋势显得更为激烈。面对众多陌生的乡村旅游地,旅游消费者在搜寻旅游目的地信息时,往往会根据其心目中的预期旅游品牌形象次序寻找满足他们的不同旅游产品。不同的旅游产品构成了旅游产品形象,并反映着旅游地的旅游形象。乡村旅游地在进行旅游形象定位时必须深入旅游者的形象排序中,以得到旅游消费者的心理认可。

乡村旅游地形象的客体是乡村区域,而主体包括规划设计师和旅游者。设计师是完成旅游地形象的基础信息分析——核心理念的提炼——形象包装的过程,而旅游者则是完成对旅游地形象的评价。因此,旅游地形象是由开发者和旅游者共同决定的。

乡村旅游地形象设计包含了三大部分:地方文脉分析、市场分析以及竞争分析。同时体现了规划设计师和旅游者两大旅游目的地形象主体的作用,规划设计师和旅游者决定旅游区的形象定位,地方文脉制约旅游地形象定位的方向与个性差异化。旅游地的自然地理特征和历史文化信息在总体上可以反映其地方性,民俗文化研究在乡村旅游地形象定位中占重要位置,往往可以构成乡村旅游地形象富有号召力和生命力的丰富内涵,旅游地的持久魅力表现于其文化底蕴。只有加入了人类活动的东西,才是具有灵性的和精彩内容的东西。民俗文化包括了地方风俗、民族特色、居民生产生活方式等,形成了旅游地区别于其他区域的特质。

3. 乡村旅游形象设计的内容

旅游地形象系统(Tourism Destination Image System,TDIS)由3部分组成,即理念识别系统(Mind Identity System,MIS)、行为识别系统(Behavior Identity System,BIS)和视觉识别系统(Visual Identity System,VIS)。其中 MI 为 TDIS 的核心,BI 和 VI 分别为 MI 的动态、静态传播媒介。

(1)旅游形象的 MIS 设计

旅游形象理念基础：结合当地文脉与地脉构建旅游形象理念基础，例如"归意茶园、新意茶乡"。该理念寓意为"回归自然、天人合一的精神家园和社会主义新农村"。

旅游形象宣传口号：基于上述理念基础，设计推出一系列相关促销口号，以完善和强化旅游形象。旅游形象宣传口号要切合目标群体的需求，易于记忆和识别，朗朗上口，形成震撼力、吸引力、号召力和启发性，可以激发旅游消费者的购买欲望，并最终促成其旅游购买行为的实现。旅游形象形成口号因创意角度的不同，可分为以下两大类。

1）资源导向型。主要从旅游地资源特色的角度进行宣传，宣传口号的创意模式可分为自我阐释和比较阐释，前者采取不同的表现形式描述自身的旅游资源优势；后者则主要在与其他旅游资源的比较中突出自己的特色。

2）游客导向型。主要着眼于游客的需求，在激发潜在旅游消费群中作用更大，因更强的亲和力而更具优势。口号创意模式可以从两个不同的角度着手：一是刺激需求，通过迎合游客在感情上的某种需求，或借助重要事件的力量，或设置一种悬念来激发潜在游客的出游动机；二是克服阻力，通过承诺或说服等手段，帮助潜在游客克服在距离、时间、心理等方面的出游阻力，实现出游行为。

（2）旅游形象的 BIS 设计

BIS 是旅游地理念的具体化，主要包括以下方面。

1）管理形象——务实高效、开拓创新。管理形象的好坏直接关系到该区域内民众的向心力和凝聚力，直接关系到对外的亲和力，而且对旅游地总体形象的塑造起着重要作用。旅游管理部门的工作人员以及当地政府必须有踏实肯干的敬业精神、较强的业务素质、高效的办事效率、不断创新的能力和牢固的为人民服务的思想，做好宏观调控，把好环境这道关口，在对环境保护的前提下进行旅游开发。因此，要制定规范的乡村旅游地管理体系和制度，明确各岗位职责和服务规程，狠抓质量管理和公关营销，做好环境规划和整治，形成廉洁、高效、文明、有序的管理秩序和良好开展乡村旅游的环境氛围。

2）居民形象——文明纯朴、热情好客。旅游地居民的精神面貌是旅游地形象的重要组成部分，是居民素质的综合反映。因此，必须协调好旅游活动与当地居民态度的关系，通过乡村旅游开发带动新农村建设和农民增收。鼓励居民参与到景区开发和管理中来，协调好利益分配关系，提高他们的环境保护意识和全方面素质，形成一个居民自觉保护环境的良好氛围。同时，在当地纯朴民风的基础上，倡导热情、礼貌、朴实、文明待客等。

3）服务形象——自觉敬业、微笑服务。服务形象直接影响着旅游地整体形象的塑造，体现着一个旅游地员工的参与意识和业务素质。我国很多乡村旅游地目前尚处在开发初期，应尽量聘用当地居民并加强对服务管理人员的培训，使其对本地旅游形象产生"认同感"、"归属感"和"拥有感"，真正融入本地旅游业，提高服务质量。

4）公关活动——节庆推广、塑造形象。旅游公关活动是塑造旅游形象和推介旅游形象的重要途径。根据乡村旅游形象的定位，可以考虑开展旅游形象的节庆推广活动，例如举办"农产品交易会"和"乡村文化节"；同时要积极参加其他市级、省级和全国开展的多样节庆活动，依托知名人物的知名度和号召力，聘请他们作为乡村旅游地的旅游形象推广大使，借此机遇一方面提高自身知名度，另一方面带来可观的经济利益。

（3）旅游形象的 VIS 设计

现代科学实践证明，视觉信息是受众获取信息的主要渠道，如一个人在接受外界信息时，经由视觉接受的信息占全部信息的 83%。VIS 是旅游地形象中最直观的部分，基本要素设计包括以下方面。

1）建筑整治——景观化。首先，村中房屋建筑的整体风格要统一，与整体环境不符的建筑应加以整饰或拆除。要求做好建筑的统一规划，呈现布局合理的空间格局，并建立标志性建筑标识物作为分界。其次，村庄整体实现景观化，加大清洁和美化力度，将村庄作为旅游景观的一部分。如图8-3所示。

图8-3 乡村建筑整治

2）道路建设——生态化。旅游区内道路建设应按照道路、绿地、建筑、广场、车和人六个景观要素进行合理布局。乡村旅游道路建设，首先，是旅游核心区——以中心观光区的旅游廊道以及其他旅游廊道尽可能将有价值的景点都包括进来，形成环状，避免走回头路。其次，旅游廊道的建设材料。应该避免水泥路面，尽可能使用竹、石、木等材料，突出生态性。最后，提高村中主干道与各村民组的通达性。

3）绿化建设——细节化。需要从细节着手进行绿化和美化。首先，在旅游核心区的大型停车场和建筑集中区要注重绿化，不能影响生态保护的整体效果。其次，在庭院利用小型植物和盆景等绿化美化环境，于细微处见匠心独运。最后，注重多种植景观树、色彩树和香味树，利用道路、田园、村头等空地，见缝插针种植杨柳、桃花、樱花、郁李、月季、连翘、杜鹃等春季开花的植物，为春天增色；利用水面种植荷花、睡莲等，为夏天添彩；利用丘陵种植果树、桂花树，为秋天增实；适当种植松、竹、梅等植物，为冬天生景。

4）经营管理——地方化。要注重保持当地的文化传统和民俗，减少游客的外来性入侵和冲击所带来的文化飞地化。要构建旅游开发社区参与的机制，旅游地要成立联合管理委员会，其组成应包括当地政府、与旅游开发有关的非政府组织代表、企业代表和当地居民代表。涉及社区利益的重大问题如旅游发展的目标、重点、旅游利益分配、旅游地形象策划等必须与社区信息共享，征询和尊重当地居民的意愿。社区参与不能以居民个体的方式进行，要把当地居民组织起来成立社区代表大会，社区自治组织是社区参与的基本途径。

旅游视觉识别设计包括以下内容。

一是旅游标徽设计。将代表理念形象的图案作为旅游徽标；同时设计标准色、标准字、旅游区区旗、服装；建设旅游区标志性雕塑；特制文化衫或纪念品：一面印有宣传口号，另一面印有理念标志，馈赠或出售给游客。如图8-4所示。

图8-4 旅游标徽

二是视觉传播媒体策略。视觉设计的效用在于推广,让游客眼所及之、手所触之,到处都有乡村旅游的 VI 标志,从而形成视觉形象的冲击力和传播力。

三是传播媒体。旅游业证件类(徽章、名片、企业旗帜等);交通工具类(旅游业各类车辆、公共运输车辆等);办公用品类(便笺纸、信封、文件袋等);对外账票类(门票、订单、收据等);符号类(招牌、灯箱、指示牌等);制服、服装类(工作服、伞、工作帽、领带等);广告类(宣传单、海报、报纸杂志广告、电视广告、网络等);商品及包装类(包装盒、包装纸、粘贴标志等)。

(四)乡村旅游形象提升策略

1. 旅游基础设施的改造

旅游基础设施是影响游客满意度的重要因素。乡村旅游中的硬件设施往往低于游客的预期标准,尤其是长期生活在城市的年轻人对旅游硬件设施的要求更高一些。基础设施的改善并非要营造城市化趋势,而是在保持农村原始风貌的基础上完善其内部设施,如床铺的干净整洁、饮用水及洗浴的便利、公共卫生及安全的好转等。宣传也要多展现出这种新的农村风貌,打消那些对原始农村怀有脏、乱、差偏见的游客的疑虑。改造过程中应在基础设施方面多下功夫,具体可从以下三个方面着手。

(1)改善餐馆的就餐环境,提升餐饮服务质量

为了有效改变游客对乡村旅游餐饮脏、乱、差的印象,相关管理部门应制定餐饮质量标准,进行标准化管理。标准化管理对提高服务质量发挥着重要作用,具体来说应对景区内的餐饮设施进行统一规划和建设,可选取 2~3 家餐馆进行集中经营,主要接待团队游客;家庭经营餐馆主要以当地特色菜品为主,严格按照景区旅游餐饮的质量标准进行制作,逐步形成家家有特色的餐饮经营格局。

(2)配备相应的服务人员,提升服务水平

虽然各景点已配备了感应式的解说系统,但不足以满足游客对景点参观的互动需求等。通过配备相应的服务人员开展互动式解说,有助于增强游客对乡村的积极感知。

(3)维护景区景观,保持景观一致性

在对景区设施进行改造的过程中,应注意减少对传统环境的破坏,保持景观的一致性,新建建筑应与乡村的原始建筑风格吻合。对于景区内破败的房屋,相关部门应尽快与村民达成协议并形成改造方案,以维护景区景观。如图 8-5 所示。

2. 地域文化的挖掘

图 8-5 乡村景观

独特的地域文化是旅游产品的核心竞争力,也是乡村旅游可持续发展的动因。要提高乡村旅游目的地的知名度,关键在于对区域文化的挖掘和展示。旅游形象提升需将无形的文化资源转变成有形的展示物,营造轻松、真实、有文化内涵的旅游氛围。以文化为线索贯穿旅游景点建设、旅游活动开发、旅游节事策划、旅游纪念品设计及旅游形象推广,这些都将极大地丰富乡村旅游文化内涵,提升旅游产品文化审美体验。具体可从如下两

个方面着手。

(1) 设计易感受、易参与的动态旅游产品

如让游客参与农事劳动、打铁活动等，由村民亲自指导游客进行农事耕种，使城市游客真实体验乡村生活。又如，可在各私塾、学校旧址中设置国学经典诵读、科举考试模拟等项目，让游客亲身体验古代的教育方式。

(2) 通过大型实景剧展示乡村文化

借鉴"四季周庄""印象刘三姐"（图 8-6）等实景演出的成功经验，重新编排和包装古村文化，通过大型实景剧更加生动、形象地展示村落文化。

3. 营销方式的创新

在"互联网＋"时代，游客与网络密不可分，在保证传统营销渠道的基础上，应充分利用互联网和新媒体开展营销工作，开启"互联网＋古村落"的旅游模式。

(1) 建立旅游网站

在旅游网站上设置景点介绍、景点视频、住宿餐饮、游客论坛、信息咨询等版块，满足旅游者对各种旅游信息的需求。

(2) 与知名旅游网站合作展开营销

借助互联网实现旅游形象推广、旅游产品预订和出售等功能，如在去哪儿网、

图 8-6　印象刘三姐

艺龙网等旅游网站上推广门票预订和团购；在淘宝网设立官方旗舰店，除了销售景区门票外，也销售旅游地的土特产品和旅游纪念品。

(3) 联合新媒体加大宣传力度

通过微信公众号、手机 APP 客户端、移动网络电视等新兴媒体传播彰显朱家峪村落文化的图片、视频等，并及时发布景区的最新动态和优惠信息。通过这些方式，可以将旅游地的最新旅游信息即时传递给游客，从而提高景区知名度。

(4) 广告宣传中注入文化和情感元素

多数旅游网站、宣传册、宣传片中仅仅告知游客该目的地的旅游资源并且多以旁白或者第三人称介绍，这种宣传缺乏情绪上的感染力，很难让游客产生情感上的共鸣，更不用说留下深刻印象。年轻人注重娱乐性、老年人注重亲情性，广告内容中应体现轻松自在又充满趣味性的乡村娱乐活动，以及与当地淳朴居民和其他游客交往的温情场景。比如，请资深的旅游人士撰写博客、游记，以第一人称来记录自己的情感体验，在乡村遇到的趣事、听到的传说等，做到有图有真相，以文字的感染力来打动人。如利用微博与感兴趣的游客互动，公开讨论其吸引力与不足的地方，扩大乡村旅游影响力，也可以给经营者提供一些借鉴。

4. 服务人员的培训

从上述分析可知，游客对景区服务水平的负面评价较多，这与服务人员的素质较低有关。服务人员直接接触游客，他们的形象在某种程度上代表了景区的形象，因此会直接影响到游客的旅游感知。由于很多乡村旅游景区服务人员多为本地村民，没有接受过专业化训练，其服务理念与服务水平有待提升。因此，相关管理部门应对服务人员加强培训，提高服务意识，规范服务行为。一方面，提升其服务理念。通过开展专题讲座、参加培训班、到高等院校进修等方式，学习现代服务理念，帮助其逐步形成从游客角度考虑问题的观念。另一

方面，加强相关服务技能的训练。

培训当地旅游从业人员，提高其素质。培训内容主要涉及服务技能、厨艺和对当地传统习俗与传说的熟知以及恰当清晰的表达。但在整个培训过程中要保持原有淳朴的乡村性，避免商业化。通过不定期开展乡村旅游服务礼仪、乡村旅游餐饮服务技能以及地方特色菜肴烹饪技术等方面的培训，如邀请大专院校旅游专业教师或者相关专家对服务人员进行现场演示和训练，借此逐步提高服务人员的素质，同时提升其服务水平，从而有效优化乡村旅游景区的旅游形象。

5. 管理体系的建立

建立规范化、合理化的旅游服务管理体系，加快乡村旅游设施标准化、星级化建设是提升乡村旅游产品质量的保障，也是乡村旅游形象建设的重要内容。因此应当以政府为主导，依据相关行业标准，加强对乡村旅游景区和各个示范点的管理，完善乡村旅游信息服务系统和监督系统，进一步规范和提高乡村旅游的建设、服务和管理水平，大力推动乡村旅游产业的发展。

6. 社区居民的参与

乡村旅游形象的建构需要当地民众的参与和支持，因而要鼓励当地农民积极参与。农民是乡村旅游开发的最大受益者，同时也是乡村旅游人居环境的重要建设者，乡村旅游开发与农民息息相关，农民是各种形式农家乐、各种农村休闲会所的主要经营者，其旅游经营意识、旅游服务水平的高低直接影响着乡村旅游产品质量；农民是乡村生活的主体，农民的生活方式和行为举止构成了乡村旅游的社会环境。在美丽乡村进程中，应加快农村精神文明建设，加强对乡村旅游从业人员的培训，提高农民的旅游服务意识和经营水平，约束村民的行为举止，使乡村旅游得以健康良性地发展，真正受益于民，达到"宜居、宜游、宜业"的目标。

乐活的乡村旅游视觉形象设计——以浦江茜溪为例

古村落形象设计，应该在保护好"古"的情况下，融合好"新"的内容。古村落并不应该像一个垂垂老去的老人，只有传统、古朴、庄重的一张面孔，也可以打扮，穿上"花哨"的外衣，变身时尚达人。

浦江茜溪视觉形象设计方案中立足古村落本身具有的文化底蕴、传统民俗、风土人情、建筑特色，再融入现代流行的时尚元素，同时结合"清境""亲乡""轻度假"的主题，营造出"乐活"乡村氛围。如图8-7所示。

图8-7 浦江茜溪古村

一、浦江茜溪 LOGO 视觉形象设计与运用

① 整体以筛箩、食品、飞鸟、鱼儿、绿叶、青山、流水等参照物精简图形组合形成，体现了浓浓乡村之情的亲和、轻松、清新自然之感。如图 8-8 所示。

清：绿叶；（清新自然，环境适宜）

轻：筛箩/食品/瓦片/房顶抓角/青山；（轻松舒适，自然健康）

亲：飞鸟/游人/鱼儿、天空，地面，水底；（亲切、亲近、亲和）

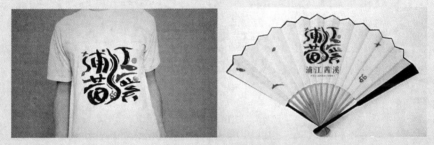

图 8-8　浦江茜溪 LOGO

② 整体以圆形代表"亲"，寓意亲切、亲情、亲近、亲和（合家欢乐、圆润和谐）；绿叶点缀"清"，寓意清山、清水、清气、清肺（清新自然）；当地小吃衬托"轻"，寓意绿色生态、低碳、循环、健康、绿色消费；体现浓浓的乡村情感。如图 8-9。

图 8-9　浦江茜溪 LOGO

③ 以"茜"字作为设计出发点与"山""水""建筑"元素结合，寓意浦江茜溪即"山水茜溪"，整体给人以清新灵动之感。如图 8-10。

图 8-10　浦江茜溪 LOGO

二、村落标识形象设计

提取每个村落的特色建筑，采用颜色鲜艳的卡通形象设计，使其活化。如图 8-11。

图 8-11　浦江茜溪标识

三、衍生的卡通形象设计

以乡村特有的稻草人作为设计原型，结合茜溪利民村大会堂建筑形象，设计一项特色的草帽。在形态上，融合茜溪特色美食、风景绿道，设计了稻草人快乐骑自行车、优哉吃茜溪肉饼的形象，营造一种愉快的休闲氛围。整体形象拟人化、卡通化、时尚化，有效宣传了茜溪特色旅游。如图 8-12 所示。

图 8-12　浦江茜溪卡通形象

四、茜溪悠谷导游图的设计运用

导游图采用卡通手绘的方式，结合整个茜溪悠谷轻度假区的范围，将主要景点以及方位标示出来，运用纸筒、棉麻布作为包装的材质，使之更贴近乡村的味道。如图 8-13 所示。

图 8-13　茜溪悠谷导游图

五、茜溪周末美食集市形象包装设计与运用

茜溪周末美食集市也是在乡土的整体定位风格下，运用亮丽的色块，结合拙拙的手绘，制作了图标、旗帜、包装盒等一系列形象包装，为原本朴素的乡村涂上了一抹亮丽的色彩。如图 8-14。

图 8-14　浦江茜溪包装设计

学生分组寻找 3 个乡村旅游形象设计的实际案例，分析其旅游形象定位的方法、乡村旅游形象设计的内容。

（1）5 人为一组，进行项目分工。

（2）查询乡村旅游实际案例，开小组讨论会，分析其旅游形象定位的方法、旅游形象设计的内容。

（3）制作 PPT 报告，在全班进行汇报。

任务三　乡村旅游营销策略

确定目标市场和旅游形象后，必须采取旅游产品组合策略，即通过生产不同规格、不同档次的旅游产品，使其结构更能满足市场需求，以最小的投入最大限度地占领市场，实现企业的营销目标。旅游产品营销组合由产品、价格体系、营销渠道、促销创新等组成。

乡村旅游市场营销策略是将"旅游产品"有效传达、销售给"需求市场"的方法与手段，营销策略的核心要素是产品、价格、促销、渠道。其中，产品策略是乡村旅游目的地发展的基础；价格策略是对游客心理价位承受能力的合理利用；促销策略是唤起、激发旅游需求的关键因素；渠道策略是为旅游者提供的便利的购买途径。

同时，还应注重对乡村旅游市场营销观念的创新。乡村旅游市场营销的先导是观念的创新，乡村旅游必须在传统的营销模式上进行策略的更新以及营销观念的转变，这样才能使市场的占有量增加。乡村旅游市场营销的观念要跟得上时代的步伐，要符合市场的需求，并在市场的大背景下对营销观念进行改革。构建乡村旅游市场营销新模式离不开先进营销理念的支撑，诸如旅游区域营销理念、体验营销理念、网络营销理念、绿色营销理念等，还要充分利用现代市场营销理念发展的成果。在转变传统营销意识的同时，还要将体验经济的理念融入旅游市场的营销观念当中。在经营农村旅游的同时，也要注重对环境的保护，将绿色环保的理念带入乡村旅游市场当中，从而协调环境保护和旅游发展的关系。

（一）旅游产品组合

1. 针对细分市场准确定位目标

乡村旅游目的地主要分布在城市的郊区或者是著名旅游景点的附近，这些地区具有较好的自然资源。但是各个乡村旅游景点所在的地理位置、资源条件以及知名度等都是不同的，因此在选择具体的目标市场时也是不同的。乡村旅游经营者应该根据自身的特点明确市场的定位，所选择的市场要符合自身的形象，不然就可能造成资源的浪费。

准确的市场定位是当前乡村旅游市场营销模式创新的着力点之一，因为不同地区的乡村旅游所依据的自然环境、人文环境都存在很大的差别。就此而言，在本地区乡村旅游长远规划中，要力戒引进重复性、同质化的营销模式，并调研自身在地理环境、旅游资源、产品种类、外在形象等方面的优势，对自己的市场营销予以定位，从而实施独具特色的乡村旅游规划与建设。

2. 确保旅游产品和服务质量

第一，乡村旅游产品设计与生产应与旅游者到乡村旅游的动机吻合，如质朴的乡野风光，而非城市化景观；参与回归自然的农事活动，而非简单地走马观花；原汁原味的乡村风貌，而非度假村的休闲模式；新鲜绿色的农产品，而非超市中光鲜但口味欠佳的蔬菜水果。

第二，要提高服务意识和产品创意。乡村旅游区（点）应加强员工的服务意识和服务水平，在产品干净、卫生、安全等方面为旅游者提供高水平的服务是旅游区（点）开发附加产品的一个有效途径。

第三，要关注附加产品和潜在产品的设计与开发。成功的产品和服务不仅要让顾客满意（satisfy），而且要让顾客愉悦（delight）。因此，附加产品和潜在产品是提高企业核心竞争力的必要手段。例如，农村的节庆旅游大有潜力。各地的庙会慢慢得以恢复，但庙会不是简单的商品交易市场，应对其文化价值加以挖掘和利用。尤其具有特色的各地传统节事，是乡村旅游品牌创建的重要内容。

从根本上说，乡村旅游的发展源于现代人内在的实际需求，因此更新营销意识以进一步提升服务水平，就成为乡村旅游市场健康发展的条件之一。以民俗风情游为例，作为开发的企业应该立足于买方市场的现实，将原生态的民俗风情资源作为挖掘重点，在旅游线路的设计、基础设施的建设、产业链的延伸、旅游项目的融合等方面加大投入力度，提高服务水平，提升消费者的忠诚度。

3. 开发特色乡村旅游产品

乡村旅游产品由三个部分构成：核心部分、外形部分以及延伸部分。其各个部分之间相互影响和联系，并且融为一体组成了旅游产品。乡村旅游产品要提高档次和特色，根据当地情况打造当地特色的旅游产品，加大旅游产品的开发力度，提高旅游产品的质量。另外，在开发乡村旅游产品的时候要尽最大的可能保持旅游资源的真实性和原始性，开发的产品要有大自然的原生韵味，还要有当地的文化特色。

目前，我国很多乡村旅游产品内容单一，产品同质化现象严重，缺乏自身特色。乡村旅游产品是吸引旅游者前来旅游的核心因素，因此应该涵盖游客在景区内"吃、住、行、游、购、娱"等全部内容。而能否设计、开发出符合市场需求、特色显著的旅游产品，是乡村旅游营销成功与否的关键。

具有创新性的产品对特色乡村旅游产业发展起到了强力支撑的作用，这里所谓的创新包括内容的创新与宣传的创新。一是内容的创新。在推进产品的创新中，不要只求产品的高档化与现代化，而更要注重产品的差异化，创新营销思路与手段，在维持原汁原味的地域旅游资源的基础上，展现当地农村旅游的魅力。二是宣传的创新。将本地区富有特色的乡村旅游产品宣传出去是实现乡村旅游市场营销可持续发展的一个重要环节，只有通过有效的宣传方式才会打造出具有特色的乡村旅游品牌。目前，以网络为基础的电子商务信息平台的建设是可以选择的一种模式。电子商务信息平台突破了时空的界限，使得潜在的消费者可以通过登录信息平台快捷搜索到自己所需要的旅游目的地，并借此得到优质化的服务。

我们要赋予乡村旅游产品以鲜明的地方特色，在实施产品策略时，为了提高产品的质量，还必须采取新的思考方式、利用新的营销手段，具体包含以下几个方面。

① 完善基础设施建设，确保往来交通工具的安全性，保障景区景点安全、卫生价格合理，旅游饭店以农家乐为主。

② 开展多种富有乡村气息的活动，如农作物种植与采摘、农田认领、乡村运动会等等。

③ 增设休闲环境，增加景区周边的休息、娱乐地。

④ 突出"农家乐"的特色，以乡村景区为中心，挖掘乡村旅游的潜力。

⑤ 树立乡村形象，突出朴实、踏实的乡村人民的品格特点，提供优质服务，让前来休闲的游客能感受到家的温暖。

⑥ 突出新主题，根据各地资源，以适应游客心理需求为目标，准确把握消费者的消费心理，开展轻松愉悦的交流性活动。

（二）实施促销方案

加强乡村旅游市场营销的宣传促销，加大旅游宣传力度，扩大影响范围，提高知名度。乡村旅游要想得到更快的发展，就要保证其市场的客流量，而加强宣传是重要的途径。宣传方式有很多，比如制作旅游纪念品、编印旅游手册、乡村旅游景点简介等，提高乡村旅游地整体的旅游形象和知名度。除了对旅游产品进行宣传之外，还要有一整套的宣传措施，保证其旅游促销的质量。

现代科学技术快速发展的成果，可以为当前乡村旅游的促销所利用。乡村旅游除了应用广告、人员推销等传统促销方式外，还应采用公关促销、网络促销、节庆促销等新兴的促销手段。现代促销手段的应用，有利于加大乡村旅游的宣传力度，最大可能地促进旅游消费的实现。

要有选择地利用传播媒体，首先考虑成本比较低，但影响面又比较大的传播方式，特别是在引资期和开发期。例如，传播媒体可选择目标市场地区的地方日报、晚报、早报等，这些都具有在当地市场覆盖率较高和读者量大的特点。当然，也可以在目标市场地区召开旅游产品说明会或组织旅游中介机构采线活动。而中后期，则可以考虑选择层次较高、影响力较大的电视台和报刊。

1. **影视营销**

拍摄宣传片，借助电视广告、纪录片等影视媒体形式，提高乡村旅游地的知名度，吸引游客前来观光。同时，如果有电视、电影、广告等题材需要，可免费提供场地等。这种方式适用于乡土气息、田园氛围浓郁的旅游地的宣传。

2. **节庆营销**

乡村旅游的目标市场主要是短距离的一日或两日游，及清明、端午等国家法定节假日和十一黄金旅游周。因此，促销宣传的时间一般应集中在节前，集中人力、物力和财力，在较短时间内，以较密集的宣传攻势，争取实现节假日的旅游高峰。同时，应充分利用当地的节庆习俗进行促销、宣传，以开拓大众市场。

3. **网络营销**

近年来，由于互联网的普及，有相当一部分人都选择通过网络来了解旅游目的地及其相关信息，加上乡村旅游的受众多为自助游客，因此在乡村旅游的营销过程中，要注重网络营销。具体包含以下几个方面。

① 在政府旅游网站中，针对乡村旅游区进行推介，对旅游资源、交通区位、旅游项目、旅游线路进行介绍。

② 可与国内著名的旅游网络营销商合作（如携程、去哪儿、驴妈妈、途牛）共同推出区域乡村旅游的独家产品，以扩大旅游区的知名度和档次。

③ 在网站中搭建互动平台，比如旅游论坛、驴友日记专栏等。给旅游者交流旅游心得和潜在旅游者一个交流的平台，使景区特色以这种更有可信度的方式展现出来。

4. **预订系统**

乡村旅游的旅游者主要是城市居民，尤其是中高等收入人群。因此，建立完善的预订系统也是实施促销方案中重要的环节之一。西方发达国家的乡村旅游有着完备的客户在线预订系统，游客可通过乡村旅游网络预订系统、电话或旅行社预订行程。按要求预订并付款后，预订系统会为游客安排行程、活动计划、提出忠告，并提供农家的房间密码，游客必须凭密码方可入住。根据网上提示，游客可到就近指定地点搭乘农场专车。如果是自驾车或搭载公交工具前往目的地，游客可直接入住、参与活动。

（三）分销渠道组合

所谓"分销渠道"，即旅游产品使用权在转移过程中所经过的各个环节连接而成的通道。旅游市场分销渠道组合，主要包括分销渠道的选择、渠道成员的协调、激励与评估以及分销渠道的改进等内容。

目前，国内的乡村旅游经营模式很多，对于以个体经营为主体、敞开式发展、全民参与旅游的模式，这种分散的利益单体由谁来承担对外营销的工作是个值得探讨的问题。从营销主体来讲，应包括政府、协会和经营企业三个层面，具体包括旅游地所在的各级旅游部门、农业旅游相关协会，有一定规模的农庄、生态园、个体经营户，社会中介服务组织等等。

现阶段，我国乡村旅游产品的推广相当薄弱，如果这项工作仅靠农家户来做，则能力、渠道都不够，必须靠各方共同协作，培育、开拓市场，扩大知名度。

作为政府和协会，要责无旁贷地做好牵头组织工作。通过政府主导营销的方式，解决乡村旅游小规模经营的瓶颈问题。而行业协会要做好调查和评估工作，找到本地乡村旅游的特色及核心吸引力，结合本地资源规划、设计和开发乡村旅游的辅助品，使乡村旅游的内容逐步丰富。作为经营者，更要主动开展营销。越是中小型景区经营者越要联合起来开展宣传推广工作，这样才能汇集力量，抢占市场，吸引更多游客。

乡村旅游的快速发展，除了景区经营者从中直接受益以外，景区所在的当地政府以及当地村民都成为乡村旅游发展带来的受益者。因此，他们可以共同构成乡村旅游营销主体，改变传统的以景区经营者或是农户为单一营销主体的现状，丰富营销主体，集合多方面的力量提升乡村旅游营销的效果。

乡村旅游营销中除了可以继续发挥旅行社这一传统营销渠道以外，还可通过与游客建立"互动"关系、积极参与当地各级政府对外宣传活动、与周边著名景区建立"共生"关系以及与旅游中间商建立"伙伴"关系四方面来优化乡村旅游景区营销渠道，达到扩大景区的知名度与游客的感知度、提高景区的美誉度以及营造良好的外部环境的目标。

具体的分销渠道策略包括以下几个方面。

1. 关系营销

政府及旅游管理部门，在协调好各旅游区、各利益相关群体、游客之间关系的基础上，可以通过与各旅游目的地、旅游公司建立稳定、牢固的业务联系，邀请相关部门学习考察等，扩大柳州当地乡村旅游的知名度。在乡村旅游区打造商务型度假山庄、大型拓展项目，有针对性地对乡村旅游地的集体、企事业单位进行推广。

2. 政府推介

由政府组织在乡村旅游地重点客源城市和主要旅游区进行旅游项目推介，并采用多种方式进行旅游宣传，策划旅游专线，吸引更多游客；同时树立政府形象，扩大知名度。例如，在推广生态农业的科普教育功能时，政府可以专门在当地中小学范围推广并前去参观，既开阔了青少年的视野，也提高了景区的科普氛围，同时对经济效益起到带动作用。

3. 与商家联合推介

跟商家联合，在促销、抽奖等活动中设立乡村旅游某功能区免费两日游等的奖项，以此来树立景区形象，扩大知名度。

（四）制定价格策略

乡村旅游产品的价格体系由门票、餐饮、住宿、各类休闲项目的收费（如垂钓、采摘、滑草、射击等项目）、农产品等组成。乡村旅游的价格体系应该与目标市场有关，与目标市场的消费能力有关。如何收取费用，收取多少费用，才能有益于乡村旅游区（点）的长期经营，是每个投资者应研究的问题。

在市场营销组合策略中，价格是决定营销成败的关键因素。乡村旅游市场营销必须进一步规范乡村旅游市场的价格制定，杜绝价格欺诈、恶意的低价竞争等行为，以规范、透明、合理的价格制定体系保证乡村旅游市场营销战略的顺利进行。制定价格策略具体包括以下几个方面。

① 当旅游区推出新的产品或服务时，采取渗透价格策略，以尽快收回成本，提高市场

占有率。

② 针对关键细分市场展开价格促销活动，提高本旅游区产品在主要细分市场中的份额，并削弱竞争者的地位。

③ 当旅游区能将产品控制到较低水平时，可采取合理的降价策略，以扩大销售量和阻止竞争者进入。

④ 以总额较低的价格提供系列产品或给予一定的折扣，刺激中间商和顾客的购买积极性。

④ 对某种旅游项目实行亏本销售，同时又通过高价出售其他配套产品来收回利润。

（五）加强旅游管理

乡村旅游的发展需要有专业的管理知识进行有效的资源管理，旅游业是一个服务性行业，旅游服务的质量要在一定程度上进行标准化，相关部门机构应该对其进行统一的管理和协调，为当地乡村旅游的发展指明方向。当地政府应该对于相关人员进行培训，让其了解相关的旅游管理知识，以便进行科学合理的管理。

总之，乡村旅游的发展应当立足本地实际，以政府为主导、市场为导向、产品创新为根本，以营销带动当地乡村旅游的可持续发展。我国乡村旅游营销模式在未来的发展道路中还应当不断完善，重视乡村旅游市场营销组合创新，将普遍适用的营销模式与当地特色相结合，不断开创新型的乡村旅游营销模式，促进我国乡村旅游又好又快地发展。

乡村旅游营销渠道如何创新？

一、网络营销渠道

1. 景区网站的自建

开发建立景区自己的网站，对有目的地搜集信息的旅游者来说，景区网站是其判定旅游信息的最终平台，网站应设立与景区有关的各种栏目，以帮助旅游者了解更多更准确的景区内容。

2. 利用第三方网站的发布平台推广

很多旅游网站通过向旅游企业提供在线发布平台来帮助旅游企业推广产品和服务。乡村旅游景区首先利用的应该是本省旅游咨询网，然后是行业知名网站，如携程旅行网、驴妈妈旅游网等，通过录入产品信息形成网上门店，从而进行产品营销。

3. 自媒体、新媒体的宣传

在互联网高速发展的今天，人人都是自媒体。特别是微信朋友圈的推广，使得景区的资源很有说服力。通过上传新媒体的宣传和实践视频获得知名媒体的关注，比如普洱太阳河国家公园在2014年成功利用景区下冰雹的新闻事件获得央视的关注，引起网络的广泛关注。同时景区营销成功利用新媒体宣传人与动物和谐相处，多次获得央视报道。

4. 旅游达人的推广

通过旅游达人的游记撰写、旅游心得分享来扩大景区的知名度。

5. OTA的推广

目前在国内很火的OTA大平台有携程、驴妈妈、同程、马蜂窝等，通过和这些平台的合作，第一可以扩大景区的知名度，第二可以直接从平台上获得客源。例如驴妈妈在2015年为黄山带来了120多万游客量，占到黄山全年接待人数的三分之一。

6. 微信公众商城的建立

目前微信公众平台服务推出了网上支付等功能，手机支付相对于 PC 端支付要方便得多，只要关注微信公众号，即可在手机上实现。可以很好地利用微信公众号的粉丝，通过一系列的线上游戏活动，不定期推出一些小奖品，成功地将粉丝转化为经济收入。

二、建立与游客交流的纽带及口碑的宣传

景区通过向游客提供独特的旅游体验使游客获得满足，与他们建立起一种朋友关系而不是消费关系，这对景区有至关重要的意义。乡村旅游的目标消费者一般是以家庭、单位或亲朋好友圈为主体，旅游者很愿意将自己的旅游体验传达给周围的人群，并给他们提供可信任的旅游建议。因此，满意度高的游客是景区最有说服力的宣传载体。乡村旅游景区拓展自己的销售渠道是必然的战略选择，但任何渠道建设都是有成本的。无论是间接的渠道选择还是直接的渠道建设都非易事，资金投入、品牌宣传和持续性的维护缺一不可，乡村旅游在景区建设方面处于先天弱势，渠道的选择成为决定景区生存的关键，根据景区特点建立起适合的渠道组合，不盲目、不照搬、多方共赢是必然选择。

三、旅游交易会

会展经济的不断发展也大大促进了旅游市场营销渠道的建设，国内的各种旅游交易会十分红火，种类繁多，已经成为旅游景区向市场推介产品的重要舞台。一般而言，大型的旅游交易会云集了各类旅游代理商、分销商以及游客等，交易会的参与者具有明确的目标和较为专业的背景。因此，借助旅游交易会的平台，景区往往能够花费相对较低的成本获得更多的营销网络和信息。

四、联合拍摄影视作品及真人秀节目

影视作品作为一种群众喜闻乐见的大众娱乐形式，旅游景区主动根据景区资源和特点设计拍摄以景区场景为主的影视作品，以这种隐性的广告宣传形式对景区进行形象广告宣传，所起的巨大拉动作用是一般广告形式和渠道形式所难以比拟的。近年来在这方面比较成功的案例有：三亚亚龙湾与《非诚勿扰2》、大理与《心花怒放》、蜀南竹海与《英雄》等。真人秀节目作为近年来在国内兴起的一种新的娱乐节目，很受年轻人的热捧，例如云南普者黑景区与《爸爸去哪儿》第一季的拍摄（据传只花了二十万元的费用）、欧洲游《花样姐姐》等等。

五、车友会、自驾车等游客群体

随着中国经济的发展，私家车越来越普及；与此同时，公路交通越来越发达，尤其是全国高速公路网的逐渐形成，使旅游城市周边的1小时经济圈、两小时经济圈、无障碍旅游圈等得以形成，自驾车游客成为各大景区增长最快的客源市场之一，越来越受到旅游景区的重视。旅游景区通过建立与各地车友会的联系，以及进行不同形式的广告宣传，特别是在客源地城市的公共媒体上、自驾车游杂志上作宣传旅游景区的广告，在进入景区的主要通道上设立景区大型广告看板，设立好指路牌，使景区的自驾车游客、自助游游客进一步增长。

六、专列、包机

专列与包机渠道营销，是近年来在交通日益发达、运行机制日益灵活的情况下另辟蹊径开拓市场的新产物。交通无疑是制衡许多景区发展的重要因素，然而如果我们能够积极主动地进行渠道营销，比如开展专列旅游、包机旅游，既可启动景区的市场营销，拉动游客的增长，更可通过这些重大旅游事件来提升景区在客源地市场的知名度与美誉度，达到事半功倍的营销效果。如张家界、海南旅游都在初期依托各地的包机游取得了很大的成果。

技能训练

内容：以小组形式，选择某一熟悉的乡村旅游地为对象，撰写一份乡村旅游营销对策报

告，要求写出具体的实施步骤。

步骤：

（1）5人为一小组。

（2）选择研究对象进行调研。

（3）撰写营销对策报告。

项目情景

内蒙古杭锦旗乡村旅游发展形象定位与市场营销

一、乡村旅游发展形象定位

（一）形象要素分析

1. 地脉分析

杭锦旗位于内蒙古自治区鄂尔多斯市西北部，地跨鄂尔多斯高原与河套平原，黄河自西向东流经全旗242公里，库布齐沙漠横亘东西，将全旗自然划分为北部沿河区和南部梁外区。

梁外区以草原和天然林保护区为主，草原辽阔，草质优良，并盛产多种野生绿色食品，是自治区重要的草原生态畜牧业基地；沿河区属于黄河冲积平原，水源充沛，土壤肥沃，是自治区高效农牧业基地。

2. 文脉分析

主要是沙漠文化、河套文化和草原文化。

3. 乡脉分析

杭锦旗的乡村广泛蕴藏着各类民俗、戏剧、舞蹈、节庆、方言、生产以及黄河风情、草原风光、文物胜迹等优势资源，具有独特的人文风貌、重要的历史价值和特有的乡土情怀，作为一种文化载体为乡村旅游的开发提供了很好的条件。

4. 市场感应分析

知名度：指旅游者与潜在的旅游者对于杭锦旗乡村旅游的识别和记忆程度，杭锦旗的库布齐沙漠旅游品牌知名度高，故游客多限于对其感知。

美誉度：指旅游者对于杭锦旗旅游的赞赏和喜爱程度，目前杭锦旗乡村旅游资源开发程度低，缺乏特色和吸引力，旅游产品和项目等体系还未形成。

偏爱度：指旅游者对杭锦旗旅游产品作出最终选择的偏好程度。

进入杭锦旗的游客，一般首选的旅游景点是七星湖旅游景区等，通常不太关注杭锦旗的乡村旅游，杭锦旗乡村旅游在游客心目中旅游的功能印象弱、特色度低、形象模糊，多是本旗域游客对其感兴趣。

（二）杭锦旗乡村旅游总体形象定位

根据对杭锦旗的地脉、文脉、乡脉以及市场感应的分析，其未来乡村旅游形象总体定位为："河滨沙海乡村怡人——河滨沙海蒙原地乡村怡人杭锦旗。"

该定位寓意在以下几个方面："河滨沙海蒙原地"中的"河"主要指黄河，"沙"主要指库布齐，"蒙原"指鄂尔多斯草原，合在一起是指本旗有河流有沙漠有草原，河套之源、大漠风光、蓝天绿草相依突出本旗的生态意境和文化内涵。

"乡村怡人杭锦旗"中的"乡村"是突出本规划的主题，是旅游者在乡村经历的一种旅游体验活动。"怡人"是对旅游者旅游感受的一种形象化描述，迎合了旅游者在烦嚣的城市生活太久后渴望回归自然，"怡情""醉情""娱情"于旅游地的心理；"杭锦旗"则是突出了区位的意义，向游客重申以上生态环境的地域所指，有利于旅游者对本旗的感知，并且"杭锦旗"

的使用可以直截了当地进行区域营销,增强了宣传效应,有效提升了本旗乡村旅游的知名度。

(三)杭锦旗乡村旅游宣传口号

针对不同功能区、不同目标市场、不同阶段、不同媒体推出不同的主题宣传口号,以完善和强化旅游形象。

列举如下:

杭锦旗—寻牧羊人家品河套风情

杭锦旗—寻河套神韵品乡村风情

杭锦旗—鄂尔多斯草原为您静静守候

杭锦旗—黄河湾里的乡情

杭锦旗—沙漠瀚海的福地　纯粹袭人的乡情

杭锦旗—河滨沙海　蒙乡怡人

黄河湾里访河套　大漠深处有人家

乡土杭锦旗　醉情(情溢)农牧院

休闲度假杭锦旗　怡心旷神农牧家

怡情养性地　度假杭锦旗

走进杭锦旗　走进生态家园

让激情在杭锦旗的乡村绽放　让欢笑在杭锦旗的乡村荡漾

黄河环抱富贵乡　中国生态杭锦旗

二、市场营销策略

结合杭锦旗乡村旅游资源和旅游市场实际,将杭锦旗乡村旅游市场细分如下。

1. 白领旅游市场

这部分人有稳定的职业和较高的收入,旅游消费潜力大,出游率较高,强调个性和自由,对新景点感兴趣,猎奇心理强。

杭锦旗乡村旅游应针对白领阶层开发质量高的产品,提高服务质量。

2. 学生旅游市场

学生容易接受新奇事物,对住宿一般要求不高。杭锦旗乡村旅游应开发参与性强的旅游项目,以吸引更多的学生到本旗修学旅游。

3. 银发旅游市场

老年人旅游喜欢轻松、稍缓的日程和具有康复保健功能的旅行。杭锦旗乡村旅游应结合银发市场的特点在农庄开发上有所选择。

4. 家庭旅游市场

乡村旅游度假将成为家庭成员缓解压力、相互沟通的最佳选择。可以设计中档产品,满足大部分消费者的需求。结合杭锦旗乡村旅游的特色产品,特别是当地特色渔家、农家、牧家产品的开发,以提高家庭市场的重游率。

5. 商务会议旅游市场

商务会议旅游对交通、住宿条件要求比较高,追求便捷、舒适,附带观光和休闲。杭锦旗乡村旅游应在服务质量,设施配套上不断加强。

6. 休闲度假及生态旅游市场

杭锦旗境内有七星湖、三盛公等,资源特色鲜明。杭锦旗乡村旅游应重视这些旅游资源的保护,积极发展休闲度假及生态旅游项目。

7. 文化旅游市场

杭锦旗乡村旅游可充分利用其所属的地域文化,即沙漠文化、河套文化、民俗文化等作为"文化游"的主题。将杭锦旗乡村旅游的文化内涵不断挖掘完善，并推出有特色的乡村文化旅游线路。

8. 体育旅游市场

根据杭锦旗的自然背景条件，在适宜位置举办徒步、越野等乡村体育旅游运动项目，来引导这一特定群体旅游者的到访。

选择某一乡村旅游项目，依托自媒体手段，为其进行一个月以上的线上营销，对比前后的变化，写出总结汇报，分小组完成。

项目九

乡村旅游案例解读

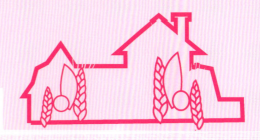

案例一　河南郑州·新郑童乡亲子农场总体规划
——亲子业态引领的休闲农业升级

　　河南郑州·新郑童乡亲子农场由北京华汉旅规划设计研究院设计并投资运营,于2016年8月正式开园。

(一)背景透析

　　经过数十年的发展,休闲农业经历了从无到有再到井喷式的发展,然而过多相似的农业采摘、生态餐饮、农田认养业态使消费者产生了消费疲劳,诸多休闲农业园区面临着改造升级的需求。据某在线咨询机构研究,2014年中国在线亲子游市场交易规模达65.1亿,2015年实现76.2%的增长,达114.7亿,亲子游如一匹黑马冲进人们的视野。如何抓住庞大的亲子教育、休闲旅游市场,重创意、轻资产撬动,盘活存量资源,实现供给侧改革,成为诸多农场主关注的焦点。

　　新郑童乡亲子农场地处新郑市新村镇,大学南路与商登高速交叉口向南2公里处,东邻具有8000年历史的中国农业文明圣地裴李岗遗址,南接双洎河,东连大学南路,与新郑市政府直线距离10公里、与新村镇政府直线距离6公里,坐拥521亩优质田园、林地、河流及古窑洞台地。

(二)战略定位

1. 发展战略

　　(1)将亲子休闲融入玫瑰园中——以"专注、专业、专心"的态度,打造真正的亲子旅游目的地

　　当下郑州周边景区都在进行亲子旅游项目的开发,但这时的"亲子"只是整个园区的一部分,是为了迎合市场而做。"童乡"本着"真"亲子的理念,把整个500亩玫瑰园建设成专为亲子市场打造的、最适合亲子客群的景区。童乡不是机械乐园,也不是城市公园,而是开创新时代的"孩子的自然游乐空间"。

　　(2)把亲子活动带到玫瑰园里——"活动引领·服务致胜"的园区发展方式

　　丰富而人性化的"软"环境,互动性和参与性的活动,让孩子更开心(在这里,一到二组家庭可以自由玩耍;三到四组家庭可以一起做游戏;五组以上家庭将一起完成美好的游戏课程)。

2. 项目定位

一园三基地的总体发展方向

河南·新郑亲子休闲农业园

主题亲子农训基地
农业特色庄园经济示范基地
返乡创业实践基地

本项目以农业现代化发展为指导，以食用玫瑰种植为核心，以特色农业和亲子创意休闲双轮驱动，一方面做足食用玫瑰的"第一产业"链，另一方面将休闲农业、亲子旅游的"第三产业"链融入其中，带动食用玫瑰深加工的"第二产业"发展的玫瑰产业综合开发区。另外，以玫瑰景观为基础，以裴李岗8000年的农耕文化为脉络，以亲子休闲为特色，打造以"玫瑰·亲情·欢乐"为主题的美丽亲子庄园（图9-1）。

打造郑州快乐亲子旅游地标，树立郑州食用玫瑰产业链品牌，建设郑州食用玫瑰"第六产业"综合化开发实践性项目。

图9-1 郑州童乡亲子农场大门实景

3. 功能分区

本着以农业为本底，以精致的活动场景为特色，将旅游充分融入农业产业之中，让农业更精致、让休闲更绿色的宗旨，规划将童乡园区分为两带三区（图9-2）。

两带——两条景观带：农耕文化景观带和滨河游憩观光带。

三区——三大"玫瑰+亲子"结合发展的旅游项目：童乡·玫瑰种植科技区、童乡·花海田园创意游憩区及童乡·"花与绿"健康运动区。

4. 重点项目策划

（1）花海营地

与滇西高黎贡山玫瑰产业深度合作，以食用玫瑰种植、观光为基础，以鲜花糕点、鲜花宴、鲜花饮等手工体验为核心，以儿童摄影、户外Party为特色，打造中原地区最美、最好吃、最有童趣的玫瑰体验基地（图9-3）。

图 9-2　郑州童乡亲子农场总平面

图 9-3　郑州童乡亲子农场花海营地建成效果图

（2）彩虹乐园

打造国内最大、品类最全的无动力七彩乐园（图 9-4），将孩子们从电子产品中解放出来，与沙、土、泥、木头交流，在滑道、攀岩、沙坑、织网、蹦床中撒野，以自然为友，与想象相伴。

（3）丛林拓展

依托天然林地，引入国际先进的树上、树下立体拓展训练设施，融入卡丁车运动、极限挑战，让孩子在这里释放激情，锻炼孩子的攀爬能力（图 9-5）。

图 9-4 无动力乐园实景图——猫头鹰滑梯

图 9-5 郑州童乡亲子农场丛林拓展建成效果图

（4）冰雪水寨

冰雪水寨是项目组为童乡精心规划的水上乐园项目。夏季宝贝们可以在水寨中进行各种水上活动，欢度清凉一夏（图 9-6）；冬季可以进行滑雪、打雪仗等各种冰雪活动；春秋季节则可以进行踏春、晒秋等相关的民俗活动。

（5）疯狂轮胎

这里是轮胎的王国，废弃的轮胎们都化了妆，寻找着自己的再利用价值。旋转预起飞的飞机、变形的大白、神秘的城堡等待与你亲切地互动（图 9-7），一起讨论拯救世界的秘密计划！

（6）动物世界

呆萌的小矮马期待与宝贝们一起征服远方的世界，小鸭大鹅们幻想与宝贝们嬉戏玩耍。

图 9-6　郑州童乡亲子农场冰雪水寨建成效果图

图 9-7　郑州童乡亲子农场疯狂轮胎建成效果图

（7）农耕文园

这里有胖花生、弯毛豆，还有紫薯、南瓜、玉米，让宝贝们体验最真实的农家生活！

（8）二期重点项目：精灵王国和职业体验（图 9-8）

精灵王国：依托百年窑洞和大气天成的滨水台地，以流线覆土建筑和主题花园为载体，以经典动漫故事为线索，让孩子们 Cosplay 心中最喜欢的动漫形象，创造梦幻空间。

职业体验：以儿童城镇为时空载体，虚实相间，室内外结合，精心设计了 20 多种职业场景，让孩子们根据兴趣扮演警察、医生、消防员、邮递员、飞行员等角色，过一把长大的瘾。

（三）运营理念，建立"5+2+节庆"的轻资本运作模式

童乡以自然教育、活动为核心卖点，建立了童乡学院的 3C 智库（children country colleage），打造体验及互动的见学体系、系统课堂和系列活动库，吸引着幼儿园、中小学、教育机构和拓展机构，形成学校的户外教育实践基地，保证周一至周五的客源；同时以常变常

图 9-8 郑州童乡亲子农场二期项目效果图

新的亲子主题项目、特色活动吸引着周末及节假日客群（图 9-9），培养消费黏性，摆脱传

图 9-9 童乡园区亲子活动——枕头大战现场

统园区依托设施设备的重资本模式,实现活动、课程为主导的轻资本运作模式。例如,园区在中秋节期间针对3天假期的短途出行人员,联合当地政府部门对本土的舞龙、舞狮表演和传统的祭月庆丰收进行深度挖掘和整合,倾心打造了中原首届中秋长桌宴庆丰收活动,吸引了上万人至园区共庆丰收。至国庆节则针对大量的亲子出行市场,以童话嘉年华为核心卖点,策划出动漫表演、巡游、寻宝、探秘、童话演讲、游客童话表演才艺秀等活动,将园区活动演绎得淋漓尽致,轻资本撬动,打造园区常变常新的游览吸引力。

(四)市场反响

《河南郑州·新郑童乡亲子农场总体规划》编制完成后,迅速投入建设施工。整个童乡亲子农场项目组,在总体规划的指导下,历经100余天奋战,78个不眠昼夜,再次刷新亲子型景区建设速度,从建设到开业耗时不足3个月,堪称行业奇迹。

开园2个月,童乡就实现入园人次5万余人,其中试营业当天就迎来了2000余人,中秋节举办的中原首届长桌宴活动平均每天人流量在3000以上,国庆节的童话嘉年华活动获得了郑州周边10万+的关注,10月12日当天同时接待幼儿团队4个,总人数在1000以上。同时,园区短时间、轻资本的运作模式吸引了大批同行业人士至园区考察。

目前园区已建立针对大型地产配套、产业园区配套、著名度假区、重点景区、大型城市公园、近郊休闲农园的"童乡"品牌引入机制,形成了"轻资产股份"输出和"品牌与课程"输出两种模式。自然教育,用心陪伴,愿有孩子的地方就有童乡!童乡,让童年自由奔跑!

案例二 甘肃陇西县桦林村乡村旅游总体规划
——农旅产业综合发展的生态文明小康示范村

党的十九大报告中,将"乡村振兴战略"作为建设现代化经济体系的六大任务之一,并从发展体制机制、土地制度、产权改革、农业产业和经营体系、乡村治理等五个方面系统地指明了乡村振兴战略的重点,显示了新时代"三农"工作将具有历史性的突破。同时,乡村发展模式的变革,也为休闲农业与乡村旅游发展带来广阔的创造空间。

陇西,位于甘肃省东南部,定西市中部,是古丝绸之路和新亚欧大路桥的必经之地,是新时期甘肃丝绸之路经济带黄金段重要连接点。陇西县在历史上几经兴衰,现在又被列为全省六大物流枢纽、被《甘肃省城镇体系规划》确定为地区中心城市,具有地处新丝绸之路经济带、新亚欧大陆桥重要通道的区位优势,交通便捷,紧靠市场。该项目由北京华汉旅旅游规划公司规划设计。

1. 背景透析

项目地桦林村位于陇西县文峰镇南部山区,南部桦林山地势较高。桦林村全村辖庙咀河、司家沟、阳坡、歇担、上湾、新庄、南玉等7个村民小组,规划范围包含桦林村庙咀河、司家沟、阳坡、歇担四个社,共计6.10平方公里。

在国家"一带一路"战略背景下,甘肃东西绵延1600多公里的"大通道"优势再次凸显,甘肃一跃成为国家向西开放的重要门户和次区域合作的战略基地。近年来,甘肃积极融入和服务"一带一路"战略,提出并着力打造丝绸之路经济带黄金段,丝绸之路经济带沿线地区综合实力提升、产业转型加速、就业致富带动、创新发展加速等各个方面都取得了阶段性胜利。

陇西县处于甘肃"丝绸之路经济带"大通道之上，位于西安与兰州两大丝绸重镇的黄金节点上。随着丝绸之路经济带沿线地区经济、文化、人流、物流交流的加速，陇西战略地位有望进一步提升，孕育广阔发展空间。

桦林村处于陇东南地区，是甘肃省华夏文明传承保护区、国家六盘山—秦巴山贫困片带、陕甘宁革命老区振兴、国家生态安全屏障综合示范区四区建设的政策叠加区域，享受规划、项目、资金、政策等方面的支持。随着生态文明、精准扶贫、旅游扶贫建设的加快推进，桦林村发展受到多重政策利好。

2. 战略定位

（1）项目定位

以生态文明建设为基础，以实现农村全面小康为目标，整合各类建设资金发挥合力，创新"企业＋合作社＋农户"的合作机制，扎实推进农业生态化、产业化、休闲化发展，创新推进"旅游＋"发展，以生态农业为基础，旅游产业、艺术产业为支撑，快速提高农民收入，构建乡愁村落、艺术田野、欢乐天地、美泉庄园四大旅游吸引力，打造集生态涵养、循环农业、乡村旅游、艺术教育、养生度假、商务会议于一体的：

农旅产业综合发展的生态文明小康示范村
陇原乡情艺术特色的复合型乡村旅游目的地

（2）发展战略

战略一：生态引领战略

坚持绿色发展理念，围绕生态文明小康村建设，依托项目地优越的自然生态本底，推进生态涵养工程，加快退耕还林、小流域治理工程，构筑生态屏障；推进生态产业体系建设，发展循环农业、文化产业、旅游服务，实现产业扶贫与生态文明的融合发展；推进低碳旅游工程建设，贯彻低碳、绿色化的发展理念，倡导使用环保型资源和新能源，打造绿色生态型的旅游目的地。

战略二：旅游扶贫战略

深入贯彻精准扶贫思想，推进旅游扶贫工作，以村集体名义组建桦林村乡村旅游公司。一方面，运作桦林村共有资产，推动桦林村旅游综合开发；另一方面，构建农户多元化参与乡村旅游发展，分享旅游红利的发展平台。

战略三："旅游＋"战略

在"旅游＋"发展背景下，推进"旅游＋农业""旅游＋乡村""旅游＋艺术""旅游＋文化"发展，重新架构桦林村泛旅游产业体系，成为桦林村欠发达乡村转型发展、扶贫开发的有效路径。

战略四：水资源优势彰显战略

以水为魂，桦林村拥有丰富的地表水和地下水资源，在陇东南地区具有一定的资源优势，通过适量利用，打造特色"水"休闲，通过春、夏、秋、冬四季利用，实现桦林"水主题全休闲"，利用水环境打造立体景观节点，形成灵动的环境氛围，通过地下水资源形成休闲养生、生态养老环境，使上湖旅游产业链更长更紧凑，满足市场需求，打造桦林特色。

（3）空间布局（图9-10）

桦林村根据生态、生产、生活、生趣的"四生"发展理念，形成了"一心，两廊，三片区"的总体布局。

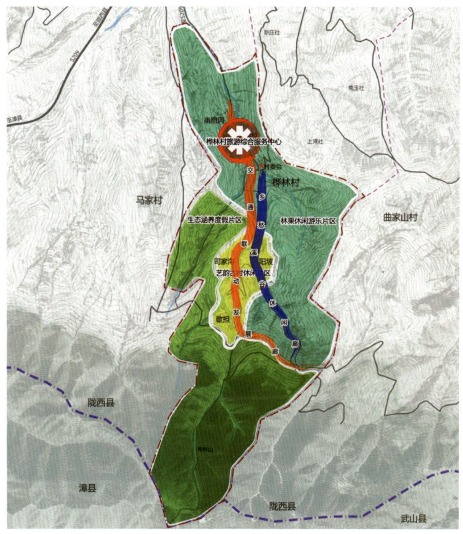

图 9-10 空间结构图

一心，两廊，三片区

一心：旅游接待服务中心。
两廊：交通联动发展廊、乡情溪谷休闲廊。
三片区：生态涵养度假片区、林果休闲游乐片区、艺韵古村休闲片区。

3. 重点项目设计

（1）桦林村景观大门设计

设计思路一：采用传统的木质材料与瓦片进行有机结合，以展现其生态、自然、田园风光为主题，可将当地居民建筑的山形尖顶造型作为设计主题元素；同时结合当地起伏的山峦形态，以及屋脊的形式，来创意景观大门（图9-11）。

设计思路二：本设计的创作灵感来源于桦林村的文化，通过对其元素的拍摄组合创作出具有其特色的作品，寓意着这里是甘肃戈壁的一片绿洲，生态好，且富有乐趣的一个地方（图9-12）。

设计思路三：该大门的设计灵感来源于甘肃传统的特色文化，运用外片、黄砖以及灰砖作

图 9-11　入口大门设计思路一

图 9-12　入口大门设计思路二

为其主要材料，配以木材进行装饰，里面融入了鼓文化以及特色小院入口的屋脊进行创作，将它们作为桦林村的主要文明。该大门经久耐用，易于施工且富有当地特色（图 9-13）。

图 9-13　入口大门设计思路三

(2) 桦林原味美食街——新增建筑

该主街道主要打造美食农家乐一条街,所以在街道改造上以民俗乡土为主要元素,选取陇西特有的建筑符号进行乡村的风貌改造,配以具有特色的街灯、招牌、户外休息等小品进行农村风貌的提升(图 9-14)。同时完善新建建筑,增添其功能设施,来吸引游客停留驻足。

图 9-14　美食街改造设计图

(3) 桦林原味美食街——原建筑改造

在原农家乐风貌的基础上,采用一些中式的表现手法进行改造。保留原有的门卫亭,对其进行立面的改造,运用木条以及木头的起伏变化,配以其当地的农作物以及农业物品进行装饰,体现乡土风情。在大门上采用坡屋顶,挡雨且为标志性的建筑大门,运用当地建筑的瓦片以及屋脊上面的装饰手法,体现陇西特有的建筑大门,木结构体现其生态。大门与装饰墙相互呼应,现代而又具有特异性(图 9-15)。

图 9-15　建筑改造设计图

(4) 桦林原味美食街——桦林村主街新建农家乐

新建农家乐时,保留了陇西民居"院"的概念进行设计,在街道总体规划上,由于已经打造了两个比较大的农家乐,所以在新建的农家乐上以小而精致为主要方向。在入口处采用了陇西民居的特色门头作为入口标志,一面中式特色的挡墙,体现了其浓郁的底蕴,院内高差的变化,类比陇西高差变化的地势,且具有趣味性(图 9-16)。其中,凉亭供人们休息娱乐。院落外面为游人提供了休息空间,让人们在等待中不必焦急。

图 9-16　新建农家乐鸟瞰图

（5）陇原民俗艺术街

按照古镇古街的形式对司家沟村主街道进行风貌提升和业态提升，规划围绕民俗与艺术主题，形成桦林艺术、桦林故事、桦林喜事、桦林味道、桦林礼物五大片区，分别对桦林村绘画艺术、传说故事、婚俗礼仪、特色美食、物产手工等文化元素进行了展示；通过建筑艺术、泥塑艺术、绘画艺术等手段进行街区景观打造；根据主题进行民俗、艺术休闲业态融入，以反映传统乡村文化特质的特色美食、休闲业态、民俗活动、主题客栈等打造陇原民俗艺术街；紧密结合的广场、街巷、庭园、创意店铺、特色餐饮、咖啡酒吧、茶馆等一系列空间与活动建立了一个多元化的可持续文化创意街区（图 9-17）。

图 9-17　陇原民俗艺术风貌改造效果图

（6）红色革命示范村

红色旅游以景区所承载的革命历史、革命事迹和革命精神为内涵，组织接待旅游者开展缅怀学习、参观游览的主题性旅游活动，其以学习中国革命史为目的，以旅游为手段，学习和旅游互为表里。但是，红色旅游不宜搞成灌输式的"现场报告会"，而应营造出自我启发的氛围，达到寓教于游、润心无声的境界（图 9-18）。在桦林村的红色旅游开发中，应通过一系列体验式活动将乡村旅游与红色文化主题结合起来，如红色演出、红歌会、红色文化体验活动等。

图 9-18　红色革命示范村鸟瞰图

案例三　永修县建滔农业生态园总体规划
——西海橘乐园·天下吉祥地

永修县建滔农业生态园是于 2013 年启动并完成的。项目位于梅棠镇宋家岗一带，316 国道旁，总占地面积大约 2000 亩，交通极为便利，旅游资源丰富，由北京创行合一旅游规划设计公司完成其规划设计。

（一）基础分析

1. 建滔农业生态园现状分析

建滔农业生态园坐落于江西省永修县梅棠镇，已种植各种水果 5000 亩，主要品种有柑橘、脐橙、九江水梨、金银花等。建滔农业生态园拥有 1500 多亩的橙柑、脐橙、早橘、育苗基地和一个小型的宋家岗水库。

园区现状如图 9-19 所示。

2. 资源分析

◆ 生态资源

园区旅游资源以生态资源为主，包括大面积的柑、橘、橙基地和育苗基地，以及宋家岗水库、农田和梧桐林。其中脐橙品质优良、无籽多汁、色泽鲜艳，营养丰富，含有人体所必需的各类营养成分，是世

图 9-19　生态园功能分区现状

界各国竞相栽培的良种。

评价：资源规模相对偏小，品种数量不多，和周边类似园区同质化严重。

◆ 文化资源

园区内部未发现有旅游开发价值的显性文化资源，但其所在的永修县文化旅游资源非常丰富，隐性的橘文化资源源远流长。永修县的"样式雷"和民俗文化资源就可以在园区合理开发利用，特别是人类橘文化资源可以大力整合，成为园区的特色文化。

（二）旅游区总体定位

1. 总体定位

以生态园果业基地为依托，整合国内外丰富多样的橘文化资源，对接庐山西海，打造生态低碳、橘文化氛围浓厚的"西海橘乐园"（图9-20）。

图9-20 西海橘乐园总体定位

"西海橘乐园"是一个生态文明的景区，是一个低碳生活的家园，更是一个橘文化氛围浓厚的创意农业园区和欢乐的绿色海洋。

2. 旅游形象定位

◆ 说明

橘俗称"桔"，古称"吉也"，寓意吉祥、安康。"西海橘乐园·天下吉祥地"的形象不仅反映了橘文化的内涵，还借势庐山西海品牌，有利于生态园的旅游传播。

◆ 理念设计框架

此形象定位采用了旅游地形象策划的理念识别系统（MI）。理念识别系统（MI）是一个旅游地独特的价值观、定位、目标、口号、文化的个性内涵，是旅游地形象设计的灵魂，是旅游地持续发展的精神动力。

建滔农业生态园理念设计框架：

理念设计框架 $\begin{cases} 资源特色：大面积的柑橘基地和水库 \\ 发展定位：打造西海橘乐园 \\ 经营方针：以服务为核心，以特色、质量、声誉为支撑 \\ 发展战略：塑造休闲农业旅游品牌 \end{cases}$

（三）整体空间布局

■ 一廊

橘文化走廊。

■ 七区

入口区、生态观光与采摘区、农趣体验区、橘文化主题区、休闲度假区、管理服务区、柑橘产品加工与集散区。

（四）分区规划与项目设置

1. 橘文化走廊

功能定位：生态观光、橘文化体验。

项目策划：

◆ 吉星高照标志塔

开发一个标志区,包括小型广场和标志塔。标志塔的塔柱外立面为木质色彩,采用橘文化元素包装,塔顶是橘子形状的激光灯,夜间发光时像一颗闪亮的星星光芒四射,吉祥满人间(图9-21)。

◆ 橘文化景观小品(图9-22)

橘文化走廊两侧布置一些橘文化创意景观小品,如橘子叔叔、橘子姐姐、橘子蚁族、橘祥天鹅、橘子酒瓶等等。

◆ 橘神(图9-23)

挖掘当地特色文化,以美丽久远而又富有童话色彩的传说为吸引点。

2. 入口区(图9-24)

功能定位:旅游集散、游客服务、餐饮购物。

图9-21 标志塔

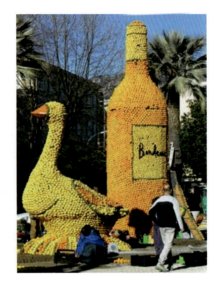

图9-22 橘子创意小品

图9-23 橘神塑像

图 9-24　景区大门

项目策划：

◆ "大吉大利"景区大门

◆ 生态停车场

面积、地面及设计都达到国家 5A 旅游区的标准，采用嵌草式的生态手法。停车场分为两大块：一块位于景区大门外面，供游客的大巴车、自驾车使用；另一块设置在大门里面，作为景区电瓶车的停放点。

◆ 绿色餐饮中心

由于景区大门处在连接线上，可以建设一个以有机食品为原材料烹制食品的餐厅，采取温室或者生态建筑的形式，以区别于一般性的农家乐，并且可以在冬天经营。同时，在餐厅区域形成一个农业园区的标志性景观，如风车、水车等等。

3. 生态观光与采摘区

功能定位：生态观光、采摘、柑橘科普旅游。

项目策划：

◆ 橘博园

开发一个 50 亩左右的橘博园，汇聚世界各国优质柑橘品种以及具有较大观光价值的太空柑橘（通过太空育种实现），打造世界柑橘科普旅游和橘文化体验基地。

◆ 柑橘采摘园（图 9-25）

以建滔柑橘园现有的种植为基础，划定采摘区，供游客进行柑橘采摘。

图 9-25　柑橘采摘园

◆ 四季农园（图 9-26）

荟萃南方农业品种，发展温室农业休闲，包括特色种植观光温室、采摘温室和生产育苗温室，内部设置绿色果园、蔬菜园、葡萄园、热带风光园等，满足四季休闲旅游需要，打造中国南方农业博览基地。

图 9-26　四季农园

绿色果园：这里种植各种时令水果，引进国外合适的水果品种，游客交付一定的费用后，可以在这里任意采摘。

生态蔬菜园：游客在这里可以参与蔬菜的种植和采摘，并且可以将采摘的蔬菜自带回家或是拿到东篱居的特色农家餐厅里现场煮食享用。

葡萄园：培育各种葡萄品种，供应葡萄酒庄的原材料。

热带风光园：从南方或国外引进各种热带水果、花卉以及特色植物，为游客展示来自热带的别样风光。

观光温室：在四季农园里面建设小型示范性的现代农业及创意农业观光温室，供游客参观，还可针对中小学生市场进行农业科普教育。

4. 农趣体验区

功能定位：农业游乐、拓展运动、水上游乐。

项目策划：

◆ 开心农场（江西青少年夏令营基地）

与江西省团委合作，打造江西青少年夏令营基地，体验农耕文明。

在宋家岗水库下方的农田，可开发一个现实版的开心农场。如让游客在此耕种，园区负责管理，等作物收成时园区通知相应游客，如果该游客不来，其他游客则可以"偷"不来游客的作物。

◆ 创意工坊（图 9-27）

在开心农场建设创意工坊，作为游客们农业 DIY 的落脚点，为了营造这种创意的氛围，将工坊这个标志性建筑设计成地堡式（半地下），屋顶覆土植草，建筑立面处理得简单而时

图 9-27　创意工坊

尚，符合现代人的审美观，是一座富有特色的创意建筑。创意工坊可以指导游客自己动手参与制作橘子手工皂、橘子香水、橘子精油等橘子延生产品。

◆ 拓展训练基地

在宋家岗水库上建设一个拓展运动中心，包括空中飞人、铁索桥、水上自行车、水上索桥等项目。

◆ 水上表演舞台

节庆节会期间，在宋家岗水库搭建临时水上舞台，发展丰富多彩的水上表演节目，如水上时装秀、水上灯光秀、水上丫丫戏等。

5. 橘文化主题区

功能定位：橘文化主题体验、购物、表演。

项目策划：

◆ 观景亭

运用柑橘诗、词、歌、赋文化元素对现有的观景亭进行包装，形成一个具有文化品位的观景平台。

◆ 橘文化博物馆（图 9-28）

展示柑、橙、橘各品种在世界的分布、国内外橘文化历史、橘文化艺术、柑橘摄影、柑橘制品、柑橘标本等。

图 9-28　橘文化博物馆示意图

◆ 橘文化创意街

建筑以柑橘成熟时的色彩为主色调，街道两侧用橘灯装饰，主要销售柑橘产品、橘文化艺术品等，营造浓烈的橘文化氛围。

◆ 橘文化广场

打造一个橘文化特色显著的广场，为游客提供一个休闲空间。

◆ 橘祥人家（图 9-29）

以柑橘的造型和色彩，在柑橘种植基地，开发集果饮茶饮、柑橘 SPA、特色购物、休闲娱乐等于一体的特色体验空间。

6. 休闲度假区

功能定位：养生、度假、垂钓、会议。

项目策划：

◆ 橘文化主题酒店

在梅棠水库边，以柑橘树为绿化景观，开发以橘文化为包装的度假酒店，内设餐饮、住宿、娱乐、会议、游泳、橘子精油 SPA 等功能。整体上呈现的是小桥流水、曲径通幽的度

图 9-29　橘祥人家示意图

假环境。

◆ 休闲垂钓园

利用现有的水塘，通过生态景观改造，为休闲度假区的客群建设一个休闲垂钓园。

7. 柑橘产品加工与集散区

功能定位：柑橘产品仓储、加工、包装、批发、销售。

项目策划：

◆ 柑橘产品集散中心

不采用传统的方式建设柑橘产品集散中心，而是采用生态环保型建筑形式，不求大规模，但求有特色。

8. 管理服务区

功能定位：园区管理和服务。

管理服务设施：对现有建筑按园区主题进行改造、包装，与园区整体环境和文化氛围相协调。

项目策划：设立园区管理中心与园车管理处，为游客提供便捷的服务。

案例四　江苏树山村乡村旅游项目
——乡村旅游"4.0时代"的树山＋

树山村位于苏州高新区通安镇，东接苏州古城，西邻浩瀚太湖，面积 5.2 平方公里，包括林地、山地以及 400 余户农家，房屋大多为 20 世纪 80 年代翻建。景观主要包括温泉、梨花、大石山，物产有杨梅、梨、茶叶，配套业态以农家乐为主，先后被评为"全国农业旅游示范点""中国美丽田园""国家级生态村"。

从"1.0时代"的观光旅游、"2.0时代"的休闲旅游到"3.0时代"的度假旅游，乡村旅游的发展如火如荼，德清莫干山、高淳慢城、无锡田园东方等优秀案例不断涌现。在这样竞争激烈的环境下，树山应当如何突围？

通安镇提出"树山＋"理念，也就是"跳出树山发展树山"，将树山放在苏州旅游大格局中，扬长补短，借势借力，与周边多元化的资源互融发展、互动发展、创新发展，充分发挥自身优势和特点，构建苏式乡村全域旅游目的地。

（一）发展目标

实现从乡村旅游观光区向全域旅游目的地的转变，让中国的美丽田园变身苏式田园生活的特色小镇。乡村旅游"4.0时代"应当是一种以乡村为核心，打破景区界限、整合周边资源的全域旅游。在全域旅游目的地的构建过程中，作为单一景区发展的不足，有时反而会转化为优势，特别对于体量不大、开放性强、资源单一的树山，正是一次发展的重要机遇。因此，通安镇提出了"树山＋"的发展构想。

（二）优势分析

1. 地理位置

树山东靠大阳山旅游圈、西临太湖旅游带，距古城20千米，距太湖10千米，周边旅游资源丰富，既可以向太湖和古城借力借势，又可以发挥自然环境优势，成为大隐于市的世外桃源。

2. 交通状况

树山周边有绕城高速、有轨电车2号线、太湖大道，交通便利。对于单体景区来说，地方小、资源少，交通便利反而留不住人；对于全域旅游目的地来说，通过整合资源、互动周边，交通便利成为优势，从"来得方便，走也方便"到"来得方便，去其他地方也方便"。

3. 消费群体

从消费趋势看，城市化下的乡愁，使乡村旅游继续火热；从消费能力看，发达的区域经济保证了游客的消费能力；从消费观念看，以自驾为主的自助旅游逐渐成为主流，"玩"和"住"相分离，更注重目的地的交通、环境和配套。

4. 核心资源

树山的优势资源在于以"吃""住"为核心的休闲产业链（图9-30）。既有天然温泉、

图9-30　树山休闲产业链

特色餐饮、精品民宿、文创产品等业态，又有裸心谷、都喜富都、田园东方等品牌，而自身的山水田园风光又可以充分满足"最后0.5天"的需求，具备全域旅游目的地的核心竞争力。

（三）建设内容

通过"树山+"的实施，构建纵向辐射、横向融合的全域旅游网络，提升区域旅游的开放性和配套性、游客的体验性和自助性，构建以树山为核心的全域旅游目的地（图9-31）。

图9-31　树山生态村

1."树山+"是什么？

立足树山自然禀赋的区位优势，通过线路延伸的活动体验实践、资源融合的优势互补，构建全域旅游目的地。

是离开城市、回归乡愁的生活方式；是文化休旅开放互动的资源融合；是政府指导、业态联盟的品牌保障；是多元素、多层次、多特色的个性选择；是苏式田园生活的情怀体验。

2."树山+"有什么？

"树山+"主要包括了"1+1+1+X"，即一条主线、一个联盟、一个品牌和X种产品。

一条主线：四季树山。以时间为轴，围绕"春赏梨花、夏尝果实、秋品湖鲜、冬泡温泉"的主线。通过梨花节、温泉季等节庆活动，丰富旅游内容，实现从无序到有序、从茫然到期待（图9-32）。

一个联盟：树山旅游联盟（树盟）。树盟作为"树山+"的实施主体，是一种创新的管理模式，也是一种全新的旅游体验（图9-33）。

树山不是封闭景区，一直以来在管理上困难重重；同时由于现有业态各自为政，产业链衔接不紧密，未能最大限度地发挥树山的品牌效应。因此，由政府主导成立了树山旅游联盟，涵盖了餐饮、住宿、游乐、农业、文创等领域的20余家成员单位。

对内体现规范性和互补性：一方面，通过权利义务的约束，形成类景区化的管理，保障品质；另一方面，加强资源互补，打通产业链，实现全域联动。对外体现整体性和体验性：一方面，整体推广、抱团发展，打造区域品牌；另一方面，通过多元化的融合，成员间资源的自由组合，丰富游客体验。

图 9-32 四季树山

图 9-33 树山旅游联盟

一个品牌：通安良仓。建立统一品牌——通安良仓，作为树山伴手礼的专卖品牌。推动树山与文化、艺术、创意的融合，打造包含农副产品、民俗工艺品、文创产品等在内产品的特色品牌，实现从单一到综合、从产品到品牌的提档升级，推动"树山"的品牌输出（图9-34）。

图 9-34　树山通安良仓品牌

X 种产品：路线＋活动。通过线路串联不同景点，实现纵向的延伸；通过活动体验不同领域，实现横向的扩展，形成以树山为原点的网络化旅游空间。

路线：以树山为原点，向周边辐射，围绕"从树山出发"的理念，设计了 6 条不同风格的微度假线路。

① 骑行线路：树山—环大阳山；树山—金墅老街—万亩良田—太湖大堤
② 亲子线路：苏州乐园—四季悦温泉世界—树山民宿星空房—泰迪农场
③ 禅意体验：古莲华寺禅修—树山民宿—云泉寺抄经—大石山素斋
④ 养生体验：西京湾—杵山垂钓中心—树山温泉美宿—木栈道—大石山
⑤ 感受自然：大阳山森林公园—树山精品民宿—太湖湿地公园—太湖大堤—万亩良田
⑥ 感受文化：刺绣博物馆—绣品街—西京湾—太湖大堤—树山精品民宿—木栈道—大石山文化

无论是哪种体验，最终的落脚点都在树山，而即使在树山，也可以体验不同类型、不同风格的美食和民宿。未来将逐步完善长线旅游的线路，实现与古城旅游资源的联动。

活动：以树山为圆心，与民俗、文化、艺术、体育等不同领域跨界组合，丰富树山作为全域旅游目的地的内涵。

①"树山＋艺术"：与苏州摄影家协会共同举办为期一年的"醉美树山"全民摄影大赛；引进明美术馆国际粉画写生基地，"粉画巨子"杭鸣时与游客分享心中的树山；邀请刺绣大师现场教学，让游客亲手制作。

②"树山＋民俗"：中秋期间邀请民间匠人教游客们制作传统兔子灯；恢复农历十月初八的"抬猛将"习俗，让每一位游客亲身感受民俗的魅力（图 9-35）。

③"树山＋学术"：围绕乡村建设，加强与学术的结合，先后举办乡村发展与规划国际论坛、乡伴创客学院、"艺术温暖乡村"论坛等活动，美国城乡规划泰斗 Richard Legates、"古城卫士"阮仪三、中国民宿领军人物朱胜萱等国内外"大咖"齐聚树山，让树山走向世界。

④"树山＋美食"：鼓励树山餐饮做出特色、做出品牌，在"第二届舌尖上的苏州"美食评比中，树山的农家乐获得全市 8 家"金牌农家乐"中的三席；与现代农业产业园合作，实行太湖湖鲜直供，捕捞上岸后直接运送到树山，让游客第一时间品尝到湖鲜美味（图 9-36）。

图 9-35　树山民俗活动

图 9-36　树山美食

⑤ "树山＋养生"：引进专业团队，围绕瑜伽、温泉、素斋、抄经等活动，将树山资源与养生相结合（图 9-37）。

⑥ "树山＋文创"：发掘树山当地石像 "年兽"，设计树山旅游 IP——"树山守" 及系列延伸产品；包括与 "巧克力奶奶" 季顺英共同研发的 "小骚年" 巧克力、与刺绣大师周海云共同研发的手袋，以及一批自主研发的特色伴手礼。

⑦ "树山＋体育"：依托梨花林、木栈道等基础设施，举办休闲骑行、健康徒步、新年登高等活动。

⑧ "树山＋公益"：组织树盟成员单位参加公益活动。以 "旅游反哺民生、全民共享繁荣" 为主题，邀请困难家庭的孩子们体验树山旅游；开展环保志愿行等活动。

"树山＋" 让树山不仅有吃、有住、有玩，更有参与、有体验、有邂逅。"树山＋" 就是

图 9-37　树山养生活动

"树山+无限可能",让树山通过线路的不断延伸、活动的持续扩展,成为全域旅游目的地的重要支撑。我们希望树山留得住的不仅是人,更是心;带得走的不仅是纪念,更是情怀。

参 考 文 献

[1] 黄顺红. 乡村旅游开发与经营管理 [M]. 重庆：重庆大学出版社，2015.
[2] 阳征助. 农庄规划设计 [M]. 北京：中国农业大学出版社，2015.
[3] 葛全胜，宁志中，刘浩龙. 旅游景区设施设计与管理 [M]. 北京：中国旅游出版社，2009.
[4] 陆素洁. 如何开发乡村旅游 [M]. 北京：中国旅游出版社，2011.
[5] 潘贤丽. 观光农业概论 [M]. 北京：中国林业出版社，2009.
[6] 吕明伟，孙雪，郭焕成. 休闲农业资源规划与开发 [M]. 北京：中国建筑工业出版社，2011.
[7] 郭焕成，吕明伟，任国柱. 休闲农业园区规划设计 [M]. 北京：中国建筑工业出版社，2011.
[8] 杨炯露，段红相. 乡村旅游开发及规划实践 [M]. 贵阳：贵州科技出版社，2007.
[9] 北京大学旅游研究与规划中心，旅游规划与设计——台湾乡村旅游与民宿 [J]. 北京：中国建筑工业出版社，2016.
[10] 周霄. 乡村旅游发展与规划新论 [M]. 武汉：华中科技大学出版社，2017.
[11] 张述林，李源，刘佳瑜等. 乡村旅游发展规划研究：理论与实践 [M]. 北京：科学出版社，2015.
[12] 国家旅游局规划财务司. 乡村旅游点对点百问百答 [M]. 北京：中国旅游出版社，2015.
[13] 熊金银. 乡村旅游项目选址探析 [J]，《农村经济与科技》，2012（23）.
[14] 王兵. 从中外乡村旅游的现状对比看我国乡村旅游的未来 [J]，《旅游学刊》，1995（5）.
[15] 尤海涛，马波，陈磊. 乡村旅游的本质回归：乡村性的认知与保护 [J]，《中国人口.资源与环境》，2012（9）.
[16] 卢小丽，成宇行，王立伟. 国内外乡村旅游研究热点——近20年文献回顾 [J]，《资源科学》，2014（1）.
[17] 杨华. 日本乡村旅游发展研究 [J]，《世界农业》，2015（7）.